힘내!
이제 다시 시작이야

행복한 재도전 성공 노하우

힘내!
이제 다시 시작이야

고혜련 지음

(주)제이커뮤니케이션

프롤로그

온갖 역경을 꿋꿋이 이겨내고 새롭게 출발한 사람들을 만나러 전국을 누비고 다닌 지난 한해는 내 인생에서 잊지 못할 한 해가 될 것이다. 남겨진 내 삶의 전환점이 될 것 같은 예감도 든다.

물론 여태까지 살아오면서 삶의 굽이굽이 그런 전환점이 없었던 것은 아니다. 결과적으로 내게 좋고 나쁜 것으로 작용한 것들이 집적돼 오늘 나는 여기 이 지점에 서 있게 된 것 아닌가. 맞는 얘기다.

그런 지난 세월의 경험과 2015년 한해 보낸 일들의 차이가 있다면 지난 세월의 것들은 '주변 상황에 밀려…', '어찌, 하다 보니…'의 성격을 지닌 '비자발적'인 것이 대부분이었음을 깨닫는다. 그 당시 내가 결정했으나 피치 못할 상황이 결정한 것이다.

2015년에는 내가 가야 할 길을 찾기 위해 작심하고 여러 가지 일을 동시다발적으로 저질렀다. 해야 할 것과 하지 말아야 할 것을 가리는 작업이었다.

제아무리 희망사항이라도 제 처지를 잘 알고 대처하자는 것이었다. 적어도 정신적, 육체적 또는 경제적으로 내가 할 수 없는 것, 또 적성이나 소질 능력에 맞지 않는 것은 일찌감치 던져버리자는 거였다. 이제 더 이상 이거저거 찔러보고 궁리하면서 막연하게 방황하지 말자. 내가 하면서 진정으로 기쁜 것, 정신·육체·경제적으로 당장 할 수 있는 것, 오래도록 할 수 있는 것을 골라내자는 마음으로 1월 초부터 뛰어들었다.

모든 것을 다 겪어볼 수는 없는 일이므로 먼저 직접 경험할 것과 직접 경험한 이들을 만나 이야기와 조언을 통해 간접 경험할 것들로 나누었다.

어느 늦가을, 강력한 항산화 물질을 많이 가지고 있다는
아로니아 묘목을 심고 있다.

우선 경험자들을 통해 얘기를 들은 후 직접 경험할 것들을 고르기로 했다. 그 첫 시도로 전혀 다른 분야에서 일하다 새로운 쪽으로 방향을 전환한 사람들을 골고루 만났다. 중앙일보에서 발행하는 '점잖은 잡지', 월간 중앙의 기획위원으로서 '고혜련의 인생이모작'을 기획해 이들을

지면에 소개하기 위해 전국을 돌아다녔다. 나처럼 새롭게 거듭나기 위해, 또는 주위의 시선에 아랑곳하지 않고 자기가 원하는 삶의 주인으로 살기 위한 용기와 열정으로 일을 저지른 사람들이었다.

이들이 들려준 얘기들은 오랜만에 내 가슴을 뛰게 했다. 요즘 유행어로 과연 심장이 쿵쾅거리는 '심쿵'을 겪어본 지가 얼마나 오래됐던가. 새삼 이런 이들을 만날 기회가 열려있는 기자직에 대한 감사함이 솟구쳤다. 언론인으로 일생을 살면서 얼마나 많은 '선각자'들을 만나고 보도하면서 세상에 그들의 찬연한 빛을 전했고 그것으로 밥벌이도 했으니 이 얼마나 고마운 일인가 하는 생각이 들었다.

과수 묘목을 심고 있다.
그해 혹한을 꿋꿋하게 견딘 어린 묘목이 마냥 기특하다.

이번에는 오랜 인내와 노력 끝에 새롭게 길을 발견해 성공한 사람들, 그리고 그 길에서 아직도 방황하고 있는 주위 사람에게 멘토가 되어줄 수 있는 사람들을 매달 선별해 만나고 다녔다. 그들은 한결같이 열심히 인생을 살아내는 아름다움과 숭고함을 보여주었다.

역경을 이겨낸 그들은 아름다웠고 옆에서 얘기를 듣는 내 가슴에 설렘과 감동, 열정을 지펴 올렸다. 이들을 '고혜련의 인생이모작'에 소개하면서 다른 이들에게도 도움이 되길 바랐고 실제로 그러하리라 믿는다. 좀 더 많이 이들에게 도움이 되게 하자는 의미에서 이번에 한 권의 책으로 엮게 됐다. 아울러 인터뷰에 관련한 생활정보와 각자의 처지에서 새롭게 시작하기 위한 전략을 함께 게재해 실용성을 높였다.

바쁘고 치열한 언론인 생활을 하면서 늘 자연을 그리워했던 나의 노력은 이번에 보다 진지하고 적극적으로 펼쳐졌다.

자연에 있고자 하는, 그래서 자연으로부터 삶의 위안과 의미, 가치를 찾고자 했던 나의 노력은 그동안 비연속적으로 이어졌었다. 직장 등 주변 여건이 나의 호기심과 욕구를 항상 뒤로 밀쳐놓았다. 그래서 말만 무성했지 실제로 자연에 놓인 시간은 호구지책으로 인해 그다지 오래지 못했다. 갈증만 깊어갈 뿐 나는 여전히 도심 한가운데서 까칠해져 갈 뿐이었다.

시간상 보다 자유로워진 이번에는 확연히 달랐다. 일단 농지를 저렴하게 빌린 1천 평의 청주 근교 시골 땅에 아로니아 등 갖가지 과실수들을 심어 수확을 내기 위한 노력을 쏟아부었다. 또 1백 평에 달하는 용인 텃밭 등 세 군데를 마련해 감자, 토마토, 고추, 고구마, 땅콩, 강낭콩 농사를 지으면서 많이 배웠고 그 기쁨에 쾌재를 부르고 환호성을 질렀다. 때론 억척스럽고 징그러운 잡초의 기세에 눌려 포기할까도 생각했다. 땡볕에 5시간 이상씩 매번 잡초를 뽑으면서 손이 고장나 고생을 하고 무리한 연속 동작에 몸이 마비돼 이동이 불편했지만 나는 알았다.

자연 속에서 나는 새롭게 태어난다는 것을, 자연의 힘이 얼마나 위대하고 숭고한가를, 또 사람이 하고 싶은 일을 하면 초인적인 힘과 능력이 생긴다는 것을, 하고 싶은 일을 하는 기쁨은 그 어떤 고통도 치유하는 인체 내의 물질을 생성한다는 것을….

나는 들었고 보았다. 씨감자의 20배를 수확해내는 감자의 생존법이 내게 전하는 얘기를, 무섭고 억척스런 온갖 잡초의 DNA가 내게 전하는 강력한 메시지를, 종자의 개량이 어떤 결과를 초래하는지를 알려준 씨앗들의 위력을….

말없이 과정과 결과로 이런 지혜를 전해준 자연의 품에 안겨 나는 앞으로의 삶에 감사하면서 유순하고 소박하게, 편안하고 행복하게 살아갈 것이다. 그리고 어느 날 나도 이들 자연에 미력한 힘을 보태줄 한 줌의 흙이 됨을 매우 기뻐할 것이다.

그리고 이런 자연 속에서 얻은 경험과 지혜, 성찰과 깨달음을 녹여낸 글을 훗날 즐겁게 엮어내 사랑하는 사람들과 함께 나눌 수 있기를 소망한다.

생면부지의 사람에게 피와 눈물이 담긴 자신의 경험담을 진솔하게 펼쳐 보인 많은 취재원들에게 고개 숙여 감사를 올린다. 그들에게 나는 길을 물었고 대답을 들었다. 제대로 바쁘면서 행복한 일상을 살아갈 수 있는 길이 내 눈앞에 보인다. 이 책을 읽는 사람들도 그러하길 기대해본다.

또 '엉성한 주말 도시농부' 고혜련에게 자연의 위대함을 알려준 그래서 앞으로의 삶의 방향을 일러준 지인들에게 가슴속 깊은 사랑을 전한다. 늘 곁에서 그림자처럼 묵묵히, 내 변덕을 지켜봐 준 남편에게도.

2016년 5월
고 혜 련

프롤로그 • 4

 도전, 선택이 아니고 필수다

1장 아직도 걱정만 할 것인가? 14
    1. 내 고민의 실체를 파악하자 15
    2. 오늘, 현재를 살아내자 25
    3. 목표를 세우자 30
    4. 인생은 관계다 36
    5. 타인 그리고 과거의 나와 비교하지 마라 43

2장 도전해야 사는 거다 49
    1. 도전하는 삶이 아름답다 50
    2. 도전, 선택이 아니고 필수다 58

PART 2 다시 시작한 사람들

1장 소셜농업 : SNS 직거래로 농촌 살리는 도시 출신 농부들 70
    ▶ 광고맨에서 '게으른 소셜농부'가 된 고영문 이야기 71
    ▶ 도움 정보 83
    1) 귀농·귀촌 가구 추이 2) 귀농 전 준비해야 할 것들
    3) 농업, 농촌 유망 일자리 50선 4) 세계의 귀농 열풍 추세

2장 '탈스트레스'로 가는 길, 명상산업이 대세다 93
    ▶ 세무전문 국제공인회계사에서 요가트레이너가 된 민진희 이야기 94
    ▶ 도움 정보 105
    1) 요가란? 2) 요가지도자 과정 : 요가트레이너가 되려면?
    3) 요가지도자 자격증 발급과 종류 4) 요가지도자 자격증과 취업 장소
    5) 탈스트레스 산업의 부상과 시사점

3장 건강 먹거리, 발효식품산업이 미래다 110
    ▶ 직업군인에서 전통 발효식초 명인이 된 한상준 이야기 111

▶ 도움 정보 120
1) 발효식품 산업 현황과 전망 2) 발효식품 교육장

4장 숲에게 길을 묻다 130
▶ 벤처회사 사장에서 여우숲 학교 교장이 된 김용규 이야기 131

▶ 도움 정보 143
1) 숲 해설사가 되려면! 2) 실버세대 유망직종
3) 시니어를 위한 은퇴 후 추천직업

5장 6차 산업, 젊음의 창농 현장이 뜨겁다 149
▶ 창농(創農)하는 청년들 이야기 150

▶ 도움 정보 151
1) 농산물 가공업 2) 축산업에 IT와 디자인, 브랜드 컨설팅 접목
3) 블루베리 농장캠핑과 모바일 앱의 실험 4) 농어업 취업자 수
5) 귀농·귀촌 교육기관

6장 반퇴시대, 해외취업이 대안이다 163
▶ 반퇴시대, 역전의 용사들 164

▶ 도움 정보 169
1) 해외취업 정보기관 및 일자리 알선기관
2) 해외구직 활동요령(해외취업전문가, 시몽 뷔로 VECTIS 대표의 조언)

7장 공무원, 늦깎이도 도전 가능하다 175
▶ 59세에 9급 공무원으로 변신한 전 다국적 화재해상보험 사장 권호진 이야기 176

▶ 도움 정보 187
1) 공무원 시험 종류 2) 시험과목 3) 공무원 시험 일정 4) 관련 정보 제공

8장 햇빛과 바람의 산업, 과수원 193
▶ 감정평가하다 '농업인 마이스터'가 된 다감농원 강창국 이야기 194

▶ 도움 정보 204
1) 과수원 매입 시 주요 고려사항 2) 국내 지역별 과일 재배 현황
3) 과일 종류별, 지역별 생산량

9장 인문학 시대, 강연 시장이 뜨다 208
▶ 코미디언 하다 명심보감 명강사가 된 김병조 이야기 209

▶ 도움 정보 220
1) 강사 시장 현황 2) 강사의 성공 요인

10장 조림산업, 돈 되는 나무 시장 224

▶ 책 만들다 나무 사업가가 된 나남출판 회장 조상호 이야기 225

▶ 도움 정보 235

1) 산림청 조림지원사업 2) 산림청의 조림사업 종류
3) 조립사업 신청 및 지원절차 4) 농지은행 이용은 어떻게?
5) 농지 임대 위탁계약의 체결 6) 산촌 미리 살아보기 캠프

11장 유기농 시골 카페, 예술과 농업이 어우러지는 실험무대 243

▶ 농부가 된 '순악질 여사', 김미화 이야기 244

▶ 도움 정보 253

1) 농업도 이젠 6차 산업이다 2) 6차 산업 지원정책 현황

12장 1인 + 자비출판, 책도 내고 소자본으로 기회도 잡고 259

▶ 대기업 임원에서 역사 기행작가로 변신, 연이어 출간하는 이기성 이야기 260

▶ 도움 정보 272

1) 출판 시장의 변화와 출판 과정 및 비용 2) 출판 아카데미를 이용하자

13장 외식산업, 개인 브랜드가 먹힌다 278

▶ 외판사원에서 '서민 갑부'가 된 '샌드위치 달인' 정주백 이야기 279

▶ 도움 정보 291

1) 외식산업의 특징 2) 상가점포 체크 포인트 3) 성공창업 10가지 키워드

14장 자연 속 친환경 집도 짓고 사업도 하고 298

▶ 출판업 하다가 전원주택 사업에 나선 김경래 이야기 299

▶ 도움 정보 309

1) 집짓기 과정 2) 전원주택 어떻게 지을까?
3) 수익형 소형주택 성공전략 7가지 4) 환경친화형 흙집 짓기 교육기관

15장 봉사도 직업이다 315

▶ 봉사의 달인이 된 전 LG그룹 부사장 유장근 이야기 316

▶ 도움 정보 327

1) 자원봉사활동 유형 2) 자원봉사활동 현황
3) 국내 자원봉사활동지원 가능 사이트 4) 국제 자원봉사 조직 및 기구

에필로그 337

PART 1

도전,
선택이 아니고
필수다

1장

아직도 걱정만 할 것인가?

1. 내 고민의 실체를 파악하자

당신, 요즘 뭐 하세요?

당신은 요즘 고민과 회의에 잠 못 이루는가.

그런 상태가 지속돼 건강에도 적신호가 켜져 있지는 않은가.

이런 상태로 100세 인생을 산다고 하니 생각만 해도 숨 막히지 않는가.

이게 무슨 재앙이란 말인가.

하지만 별다른 생각의 진전이나 해결책 없이 이런 고민을 몇 날 며칠, 아니 벌써 수년째 수시로 해오고 있을 것이다. 당장 발등에 떨어진 급한 불을 끄고 나면 다시 이런저런 고민에 빠져드는 게 고질병처럼 돼 있을지도 모른다.

나 역시 그러하니까. 나 역시 하루건너 한 번씩 "이걸 계속해야 하나?", "차라리 때려치우자", "그래도 별수 없어. 이것도 감지덕지한걸"

을 내 손으로 밥을 벌어먹은 이후 수십 년간 계속 반복하고 있다.

고약한 습관에 지배당하고 사는 셈이다. 불안한 생각의 노예로 전락한 기분이 들 때도 있다. "원래 인생이란 이렇게 고민하다 가는 거로 짜여 있는 거다"라는 생각이 맞는 것인가.

실제로 우리 인생 100세 중 자고 먹는 시간 등을 빼고 온전히 삶을 느끼고 향유할 수 있게 주어진 시간의 대부분을 고민에 휘둘리고 있으니 이 얼마나 분하고 억울한가 말이다.

그렇다고 시간이 흘러 그놈의 사고에 깊이나 넓이가 더 주어져 고민과 문제풀이에 도사가 된 것도 아니다. 아직 소아병적 수준이니 말이다.

달라진 게 있다면 호기롭게 직장에 몇 번 사표를 던지고 다른 일을 시도해본 게 고작이다. 그것도 이내 후회와 함께 곧 고민하는 일상의 원위치로 돌아왔으니 '참 엉성하기 그지없는 인간'이라고 숱하게 자책해 왔다.

"별것 아니네", "그래도 거기 붙어있을 때가 좋았어", "월급쟁이가 최고야", "계급장을 떼니 진짜 맥빠지네" 등을 되뇌며 말이다. 뻔한 수순이니 이젠 나 자신을 믿을 수 없게 돼 버렸다.

그리곤 같은 고민으로 생을 허비하는 시간이 눈덩이처럼 불어나 마냥 초조해지는 것이다. 언제까지 앞이 보이지 않는 어두운 터널 속을 배회할 것인가 해서 말이다.

어떤 때는 실속 없이 고민만 하다 인생 끝내는 거 아닌가 하는 걱정에 잠이 다 안 온다.

한 여류시인의 '요즘 뭐 하세요'가 요즘 자주 회자되는걸 보니 대부분 상황이 비슷한 모양이다. 그럴 것이다.

내가 이만한 나이에 지구촌 곳곳을 여기저기 돌아다니면서 온갖 종류의 사람들을 맞대면하고 체험한 결과 동서고금을 막론하고 사람들이 하는 생각과 짓이 다 거기서 거기라는 결론에 도달했으니 말이다.

한 여류 시인의 얘기에 귀 기울여보자.

> 누구나 다니는 길을 다니고/부자보다 더 많이 돈을 생각하고 있어요/
> 살아있는데 살아있지 않아요/헌 옷을 입고 몸만 끌고 다닙니다/
> 화를 내며 생을 소모하고 있답니다/몇 가지 물건을 갖추기 위해
> 실은 많은 것을 빼앗기고 있어요/충혈된 눈알로/
> 터무니없이 좌우를 살피며/가도 가도 아는 길을 가고 있어요
> － 문정희 시, '요즘 뭐 하세요'

그래서 모두 다 때려치우고 포기하고 싶은가. 그래서 삼포(연애, 결혼, 출산 세 가지 포기) 세대 등 포기 대열에 합류하고 있는가.

"좋아, 제대로 고민해보고 제대로 시도해본 후 때려치우든 끝장을 내든 해보자."

이런 생각은 들지 않는가. 내가 수시로 고민하다 말다 하는 것의 실체가 무엇이고 정녕 해결책은 없는지 마지막으로 생각해보자. 혹시 착각하고 있는 건 아닌지 알아보자는 생각은 안 드는가 말이다.

티베트 속담에 이런 말이 있다.

"걱정해서 걱정이 없어진다면 걱정이 없겠네."

말 같지도 않은 것 같지만 진짜 말 되는 말 아닌가. 이 얘기는 마치 내 고민의 실체를 제대로 파악하라는 얘기처럼 귓전을 울린다.

실제로 한 조사결과에 의하면 우리가 하는 걱정 중 절대다수가 이미 지나간 일에 대한 걱정이고 앞으로 정녕코 안 일어날지도 모르는 불확실한 일에 대한 걱정이란다. 결국 우리가 해결할 수 있는 일에 대한 걱정은 4%밖에 안 된다니 96%는 걱정거리가 허황된 것이라는 분석이다.

즉, 100건 중 96건은 아무리 걱정을 해도 해결할 수 없는 일이거나 일어나지도 않을 일이며 이미 지나가 버린 일에 대한 걱정이라는 것이니 우리의 걱정이라는 것이 얼마나 한심한 것이냐 이 말이다. 걱정마저 한심한 수준으로 하고 있으니 제대로 되는 일이 없는 것이다.

의학계에서는 걱정을 달고 사는 사람들이 불안장애를 병으로 인정하지 않고 단지 성격 탓으로 돌리는 데다 아주 극심해져야만 병원을 찾는 경향이 높아 겉으로 드러나는 진단율은 낮지만 실제로는 상태가 심각하다고 입을 모은다. 자녀나 부모 학대, 살인, 자살 등 매일 꼬리를 물고 일어나고 있는 사회적 병리 현상이 이를 말해준다.

불안장애란 일어나지도 않는 일에 대한 불안감이나 공포감이 병적으로 과도하거나 오래 지속되어서 일상생활에 지장을 초래하는 정신질환이다. 이런 경우 결국은 두통, 소화불량, 불면증, 심박 수 증가, 근육 경직 등으로 몸이 고장 나기 때문에 사회적응이 더욱 어려워진다는 것이다.

이처럼 우리는 실체 없는 불안, 근거 없는 불안, 제대로 알아보지도 않은 불안에 지레 겁먹고 있는 것은 아닌지, 결단과 행동 없이 불안한 상태만 지속해 인생을 갉아먹고 있는 것은 아닌지 정확하게 판단할 필요가 있다.

당신은 불안의 실체를 확실히 알고 있는가. 아마도 무언가 시작도 끝도 없는 것을 생각하다 곧이어 다른 일이나 생각에 밀려 이도 저도 아닌 상태를 수백 번, 아니 수만 번 반복했는지도 모른다.

그렇다면 리포트를 쓰듯, 편지를 쓰듯 그 실체를 확인하고 추적하기 위해 종이에 적어볼 필요가 있다는 게 '라이프 코칭'의 대가, 데일 카네기를 비롯한 많은 상담가들이 내놓은 방법들이다.

인간 경영과 자기계발 분야의 최고의 컨설턴트로 전 세계인들의 주목을 받았던 카네기(1888-1955, 미국의 상담연구가)는 "이 세상에 회의를 느끼지 않는 사람은 없다. 단연코…"라고 못 박았다.

그리고 어떤 문제에 고민할 경우 다음 물음에 대한 해답을 우선 기록해보라고 주문한다.

① 도대체 내가 처한 고민이 무엇이 문제인가?
② 그 원인은 어떤 것에 기인하는가?
③ 가능한 해결법은 무엇인가?
④ 그렇다면 어떤 해결법을 제시할 수 있는가?

이렇게 작성하고 답을 쓰려 하면 그동안 수도 없이 고민했던 당신이 머쓱해질지도 모른다. 과연 고민의 실체와 해결법을 끝까지 물고 늘어진 적이 있나 해서 말이다. 이 질문에조차 답을 쓰기 어려운 상황을 오랫동안 끌어왔다는 점에 당신은 놀랄 것이다. 이제라도 끙끙대며 해보자. 눈앞의 안개가 서서히 걷히고 훨씬 시야가 밝아짐을 느낄 수 있을 것이다.

자신의 고민을 적어 명확히 하라는 주장은 세계적인 컨설턴트이며 베스트셀러 저자인 스티븐 코비(1932-2012)가 작고하기 전, 한국을 방문했을 때도 이와 비슷한 얘기를 했다.

집을 지을 때 설계도면이 필요하듯이 목표에도 글로 쓴 사명서(미션 스테이트먼트(mission statement))가 있어야 한다는 것. 그래야 고민과 결단, 목표의 실체가 뚜렷해져 이루고자 하는 바에 보다 쉽게 도달할 수 있다는 것이다. 스스로 앞을 제대로 보지 못하는데 어떻게 올바른 방향성이 생기겠는가.

앞으로 나아가는 것도 중요하지만 우선 방향을 제대로 설정하지 않으면 오히려 부지런히 나아간 것이 보다 멀리 뒷걸음치는 결과를 초래한다.

속도가 문제가 아니고 방향성이 문제인 것을 이쯤에서는 이제 깨달아야 한다. 그렇다면 내가 얻으려는 답에 한발 다가섰다고 해도 과언이 아니다.

아무튼 누가 뭐라 하든, 무슨 일을 하든 나를 알고 나를 제대로 관리하고 휘둘리지 않고 현 상황 속에서 행복을 찾아내는 게 최종의 목표가 아니겠는가.

세상을 바꾼 천재 기업인, 스티브 잡스(1955-2011)가 췌장암으로 56세의 젊은 나이에 세상을 하직하면서 당부한 말을 기억할 필요가 있다.
"인생의 성공은 소유에 의한 것이 아니라 사람과의 관계, 사랑을 베푸는 일임을 알라!"

그렇다면 내 안의 나를 관리하는 게 우선 목표다. 그 다음 앞으로 결단하고 나아가자. 하던 일을 지속할 것인가 때려치울 것인가, 어디로 갈 것인가, 무엇을 할 것인가? 그렇게 할 경우 최악의 수는 무엇인가?

오락가락 갈팡질팡하는 내 안의 질서만 바로 세운다면 의외로 문제가 쉬워짐을 느낄 것이다. 길이 보인다. 내가 어떻게 느끼고 생각하느냐에 따라 문제가 되고 안될 수도 있고 길이 보일 수도 안 보일 수도 있으니까.

그리고 모든 것을 용의주도하게 검토하고 결단하라. 결단의 근거를 충분히 갖추라. 행동으로 옮길 때는 결과에 대해 불안해하지 말고 일단 시작하고 최악의 수를 상정하라고 조언한다.

중국의 왕저웨이 감독이 한 말 또한 마음속 깊이 새겨볼 만하다.

"무엇을 시작하기에 충분할 만큼 완벽한 때는 없다."

시작하면 거기서 또 새 길이 열린다. 해보지 않으면 그 다음 수순을 내다볼 수가 없다. 해보지 않고 무슨 말을 할 수 있단 말인가.

인간에게는 무엇인가를 일으키려는 역동적인 내부의 힘, 곧 이제까지의 상태를 넘어서게 하는 '권력의지'가 생명의 근본 현상으로 자리잡고 있다니 이를 믿고 한번 있는 대로 기를 써보자. 뭐든 제대로 달려들지 않으면 매양 그 꼴이다. 어정쩡한 태도로 기웃거리는데 도대체 무슨 길이 보이고 열릴 것인가 말이다.

불광불급(不狂不及)!

미치지 않으면 도달할 수 없다는 말이 왜 있겠는가. 미쳐 달려들면 이제껏 몰랐던 초인적인 힘이 내게도 있음이 감지된다.

아직 그런 느낌을 한 번도 감지하지 못했다면 당신은 여지껏 어느 것에든 한 번도 뜨겁게 미쳐 최선을 다해본 적이 없다는 것을 명심해야 한다.

그러니 미친 척 미쳐보자. 때때로 마지막 열쇠가 자물쇠를 여는 경험이 있지 않은가.

> 〈세상에 고하는 스티브 잡스의 last words〉
>
> 미국 애플사의 창업자로 세상을 바꾼 천재 기업인 스티브 잡스(1955~2011)가 세상을 떠나기 전, 인류에게 남긴 마지막 말을 한번 되새겨볼 필요가 있다. 어떻게 살아가야 할지를 깊이 생각하게 한다.

"나는 비즈니스를 하면서 성공의 정점에 도달했다. 다른 사람들의 눈에 내 인생은 성공의 상징이다. 그러나 일을 떠나 얘기하면 나는 별로 즐거움이 없다. 결국 내가 일궈낸 재물은 내게 익숙한 하나의 사실에 불과하다.
병상에 누워 있는 이 순간 나의 전 인생을 되돌아보면 내가 자부심을 가졌던 명성과 부는 닥쳐올 죽음 앞에서 희미해지고 그 의미가 사라져 가고 있다.

어둠 속에서, 생명 보조 장치에서 나오는 녹색의 빛을 보고 그 기계 소음을 들으면서 죽음의 신이 내게 점점 가까워 오고 있음을 감지한다.
이제 나는 비로소 알 것 같다. 우리의 인생을 지탱할 재물을 얻었다면 그 다음엔 그 재물과 무관한 다른 일들을 추구해야 한다는 것을. 사람들과의 따뜻한 관계, 예술에의 지향, 그리고 젊었을 때 품었던 꿈들을….

재물을 향한 끝없는 욕구는 나같이 뒤틀린 인간을 남겨놓을 뿐이다.
조물주는 우리에게 재물이 가져다주는 잘못된 환상이 아닌, 만인의 가슴속에 살아 숨 쉬는 사랑을 느끼도록 만들어주었다.
내 전 인생을 통해 이룩한 거대한 재산은 이제 가져갈 수가 없다. 내가 가져갈 수 있는 것은 사랑이 충만한 기억들뿐이다. 그 기억들만이 나와 함께 동행하고 나를 따르고 나아갈 수 있는 힘과 빛을 줄 진정할 재산들이다.

사랑은 당신이 어디든 갈 수 있게 하는 힘의 원천이다. 그런 삶에는 한계가 없다. 당신이 원하는 것을 하라. 다다르고 싶은 높이만큼 최고의 정점에 오르라. 이 모든 것이 당신의 마음과 손에 달려있다.

세상에서 가장 비싼 침대는 무슨 침대일까? 그건 바로 환자가 누워있는 병상이다.
당신은 차를 대신 운전해줄 운전수도, 돈을 대신 벌어줄 사람도 고용할 수가 있다. 하지만 당신 대신 아파줄 사람은 절대 구할 수 없다.
잃어버린 물건은 되찾을 수 있다. 그러나 한번 잃어버리면 결코 되찾을 수 없는 것이 있다. 그건 당신의 생명, 당신의 인생이다.

한 사람이 병원 수술대에 들어가면서 깨닫게 되는 것은 그가 아직 완전히 독파하지 못한 한 권의 책이 있다는 사실이다. 그 책은 바로 '건강한 삶'에 관한 책이다.

우리가 지금 삶의 어떤 단계에 처해 있든, 종국에는 운명의 어떤 날을 대면하게 될 것이고 우리 눈앞에 커튼이 내려쳐짐을 보게 될 것이다.

부디 가족에의 사랑을 소중히 여기라. 그리고 당신 아내와 남편을 그리고 친구를 사랑하라. 당신 자신을 잘 대접하라. 주위 사람들을 따뜻하게 가슴에 품으라."

2. 오늘, 현재를 살아내자

앞에서도 얘기했듯 우리의 하루는 어제 발생한 지나간 일을 걱정하고 아직 오지도 않은 내일을 걱정하느라 소진된다.

마치 현재의 행복이나 존재는 '내일의 행복을 위해서'라는 명분 아래 걱정에 찌들고 소비되어도 당연한 듯이 말이다.

오늘은 그렇게 몇 시간 후 과거가 되고 내일은 다시 오늘이 되어 몇 시간 후의 미래를 위해 소비된다. 그렇게 인생 90년은 가버리고 마는 것이다. 내일을 위해 오늘의 행복을 저당 잡히지 말자는 얘기다.

가만 살펴보라. 지난해, 10년 전, 20년 전 우리가 수시로 죽을 것처럼 괴로워했던 일들 중 아직도 잠 못 이루며 괴로워하는 일이 뭐가 남아있는지. 이제는 기억조차 희미해지고 대부분은 일상 속에 잊혀져버린 것들이다. 놀라운 변화가 아닌가.

그렇게 우리는 과거와 미래의 노예가 되어 살고 있다.

철학자 니체가 지적했듯이 현대판 노예가 따로 없는 것이다. 우리는 자신을 노예로 만들면서 휘둘리고 있다. 과거 때문에, 타인의 시선 때문에, 자기 결정권을 던져버렸기에.

> "어느 시대에도 그러하지만, 오늘날에도 모든 인간들은 자유인과 노예로 나뉠 수 있다. 하루의 3분의 2를 자신을 위해 쓰지 못하는 사람은 노예로 부를 수 있다"
>
> — 니체 '인간적인 너무나 인간적인' 중에서

* 니체 : 1884-1900, 독일의 철학자며 실존주의의 선구자

요즘은 특히 많은 사람들이 '인생 100세 시대'라는 대전제에 겁먹어, 당도하지도 않은 미래에 대한 걱정으로 매일을 종종대며 초조해하고 있다.

그 내일 걱정으로 저당 잡힌 오늘의 대가는 주어지지 않고 심신이 고민 속에 갇히고 마는 것이다. 앞으로 살아야 할 날이 까마득하다고 하니 직장에서 일을 하면서도 머릿속은 온통 일찍 '짤리는' 어느 시점 이후를 대비하려고 복잡하기만 하다.

결국 현재 주어진 업무에 소홀한 채 몸담고 있는 직장에서 호시탐탐 짬을 내 각종 학원을 들락거리면서 자격증을 따려 하고 구인·구직 사이트를 수시로 들락거린다.

그런데 말이다. 그렇게 하면 머지않아 정말 소원(?)대로 잘리게 된

다. 윗사람, 상사 몰래 요령 있게 하고 있다고 생각하지만 웃기는 얘기다. 위에서 보면 그저 훤하게 다 보인다. 나 역시도 내가 언론사 부장이 된 다음, 부원들의 행동이 너무 잘 들여다보여 놀란 적이 있다. 마치 부모가 돼 아이가 하는 거짓말, 일거수일투족이 너무 잘 보여 민망할 때가 있듯이 말이다.

어렸을 때 저런 부모의 눈을 속였었다니 실소가 터져 나온다.
천만에! 부모는 그저 알면서 속아준 것이다. 회사 역시 마찬가지다. 상사의 통박은 그냥 얻어진 게 아니다. 짬밥의 세월이 가져다준 나름의 '노하우'인 것이다.

요즘 와서 부쩍 깊어진 미래에 대한 고민에 대해 앞서 깨달은 사람들의 말에 귀 기울일 필요가 있다.
미국의 철학자 켄 윌버(Ken Wilber, 1949~ 미국의 철학자, 저서로는 『무경계』, 『모든 것의 역사』, 『아이 오브 스피릿』 등이 있다)는 현재라는 시간을 제대로 살면 과거, 현재, 미래를 모두 잘 살 수 있는 것이라고 말한다.

그는 그 모든 시간들이 현재라고 말한다. 왜냐하면 '과거는 현재의 우리 기억 속에서 존재하고, 미래는 현재의 우리 기대 속에 존재한다. 그러므로 과거와 미래는 이미 지나갔거나 아직 오지 않은 게 아니라, 지금 이 순간(현재)에 모두 통합되어 살아있다'고 생각하기 때문이다.

그러므로 '현재의 시간이 영원한 시간'이라는 주장이다. 우리가 사용할 수 있는 시간은 오직 현재밖에 없으므로 현재를 충실하게 살아내는 것이 영원을 잘 살아내는 것이라는 게 윌버의 믿음이다.

그렇다면 가장 소중한 현재를 가장 잘 살아내는 방법은 무엇일까? 내게 이 순간 닥쳐있는 일과 내가 이 순간 만나고 있는 사람으로 좁혀지지 않는가?

세계적인 문호로 행복이라는 주제에 천착했던 톨스토이(1828-1910, 러시아 소설가이자 사상가) 역시 현재라는 시간에 주목해 스스로에게 묻고 답했다.

그는 우선 "인생에서 가장 소중한 순간은 언제인가?"라고 묻는다. 그리고 연이어 인생에서 가장 소중한 사람과 인생에서 가장 소중한 일이 무엇일까 자문한다. 그리고 이 분명한 질문에 걸맞게 역시 분명한 결론에 도달한다.

"인생에서 가장 소중한 순간은 지금이며, 가장 소중한 사람은 지금 내 옆에 있는 사람이고, 가장 소중한 일은 지금 내 옆에 있는 사람을 기쁘게 해주는 것이다."

그의 말대로 우리는 지금 내게 주어진 순간을 확실하고 열심히 살아가는 방법 외에는 도리가 없다.

목표설정을 제대로 한 후 순간순간 바로 곁에 있는 사람들과 호흡하며 그 일을 우직하리만큼 성실하게 밀고 나간다면 어느새 현재는 미래조차 보장하지 않겠는가.

당신이 두려워하는 그 미래 말이다. 더 좋은 날은 지금부터 시작이다.

그래, Carpe Diem!

"오늘 속에 모든 것이 다 존재한다"

오늘을 보라.
오늘이야말로 삶 중의 삶이다.
그 짧은 행로에는 그대 존재의 모든 진실과 현실이 담겨 있나니
성장의 기쁨, 행동의 영광, 성취의 장엄함
어제는 꿈에 지나지 않고
내일은 그저 바람 속 환상일 뿐
그러나 오늘은 잘만 보낸다면
헤아릴 수 없이 많은 어제를 행복의 꿈으로,
그리고 다가올 내일을 희망으로 만들어준다.
그러니, 오늘을 똑똑히 보아라.

― 인도의 시인, 칼리다사의 시

* 칼리다사 : 4~5세기 인도 최고의 시인

3. 목표를 세우자

목표, 즉 소망이 있어야 삶이 즐겁다. 이루고자 하는 목표가 있어야 앞으로 나아갈 수 있다. 목표지점이 없는데 어디로 나아갈 것인가? 목표가 없이 나아가면 원하는 것으로부터 더욱 멀어지기 십상이다. 열심과 열정, 속도가 문제가 아니라 방향이다. 방향은 목표가 뚜렷해야 정해지는 법이다.

미국의 행복연구 전문가이며 심리학과 교수(리버사이드 캘리포니아 주립대)인 소냐 류보머스키는 "헌신적인 목표 추구가 삶을 장악하고 있다는 자신감을 줘 자존감을 강화시킨다. 또 큰 목표를 향해 나아가는 과정에서 하위목표들을 성취하는 것도 우리를 정서적으로 고양시켜 주는 유익함이 있다"고 강조한다.

이에 더해 책임감을 갖고 다른사람과 소통할 수 있는 기회를 만들어줘 그 자체만으로도 행복할 수 있다고 주장한다. (『How to be happy 행복도 연습이 필요하다』 p.122)

목표를 세우는 데는 나름의 공식이 있다.
세계적인 자기 계발전문가로 국내에도 잘 알려진 미아퇴르블롬은 그의 저서 『자기긍정파워』에서 S · M · A · R · T 공식을 소개한다.

> ① Specific : 목표는 구체적이고 선명해야 한다.
> ② Measurable : 과정과 결과를 측정, 평가할 수 있어야 추진력이 생긴다.
> ③ Appropriate : 목표는 진심으로 이루고 싶은 것을 설정해야 열정이 생긴다.
> ④ Realistic : 목표는 허황되지 않고 일상에서 이룩할 수 있게 현실적이어야 한다.
> ⑤ Time-related : 언제까지 이룩할 수 있는지 기간을 정하는 것이 좋다.

그는 또한 목표를 효율적으로 찾아내고 설정하고 계획하고 달성하기 위한 8가지의 단계를 소개한다.

① 어떤 분야에서 목표를 세울 것인지 선택하라. 그런 다음 현재 상황과 원하는 상황을 비교하라.
② 이루고자 하는 것이 무엇인지 분명히 하고 그것을 목표로 만들어라. 목표는 행동이 아니라 바람직한 상태라는 것을 명심하라.
③ 목표를 글로 자세히 써라. 자신의 목표를 SMART에 맞춰 수정하여 스마트한 목표를 세워보자.
④ 목표에 다다르기 위해서 할 수 있는 일을 모두 써보자. 오늘은 무엇을 할 수 있는지, 내일은, 다음 주는, 이번 달에는 어떻게 할 것인지 목록을 만들어라. 이렇게 목표를 완수할 때까지 할 수 있는 일을 목록으로 작성하라.
⑤ 이렇게 만든 '할 일 목록'을 액션플랜으로 만들라. 액션플랜에는 무엇을 할 것인가? 어떻게 할 것인가? 언제 할 것인가? 어떤 자원(시간, 돈, 장비, 지식, 주변인들의 도움)이 필요한가? 언제 목표를 이룰 것인가?
⑥ 지금 바로 실행에 옮겨라. 만남을 약속하거나 전화를 건다.
⑦ 목표 달성을 위한 작업을 매일 하라. 사소하고 상징적인 일이라도 상관없다.
⑧ 주기적으로 자신이 한 일을 점검하고 평가하라. 목표를 달성하는 데는 별로 효율적이지 못한 행동이나 계획은 없는지, 부족한 점은 없는지 찾아서 보완하라.

이렇게 쓰고 저지르면 어느새 목표를 위해 성큼 나아가고 있는 자신을 발견할 것이다. 시작이 반이라는 속담은 괜한 것이 아니다. 큰 것도 작은 것에서부터 기인한다.

움직이지 않으면 아무것도 달라지지 않음을 명심하자. 뿌린 게 있어야 거두는 법이다. 비록 그것이 원한대로 탐스러운 결실이 아닐지라도….

그리고 명심해야 한다. 오늘의 작은 시도와 만남이 어떤 과정을 거쳐 내 결실에 영향을 줄지 아무도 모른다는 것이다. 그러므로 작은 출발에 겸손해야 한다.

작은 만남을 소중히 여겨야 한다. 사람들은 당신을 매 순간 평가하고 있다.

스티브 잡스가 한 말이 목표 설정에 도움이 되길 바란다.

"돈을 위해 일하지 마세요. 잠자리에 들기 전 오늘 하루도 세상을 바꾸는 멋진 일을 했다고 말할 수 있는 그 일을 찾으세요."

돈도 중요하지만 자신이 진정으로 원하는 멋진 일을 하면 자연히 따라오므로 돈을 목표로 세우지 말라는 얘기다.

2016년 2월 포스텍(POSTECH, 포항공대)에서 홍석현 중앙일보 · JTBC 회장이 졸업생을 위해 한 격려사도 목표를 향해 도전하려는 젊은이들이 귀 기울여볼 만하다.

그의 첫째 메시지는 '자기 내면에 숨겨져 있는 자기만의 삶의 뜻'인 '천명'을 찾으라는 것. 곧 자기가 좋아하고 잘할 수 있는 일, 이루고 싶은 꿈을 향해 매진해가는 삶이 행복하고 성공을 이룰 확률도 높다고 강조한다.

또 언제, 어디서나 주인의식을 갖고 대처해 나가는 주체적인 삶을 스스로 경영하라고 조언했다. 이와 함께 머릿속의 작은 이기적 계산보다 이웃과 고락을 함께하고 함께 나누는 큰 마음의 삶을 목표로 부지런히 실천해 나아가면 모두의 삶은 탄탄대로를 걷게 될 것이라고 덧붙였다.

"뜻이 있으면 길이 열리고(有志竟成, 유지경성), 마음이 한결같으면 무엇이든 이루어진다(一念通天, 일념통천)"는 고사성어가 왜 있겠는가?

꿈꾸지 않는 삶은 죽는 날을 손꼽아 기다리는 것과 무엇이 다른가.

〈중국 최대 전자상거래업체, 알리바바의 마윈 회장 어록〉

- 성공은 당신이 얼마나 이루었느냐에 있지 않다. 성공은 당신이 무엇을 했고, 그것을 통해 얼마만큼의 경험을 쌓았느냐에 있다.
- 내가 간절히 찾는 것은 배움의 대상이지 경쟁 상대가 아니다. 전 세계에는 보고 배울 대상이 너무도 많은데 어째서 경쟁할 상대만 찾아다니랴.
- 기대치가 클수록 실망도 큰 법. 그래서 나는 언제나 내일은 더 나쁠 거라고, 틀림없이 더 나쁜 일이 생길 거라고 생각한다. 최악의 경우를 상정하면 내일 정말로 어려운 일이 닥쳤을 때 두려움에 사로잡히거나 절망감에 빠지지 않는다.
- 자신이 하는 일을 사랑하는 것이 무엇보다 중요하다. 남의 말 한마디에 '영감'을 받아 충동적으로 시작하는 것이 아니라 그 일을 너무도 사랑하기 때문에 창업을 해야 한다.
- 유혹 앞에서 단호히 No라고 말할 수 있어야 한다. 욕심을 부린 대가는 반드시 치르게 되어 있다.
- 100번 넘어질 준비가 되어 있지 않다면 창업해선 안 된다. 수없이 거절당하고 비웃음 살 준비가 돼 있지 않다면 창업하지 마라.
- 나는 내 자신을 자주 의심한다. 하지만 신념은 의심하지 않는다. 신념과 자기 자신이 언제나 같은 것은 아니기 때문. 내가 일을 잘하고 있는지는 의심해도 신념과 목표를 의심해본 적은 없다.
- 다른 사람의 성공 경험을 배울 수는 있지만 그의 성공을 복제할 수는 없다.
- 때로는 어설프게 똑똑한 것보다 좀 덜 똑똑하더라도 우직한 것이 낫고, 외로움을 견뎌낼 줄 아는 사람만이 인재로 성장할 수 있다.
- 오늘은 힘들고 내일은 더 힘들 수도 있지만 모레는 좋은 일이 생길 것

이다. 그런데 많은 사람들이 내일 저녁에 죽어버리는 바람에 모레의 빛나는 태양을 보지 못한다.
- 남자는 억울한 일을 겪으면서 포부가 커진다. 억울한 일을 많이 겪을수록 그릇이 커지고 포부도 자란다.
- 90%의 사람들이 좋다고 하는 방안은 반드시 쓰레기통에 버리라. 그렇게 많은 사람들이 찬성하는 방법이라면 누군가가 하고 있을 가능성이 매우 높고 이미 기회를 빼앗긴 셈이니까.
- 자본이 말을 하는 대신 돈을 벌게 하라. 자본이 말하게 하는 기업가에겐 미래가 없다. 자본이 돈을 벌고 주주들이 돈을 벌게 해주는 것이 가장 중요하다.
- 이미 성공해본 사람들과 함께 창업해서는 안 된다. 창업 초기에는 '꿈을 좇는 팀'이 필요하다. 아직 성공하지 못했지만 성공에 목마른, 평범하고 단결할 줄 알며, 공동의 이상을 가진 사람들.
- 돈 버는 법을 아는 사람은 많고, 실제로 돈을 잘 버는 사람도 많다. 그러나 다른 사람들에게 긍정적인 영향을 주고 더 나아가 사회를 적극적으로 개선해나가는 사람은 많지 않다. 위대한 기업을 만들고 싶다면 바로 이 일을 해내야 한다.
- 알리바바의 가장 큰 자산은 우리가 어떤 성과를 거두었는지가 아니다. 그보다는 얼마나 많은 실패와 잘못을 경험했는가에 있다. 중요한 프로젝트를 추진하게 되면 백전백승의 직원 대신 실패 경험이 있는 사람에게 맡겨보라. 제대로 실패해본 사람은 기회를 놓치지 않는다.
- 이베이는 바다에 사는 상어였고, 타오바오는 강에 사는 악어였다. 상어와 악어가 바다에서 싸우면 결과가 뻔할 것이기 때문에 우리는 상어를 강으로 끌고 오기로 했다. 악어가 바다에서 상어와 싸운다면 어떻게 될까? 틀림없이 물려 죽는다. 그러나 강에서 싸운다면 상황은 달라질 수 있다.

* 마윈 : 1964-, 중국인, 중국 최대 온라인 상거래 업체인 알리바바를 1999년 설립, 현재 알리바바 그룹 회장

4. 인생은 관계다

　관계가 만사라는 말이 있다. 세상에 혼자 이룰 일이 없다는 것을 안다면 이 말의 이해가 훨씬 쉬워진다. 설사 혼자 이룬다 해도 그 결과를 나누지 않으면 행복은 찾아오지 않는다. 돈이든 권력이든 먹을 것이든 가진 것을 나누지 않으면 아무 재미가 없다. 그건 그냥 창고에 쌓아놓은 물건일 뿐이다.

　한 100세 시대 연구소가 조사한 바에 따르면 조사대상자들이 인생 막바지에 가장 후회하는 것은 지인들과 좋은 관계를 잘 유지하지 못한 것이라고 되어있다. 또 70% 이상이 직업인으로서 자신의 성공과 실패가 대부분 타인과의 관계를 어떻게 유지했느냐에 달려있었음을 시인했다고 발표했다.

　살면서 늘상 "돈 돈"하지만 돈은 그것으로 무언가 사서 나누지 않으면 휴짓조각에 불과하고 쌓아놓은 그 물건도 아무 쓸모가 없다. 당신이 소박하게 하루 세끼를 해결하고 적당한 잠자리를 마련하는 데는 이미 문제가 없는지도 모른다.

하다못해 당신이 갖길 원하는 멋진 명품도 봐주는 상대가 있기에 들고, 입고 다닐 가치가 있는 것이다. 당신을 유혹하는 권력 역시 영향력을 발휘할 무수한 상대가 있을 때 존재의 가치가 있는 것이리라.

그런 상대가 없다면 제아무리 힘이 세도 허공에 주먹질하는 것과 무엇이 다르랴. 관계가 있어야 모든 것이 존재의 가치를 발휘한다는 것이다.

우리의 삶은 함께하는데 진정한 행복이 있는 것이다. 화목하게 웃는 낯으로, 즐거운 마음으로 살아가려면 서로를 인정하고 존중하는 것은 기본이다. 그래야 상대도 나를 존중하고 인정해 좋은 관계가 형성된다.

물질이나 일 중심, 그리고 나 중심의 인간관계를 갖는 것은 결국 인생 실패를 자인하고 초래하게 된다는 것을 말해주는 것이다. 이런 관계는 행복과 사랑을 나누는 관계가 아니라 잠시 사용할 목적이나 용도가 소멸되면 함께 사라지는 잠시 스쳐 가는 사이일 뿐이다.

타인과 이웃을 그리고 사회와 국가를 배려하고 섬기는 이타적인 인간관계를 가져야 행복한 목표성취에 다다를 수 있음을 말해주는 것이리라.

목표를 설정함에 있어 그 기준을 어디에다 두어야 하는지 늘 유념

해야 할 일이다.

그리고 '좋은 사람을 못 만난다'는 생각이 들면 스스로가 어떤 생각과 자세로 상대를 대해왔는지 돌아볼 필요가 있다. 내가 먼저 좋은 생각을 가져야 좋은 사람을 만나고 내가 먼저 멋진 사람이 되어야 멋진 사람들과 어울린다는 얘기들은 흔히 들어보았을 것이다. 자꾸 잊고 실천이 안 되는 게 문제인 것이다.

사람과의 관계는 유리그릇 다루기와 같다. 작은 오해에도 깨지기 십상이다. 하지만 상대를 오해하고 상처를 받을지는 내 몫이다. 또 상처를 키울 것인지, 그걸 지킬 것인지도 내가 결정한다는 것을 잊지 말아야 한다. 모든 문제는 내 마음의 문제임을 다 알고 있지 않은가. 상대는 자신이 상처를 주었는지 모르는 때가 허다하다. 살아온 가정환경, 교육, 관점이 저마다 다르니까.

관계를 욕심내다 보면 허물없이 지내는 것이 가까움의 표현인 것 같아 예의를 저버리다 보면 결국 상처 속에 헤어지는 경우를 쉽게 주변에서 보게 된다.

두 사람 사이가 너무 가깝다고 느낄 때는 "인간관계는 난로처럼 대하라, 너무 가깝지도 너무 멀지도 않게(혜민스님의 『멈추면 비로소 보이는 것들』 중에서)", "사랑은 주되 잊어버리고 집착하지 마라(법륜스님)" 등 '불가근불가원(不可近不可遠)'을 권하는 조언을 명심하자.

그처럼 사람 사이의 관계는 여간 어려운 것이 아니다.

"사람이 온다는 건 실로 어마어마한 일이다. 한 사람의 일생이 오기 때문이다(정현종의 시, '방문객' 중에서)"라는 시에 고개가 끄덕여지는 이유도 거기 있다.

그러니 내가 오늘 만나는 모든 사람들, 약점은 도와주고 부족은 채워주고 허물은 덮어주자. 상대가 감추기 원하는 비밀은 지켜주고 실수는 감춰주자. 장점은 말해주고 능력은 인정하자. 사람을 얻는 것은 행복을 얻는 것과 다르지 않다.

노자가 말해주는 삶이 즐거워지는 인간관계 5계명, 늘 유념하자.

> **첫째**, 진실함이 없는 아름다운 말을 늘어놓지 마라.
> 남의 비위를 맞추거나 사람을 추켜세우거나 머지않아 밝혀질 사실을 감언이설로 회유하면서 재주로 인생을 살아가려는 사람이 너무나 많다.
> 그러나 언젠가는 신뢰받지 못하여 사람 위에 설 수 없게 된다.
> **둘째**, 말 많음을 삼가라. 말이 없는 편이 좋다. 말없이 성의를 보이는 것이 오히려 신뢰를 갖게 한다. 말보다 태도로서 나타내 보여야 한다.
> **셋째**, 아는 체하지 마라. 아무리 많이 알고 있더라도 너무 아는 체하기보다는 잠자코 있는 편이 낫다. 지혜 있는 자는 지식이 있더라도 이를 남에게 나타내려 하지 않는 법이다.
> **넷째**, 돈에 너무 집착하지 마라. 돈은 인생의 윤활유로써 필요한 것임에 틀림이 없다. 그러나 돈에 집착한 채 돈의 노예가 되는 것은 부질없고 안타까운 노릇이다.
> **다섯째**, 다투지 마라. 남과 다툰다는 것은 손해다. 어떠한 일에나 유연하게 대처해야 한다. 자기의 주장을 밀고 나가려는 사람은 이익보다 손해를 많이 본다. 다투어서 적을 만들기 때문이다. 아무리 머리가 좋고 재능이 있어도 인간관계가 좋지 않아서 실패한 사람도 많다.

* 노자 : 중국 고대 사상가로 도가의 시조. 생몰연도 미상

"성공의 85%는 인간관계에 달려 있다!"고 설파한 데일 카네기는 인간관계의 바이블로 불리는 그의 명저 『인간관계론』에서 인간 본성을 꿰뚫는 통찰력으로 사람의 마음을 얻는 방법을 제시하고 있다. 인간경영의 노하우는 모든 것에 우선한다고 주장하면서.

그가 말하는 인간관계 지침과 노하우들을 반드시 마음에 새길 필요가 있다.

- 비판은 어리석고 쓸데없는 짓이다. 남을 심판하지 마라.
- 상대가 잘못이 있으면 간접적으로 알게 하라. 누구든 논쟁을 통해서는 진정으로 이길 수 없다.
- 누구나 인정받는 존재가 되고 싶은 욕망이 있음을 기억하라. 다른 사람들에게 순수한 관심을 기울이고 상대방의 이름을 기억하여 기분 좋게 하라.
- 상대가 스스로에 대해 말하도록 고무시켜라. 상대방의 관심사에 대해 이야기하라.
- 상대방으로 하여금 자신이 중요하다는 느낌이 들게 하라.
- 상대방의 관점에서 사물을 보라. 상대방의 생각이나 욕구에 공감하라.
- 직접적으로 명령하지 말고 요청하라. 상대의 체면을 세워줘라.
- 진전이 있을 때마다 칭찬하라. 솔직하게 진지하게 칭찬하라.
- 상대방의 견해를 존중하고 당신이 잘못했으면 분명한 태도로 인정하라.

좋은 관계, 향기가 배어 나오는 인간관계 속에서 행복도 느끼고 새로 도전하는 일에 조언도, 격려도, 도움도 나누자. 100세 시대를 앞두고 걱정하던 여생이 달라질 것 같지 않은가.

〈빌 게이츠가 젊은이들에게 주는 인생 충고 10가지〉

- 인생이란 원래 공평하지 못하다. 그런 현실에 대하여 불평할 생각하지 말고 받아들여라.
- 세상은 네 자신이 어떻게 생각하든 상관하지 않는다. 세상이 너희들한테 기대하는 것은 네가 스스로 만족하다고 느끼기 전에 무엇인가를 성취해서 보여줄 것을 기다리고 있다.
- 학교 선생님이 까다롭다고 생각되거든 사회 나와서 직장 상사의 진짜 까다로운 맛을 한 번 느껴봐라.
- 햄버거 가게에서 일하는 것을 수치스럽게 생각하지 마라. 너희 할아버

지는 그 일을 기회라고 생각하였다.
- 네 인생을 네가 망치고 있으면서 부모 탓을 하지 마라. 불평만 일삼을 것이 아니라 잘못한 것에서 교훈을 얻어라.
- 학교는 승자나 패자를 뚜렷이 가리지 않을지 모른다. 어떤 학교에서는 낙제 제도를 아예 없애고 쉽게 가르치고 있다는 것을 잘 안다. 그러나 사회 현실은 이와 다르다는 것을 명심하라.
- 인생은 학기처럼 구분되어 있지도 않고 방학이란 것은 아예 있지도 않다. 네가 스스로 알아서 하지 않으면 직장에서는 가르쳐주지 않는다.
- 공부밖에 할 줄 모르는 '바보'한테 잘 보여라. 사회 나온 다음에는 아마 그 '바보' 밑에서 일하게 될지 모른다.
- TV 속의 세상은 현실이 아니다. 현실의 직장에선 네가 커피를 마신 후 잡담을 늘어놓기보다는 일을 시작해야 하는 거다.
- 대학 교육을 받지 않는 상태에서 연봉이 4만 달러가 될 것이라고는 상상도 하지 마라.

* 빌 게이츠 : 1955-, 마이크로소프트사의 창업자이자 세계 최대 갑부, 최대 기부자

5. 타인 그리고 과거의
나와 비교하지 마라

앞으로 나아가려는 도전, 그리고 성취감이 주는 행복을 방해하고 사람을 기죽게 하는 확실한 원인을 아는가?

미국의 행복전문가 소냐 류보머스키 교수 등 심리학자들은 그 두 가지 요인으로 '강력한 쾌락적응현상'과 '비교행위'를 손꼽는다.

우선은 쾌락적응. 아무리 좋은 집이나 자동차를 사도 며칠이 지나면 시큰둥해져 애초 가졌던 쾌락과 기쁨이 일어나지 않으며 그 이후에는 더 좋은 것을 가져야 행복감이 발생한다는 것이 바로 쾌락적응 현상이다.

또 하나는 타인과의 비교. 내가 아무리 가진 게 많아도 상대와 견주어 그가 나보다 더 가지고 있으면 결코 행복하지 않게 된다는 얘기다.

맞는 얘기다. 비교는 도전하고 성취하려는 욕구를 짓밟고 뒤따르는 불평, 불만이 의욕과 열정을 시들게 한다.

"남자가 가장 행복할 때는 자기 동서보다 연봉이 한 푼이라도 더 많을 때"라는 우스갯소리도 그래서 생긴 것이다.
결국 사람은 자신이 가진 것과 상관없이 경쟁 상대보다 우월하다고 느낄 때 비로소 행복해진다니 남의 인생과 내 인생을 비교하는 것은 스스로를 철저하게 불행하게 만드는 지름길이다. 세상에 나보다 나은 인간은 끝이 보이지 않을 정도로 도처에 존재하니 무슨 수로 그들을 이겨 행복감을 맛보겠는가.

스티브 잡스 역시 타인과의 비교, 나 아닌 다른 사람들의 이야기에 휘둘리는 자신에 대해 상당히 골머리를 앓은 모양이다. 그는 젊은이들에게 "당신의 시간은 한정되어 있다. 그러니 다른 사람의 인생을 사느라 시간을 허비하지 마라. 그 어떤 것의 지배도 받지 마라. 당신의 인생이 다른 사람의 가치관에 따라 정해지도록 내버려두어서는 안 된다. 당신 마음속의 진정한 목소리가 다른 사람들의 의견과 소음에 묻혀버리지 않도록 하라. 용기를 내어 마음과 직관이 가는 대로 따라가라"고 여러 강연을 통해 누누이 강조했다.

비교는 아무에게도 절대로 이익이 되지 않으며 관계를 파멸시키고 서로에게 상처를 안긴다.

칼럼니스트이며 『행복의 발견(Simple Abundance)』의 저자인 사라 본

브런컥은 비교가 "인간의 자신감·자긍심을 손상시키고 창의적인 에너지의 흐름과 생명력을 차단하며 내면의 성스러움을 파괴한다"고 강조한다.

물론 비교는 생산적으로 사용하면 좋은 점도 있다. 남의 장점을 잘 비교해 배우는 벤치마킹, 또는 학교와 직장에서 선의의 경쟁을 할 수 있는 '동력'이 된다면 말이다.

이처럼 좋은 비교도 있지만 대부분은 타인과 비교함으로써 의욕을 상실한 채 좌절하고 포기하는 나쁜 비교가 다반사다.

무엇보다 우리가 평소 습관화해야 할 것은 비교하지 않는 마음가짐을 꾸준히 훈련하는 것이다. 사람은 비교 대상이 아니라 그 사람만이 가진 개성과 장점에 감탄해야 하는 대상이다.

그렇게 하는 것이 모두가 윈-윈하는 지름길이다.

타인과의 비교도 있지만 나 자신의 과거와 비교하는 것도 금물이다.

소위 "내가 왕년에 이런 사람이었는데 어떻게 그런 일을 하겠어"하는 식의 과거의 나와 비교하는 것은 어리석은 일이다. 과거의 나는 사라졌고 이제 무슨 일이든 새로운 능력을 발휘해 개척해나가야 할 현재와 미래가 있을 뿐이다.

지나간 짧은 인생을 반추하면서 수십 년을 허비하기에는 가야 할 길이 멀고도 멀다. 혹시 아는가. 당신 안에 발견하지 못한 능력이 잠재해 있었는지….

인생 여정의 첫 시도는 시간과 타인의 시선에 쫓겨 의도와는 전혀 다른 길로 들어설 수가 있다. 재도전은 그간의 경험을 바탕으로 내가 갈 길을 잘 살펴 고르는 길이니 이번 선택이야말로 올바른 것일 수 있다. 그러니 자발적 선택의 설렘과 기회를 잡는 행운을 타인과의 비교로 절대 놓치지 말아야 할 것이다.

미국의 대표적인 시인, 오마르 워싱턴은 "나는 배웠다. 다른 사람의 최대치에 나 자신을 비교하기보다는 내 자신의 최대치에 나를 비교해야 한다는 것을"이라고 말한다. 맞는 말이다.

자기 자신이 인생길에서 너무 늦되다고 생각하고 새로운 도전을 망설이는 이들은 기득권을 내려놓고 한동안 숲에 들어가 삶을 깨우친 '선대 자연인'이며 사상가인 헨리 데이빗 소로우(1817-1862. 미국의 사상가겸 문학인)의 말에 귀 기울일 필요가 있다.

"어떤 사람이 자기 또래들과 보조를 맞추지 않는다면 그것은 아마 그가 그들과는 다른 고수(고수)의 북소리를 듣고 있기 때문일 것이다. 그 사람으로 하여금 자신이 듣는 음악에 맞추어 걸어가도록 내버려두라. 그 북소리의 음률이 어떻든, 또 그 소리가 얼마나 먼 곳에서 들리든, 그가 꼭 사과나무나 떡갈나무와 같은 속도로 성숙해야 한다는 법칙은 없다. 그가 남과 보조를 맞추기 위해 자신의 봄을 왜 여름으로 바꾸어야 한단 말인가."

당신이 늦가을에 꽃을 피워 온 산야를 아름답게 수놓는 들국화일지 누가 알겠는가. 이것저것 경험해본 지금이야말로 정말 나다운 꽃을 피울 수 있는 절호의 기회이다.

〈이기는 사람과 지는 사람〉

이기는 사람은 실수했을 때
"내 실수다, 내가 잘못했다"고 말하고
지는 사람은 실수했을 때
"너 때문에 이렇게 되었다"고 말합니다.
이기는 사람은 아랫사람뿐만 아니라
어린아이에게도 고개를 숙일 줄 압니다.
지는 사람은 지혜 있는 사람에게도
고개를 숙이지 않습니다.
이기는 사람은 열심히 일하지만
시간의 여유가 있습니다.
지는 사람은 게으르지만
늘 바쁘다며 허둥댑니다.
이기는 사람은 열심히 일하고
열심히 놀고 열심히 쉽니다.
지는 사람은 허겁지겁 일하고
빈둥빈둥 놀고 흐지부지 쉽니다.
이기는 사람은 지는 것을 두려워하지 않습니다.
지는 사람은 이기는 것도 계속 염려합니다.
이기는 사람은 과정을 위해 살고
지는 사람은 결과만을 위해 삽니다.
이기는 사람은 "예"와 "아니요"를 분명히 말하나
지는 사람은 "예"와 "아니요"를 적당히 말합니다.
이기는 사람은 넘어지면 일어나 앞을 보나
지는 사람은 넘어지면 뒤를 봅니다.
이기는 사람은 눈을 밟아 길을 만드나

지는 사람은 눈이 녹기를 기다립니다.
이기는 사람의 호주머니 속에는 꿈이 들어 있고
지는 사람의 호주머니 속에는 욕심이 들어 있습니다.
이기는 사람이 잘 쓰는 말은 "다시 한 번 해보자"이나
지는 사람이 자주 쓰는 말은 "해봐야 별 볼 일 없다"입니다.
이기는 사람은 걸어가며 계산하나
지는 사람은 출발하기도 전에 계산부터 합니다.
이기는 사람은 강자에게 강하고 약자에게 약하나
지는 사람은 강자에게 약하고 약자에게 강합니다.
이기는 사람은 행동으로 말을 증명하나
지는 사람은 말로 행위를 변명합니다.
이기는 사람은 인간을 섬기다 감투를 쓰나
지는 사람은 감투를 섬기다가 바가지를 씁니다.

- 정채봉 시집 『나 내가 잊고 있던 단 한 사람』 중에서

2장

도전해야 사는 거다

1. 도전하는 삶이 아름답다

인생은 늙어가는 것이라고 해도 과언이 아니다. 왜냐하면 우리는 이 세상에 태어나자마자 죽음을 향해 끊임없이 전진하면서 나이 들어가고 있기 때문이다. 어느 한순간 늙지 않는 시간이 있단 말인가.

물론 20세 이전 인생의 4분의 1은 성장하면서 보낸다고 하지만 엄밀히 말하면 마찬가지인 셈이다.

이 과정을 잘 지내는 것이 소위 웰 에이징(well-aging), 아름답게 나이 들어가기다. 하루 24시간 중 먹고 자는 일 외에 인간이 하는 일은 무언가 자기 자신을 행복하고 아름답게 영위하는 일에 쓰여진다.

그것이 직업을 통해 돈을 버는 일이든, 자기계발을 위한 목표를 이루어가는 과정이든, 남을 위해 봉사하는 일이든지 간에 말이다.

자기 자신의 쓸모와 기여를 최대한으로 높이는데 인간은 성취감을 느낀다. 혼자 잘 먹고 입는 것에서 오는 기쁨은 아마 단 하루도 가지 않을 것이다.

그 자신의 쓸모와 기여가 가족이 됐든, 친구가 됐든 그 대상이 클수록 기쁨과 행복은 그에 비례해 커지게 마련이다.

타인을 위한 것이 결국에는 자신을 위한 것이라는 이미 다 알고 있는 진리이다. 아름답고 행복하게 나이 들어가려면 일과의 관계가 중요하다.

일은 열정과 의욕, 관계와 그 안에서의 역할을 불러온다.

현재 가진 것이 많든 적든 일에 끊임없이 도전해야 하는 이유다.

인간이 추구하는 행복이 가진 것의 많고 적음에 있다면 그 많은 재산가들이 일에 매달려 고민할 이유가 없는 것이다.

소유는 삶의 만족을 채워주는데 아주 아래 단계의 효용력을 보여줄 뿐이다.

왜 이런 얘기가 있지 않은가. 침대는 살 수 있지만 잠은 살 수 없고, 여인은 살 수 있지만 사랑은 살 수 없고, 시계는 살 수 있지만 시간은 살 수 없고….

우리가 종국에 필요로 하는 중요한 것, 절대적인 것은 이처럼 물질에서 벗어나 있는 것이다. 돈과 물질로 얻을 수 있는 것은 아주 미미한 것들이다. 본질을 착각하지 말자는 얘기다. 행복을 돈으로 살 수 있는지 물어보면 금방 자명해진다.

나이와 무관하게 목표를 세워 새롭게 일을 해나가고 그 속에서 사람과의 관계를 통해 서로 발전하고 도움을 주면서 행복을 느낄 때 우리는 비로소 삶의 의미와 가치를 느끼는 인간으로 만들어져 있다.

왜냐고 물을 필요조차 없다. 조물주가 그런 DNA를 심어놓아 생명이 다하는 날까지 앞으로 나아가기 위해 고민하게 되어있는 것이다. 새로운 목표가 있어 달성하면 그 다음 목표를 세우고 이뤄야 하는 숙명을 가진 존재가 인간인 것이다.

세계 역사상 최대 업적의 35%는 60~70대에 의해서, 23%는 70~80세 노인에 의해서 그리고 6%는 80대의 노인에 의해 이루어졌다는 '믿거나 말거나'의 통계를 본 적이 있다. 실제로 인류가 기억하는 많은 위인들과 그들이 업적이 우리를 자극하고 용기를 준다.

동서고금을 막론하고 나이를 불문하고 도전에 나선 이들은 아름답고 존경스럽다. 대문호 괴테가 '파우스트'를 완성한 것은 여든이 넘어서였고 미켈란젤로는 로마의 성베드로 성당 대성전의 돔을 일흔에 완성했다고 전해진다. 하이든, 헨델도 역사에 기록된 음악가들도 일흔이 넘어 불후의 명곡들을 남겼다고 한다. 스페인의 화가 피카소도 세상을 떠나기 전인 아흔 살까지 붓을 놓지 않고 역작을 남겼다.

> 저기, 불행하다며 한숨 쉬지 마 / 돈 있고 권력 있고 그럴듯해 보여도 외롭고 힘들긴 다 마찬가지야 / 햇살과 산들바람은 한쪽 편만 들지 않아 / 꿈은 평등하게 꿀 수 있는 거야 / 난 괴로운 일도 있었지만 / 살아 있어서 좋았어 / 너도 약해지지 마
>
> — 시바다 도요 시집 『약해지지 마』 중에서

『약해지지 마』라는 시집으로 나이 98세인 2009년, 전 세계에서 수백만 부 이상 팔리는 베스트셀러 시인으로 등극했던 일본의 시바다 도요(1911-2013) 할머니는 자신이 준비했던 장례비로 이 시집을 냈다고 한다. 그녀는 92세에 처음 시를 쓰기 시작했고 어느 날 일본 산케이 신문에 투고한 시가 선풍적인 인기를 모아 세계 최고령으로 데뷔한 시인으로 역사에 남게 됐다. 그녀는 102세에 유명을 달리했다.

죽마고우였던 천재 화가 이중섭(1916~1956)의 탄생 100주기 기념 전시회에 즈음해 나란히 전시회(2106년 3월)를 가져 눈길을 끈 올해 100세의 최고령 현역화가 김병기 화백은 20세기 한국 문화사의 '살아 있는 역사'로 요즘도 새벽에 붓을 든다.

하루하루 성장하려는 결단과 용기, 도전은 죽음이 우리를 부르는 날까지 우리를 젊은이로 살게 한다.

살아있는 것은 무엇을 막론하고 성장하지 않으면 죽게 된다. 나무가 죽는 것은 성장을 멈추었기 때문이다. 인간의 뇌세포는 일정한 나이가 되면 소멸하지만 사용 여부에 따라 다시 태어나는 것으로 확인

됐으니 늘 깨어있으며 도전하는 사람이 젊고 활기찬 것은 당연한 것이리라.

세계에서 가장 영향력 있는 여성 중의 한 사람으로 우뚝 선 미국의 방송인 오프라 윈프리는 오늘날의 성공이 "인생에 '실패'라는 것은 없다. '실패'란 단지 우리의 인생을 또 다른 방향으로 이끄는 삶일 뿐이라는 각오로 매일의 고난을 이겨낸 결과"라고 전한다.

그녀는 사생아로 태어나 지독한 가난 속에 마약과 성폭행의 피해자가 됐던 보잘것없는 흑인 여성에서, 전 세계 1백40개국에서 방영된 토크쇼의 여왕이 돼 세계적인 명성과 재산을 일궈낸 입지전적 인물이다. 그가 당시의 어려움에 굴복했더라면 그녀는 지금 어디서 무얼 하는 사람이 됐을까?

하물며 우리가 하찮은 미물로 여기는 동물, 곤충들도 인간에게 멋진 삶의 교훈을 안겨준다. 독수리의 경이로운 결단과 변신을 아는가?
최장 70살까지 살 수 있는 독수리는 40살 정도가 되면 죽을 것인가, 아니면 새로운 도전으로 새 삶을 일군 것인가를 결정해야 한다고 한다.
나이가 40살이 되면 독수리의 발톱은 안으로 굽어들고 굳어져서 먹이를 잡기조차 어려워진다. 길고 휘어진 부리는 가슴 쪽으로 구부러지고 두꺼워진 깃털 때문에 날개가 무거워져 날아다니는 것도 힘들어진다는 것이다.
이때 독수리들은 그대로 굶어 죽을 것인지, 아니면 고통스럽게 변모의 과정을 선택해 거듭나 다시 30여 년을 살아낼지 선택의 기로에

선다는 것.

독수리가 환골탈태하기 위한 고통을 견뎌내야 하는 기간은 무려 5개월이나 된다. 우선 절벽 끝에 앉아 자신의 오래된 부리가 없어질 때까지 바위에 대고 치대며 새 부리가 솟아나길 기다리는 극심한 인고의 시간을 보낸다.

그 후 새로 난 부리로 자신의 낡은 발톱을 하나하나 뽑아내고 새로 난 발톱이 자라면 그 날카로워진 부리로 낡은 깃털을 뽑아내 비상할 수 있도록 한다. 이렇게 지독한 고난을 거쳐 5개월이 지나면 독수리는 다시 '하늘의 제왕'으로 거듭나 창공을 힘차게 비행하며 나머지 삶을 다시 시작한다고 한다. 놀랍고 경이롭지 않은가.

한편 벌은 꿀 한 숟가락을 얻기 위해 꽃과 꿀통 사이를 4천 2백 번이나 왕복한다고 하지 않는가. 까치라는 새는 둥지를 짓기 위해 가장 바람이 많이 부는 날을 선택한다고 한다. 바람이 세차게 몰아치는 날이에 저항하며 집을 지어야 비, 바람에도 안전하다고 여기기 때문이다. 안락하고 견고한 집을 짓기 위해 주변에 흩어진 새털이나 나뭇잎, 진액 등을 주워 모으기 위해 수천, 수만 번의 수고를 아끼지 않는다고 한다.

미물들의 이 같은 도전과 노력은 그들의 체내에 모든 고난을 감수하고 제 역할에 충실하게 하려는 조물주가 심어준 DNA가 작동함이 아니겠는가.

하물며 신의 모습으로 빚어진 인간에 내장된 극복의 유전인자는 얼마나 강인할까 미루어 짐작할 수 있다. 도전하기도 전에 포기하는 것은 인간에 대한 모독이다.

　인간 안에 있는 더 강력한 '독수리의 기질'을 깨우자.

　'청춘'이란 시로 전 세계 나이 든 사람들의 가슴에 열정을 지펴낸 사무엘 울만은 그의 시에서 "영감이 끊기고 정신이 냉소의 눈에 덮일 때, 비탄의 얼음에 갇힐 때 그대는 스무 살이라 하더라도 늙은이라네. 그러나 머리를 높이 들고 희망의 물결을 붙잡고 있는 한 그대는 여든 살이어도 늘 푸른 청춘이라네"라고 노래했다.

　이 어찌 아니라 할 것인가. 나이는 숫자에 불과하다는 말이 어떻게 사느냐에 따라 맞는 말이 되는 것이리라.
　그런 만큼 "모든 것은 마음먹기에 따라 달라진다(一切唯心造. 일체유심조)"는 불가(佛家)의 가르침처럼 한마음으로 정진하면 어찌 성공 못 할 것인가.

　"가장 완전하고 슬픈 실패는 아무것도 시도해 보지 않은 인생"이라는 말을 한국에도 소개된 『다시 한 번 리플레이(원제목 replay)』라는 책에서 접한 적이 있다. 가슴에 와 닿는 말이다.

　우리보다 앞서 죽어간 이들이 그렇게 살고 싶어 했고 꿈꾸었던 미래가 우리 앞에 매일같이 축복인양 펼쳐지고 있는데 실패가 두렵다고 해서 언제까지 고민만 하며 어제를 반복해 살고 있을 것인가.

〈청춘 - 사무엘 울만〉

청춘이란 인생의 어떤 한때가 아니라, 어떤 마음가짐을 뜻한다.
청춘이란 장밋빛 뺨, 붉은 입술 그리고 유연한 무릎을 뜻하는 것이 아니라, 강인한 의지, 풍부한 상상력, 불타는 열정이다.
청춘이란 인생의 깊은 샘에서 솟아나는 신선한 정신이다.
청춘이란 두려움을 물리치는 용기와 안이함을 뿌리치는 모험심을 의미한다.

때론 스무 살 청년보다 예순 살의 남자가 더 청춘일 수 있다.
나이를 먹는다고 누구나 늙는 것은 아니다.
이상을 던져버릴 때 비로소 늙는 것이다.
세월은 피부를 주름지게 하지만, 열정을 상실할 때 영혼이 주름진다.
근심, 두려움, 자신감의 상실은 정신을 굴복시키고 영혼을 한낱 재로 소멸시킨다.

예순이건 열여섯이건, 모든 인간의 가슴속에는 경이로움에 대한 호기심, 아이처럼 왕성한 미래의 탐구심과 인생이라는 게임에 대한 즐거움이 있다.
그대의 가슴, 나의 가슴 한가운데는 이심전심의 무선국이 있다.

그것은 조물주와 사람으로부터 나오는 아름다움, 희망, 생기, 용기, 힘의 메시지를 수신하는 한 당신은 그만큼 젊을 것이다.

그대가 기개를 잃고, 정신이 냉소주의와 비관주의의 얼음으로 덮일 때, 스무 살 그대일지라도 늙은이가 된다.

그러나 당신의 기개가 낙관주의 파도를 잡고 있는 한, 여든 살 그대, 젊음 속에 죽을 수 있는 희망이 있다.

* 사무엘 울만 : 1840-1924, 유대교 랍비이자 시인, 독일 출생, 미국에서 사망, '청춘', '나의 파이프', '묵상의 아침', '내일이란', '꿈과 메시지' 등의 시가 알려져 있다.

2. 도전, 선택이 아니고 필수다

　한국사회가 요동치고 있다. 한국인의 생활상이 대격변을 겪고 있다.
　이에 따라 새로운 시대에 걸맞은 '도전만이 살길이다'라는 의식이 사회 전체에 팽배해지고 있다. 도전은 이제 선택이 아니라 필수다. 현 상황에서의 안주는 더 이상 허용되지 않고 있다. 사회 전체에 긴장감이 돌고 있다.

　한국만이 아니다. 세계는 지금 정상이 아닌 비정상을 그대로 받아들여야 하는 '뉴 노멀(new normal)' 시대를 감내해야 한다. 꾸준한 성장에 기반을 둔 지난날의 경제 질서(old normal)는 이제 끝이 보이고 정체가 정상처럼 여겨지는 시대다.

　고용 없는 저성장시대를 헤쳐가야 하는 젊은이들에게는 연애·결혼·출산을 포기하는 '삼포 세대'의 그림자가 깃들어있다. 통계청이 내놓은 2016년 2월 청년 실업률을 보면 2000년 1월 이후 16년 만에 가장 높은 12.5%다.

60여만 명이 백수로 살아가고 있다는 얘기인데 정규직으로 제대로 된 임금을 받고 사는 청년만 따진다면 실업률은 이보다 훨씬 높다. 주변에 실업으로 고민하는 젊은이들을 보고 느끼는 체감실업률이 정부가 발표하는 고용동향보다 훨씬 심각한 것도 이 때문이다.

급격히 고령화 사회로 접어든 이 땅의 중장년 세대들은 퇴직 후에도 여전히 직업을 갖고 생계를 책임져야 하는 '반퇴 시대'에 난감해하고 있다.

설사 호구지책을 위한 일거리를 찾지 않는다 해도 우두커니 앉아 긴 시간을 때우듯이 살아가는 것은 마치 죽을 날을 손꼽아 기다리는 것 같아 행복한 삶이라 할 수가 없다. 자칫하면 그런 날들이 퇴직 후 30년이 될 수도 있으니 인생의 3분의 1을 허비하게 되는 것이다.

젊은이는 젊은이들대로, 장·노년들을 그들 나름대로 무거운 짐을 메고 먼 길을 가야 하는 상황에 봉착하고 있다.
정체가 일상화돼 해가 바뀌어도 우리의 지난한 삶이 좋아질 기미가 잘 보이지 않는다.

기업은 기업대로 새로운 IT, 자동화, 글로벌 시대에 걸맞은 변신을 하지 않으면 언제 어떻게 사라질지 모른다는 위기감에 직면해 있다.

대기업 주도의 성장이 한계에 달했고 향후 몇십 년을 버텨나갈 미래 먹거리 창출에 대한 우려는 여전히 기업들의 숨통을 죄고 있다.

국내외 시장을 선도해가는 대기업들은 국제 수출 시장을 잠식해가는 거대 중국의 추격을 따돌리기 위한 공격적 M&A 등으로 살길을 모색하고 있다.

산업 전 분야에 걸친 저성장은 노동시장의 감축을 불러온다. 몸무게를 가볍게 가려는 기업들은 인원감축이 불가피해진다. 노동시장에서 밀려 나온 젊은 세대들과 고령화 시대, 다시 직업을 얻어야 까마득하게 남은 여생의 생계를 꾸려갈 수 있는 장·노년층은 열악한 조건에서 일자리를 두고 맞붙어야 한다.

정부가 열겠다는 '국민 행복시대', 대다수의 국민들에게 그건 그림의 떡에 불과하다. 행복은 당연한 권리가 아니라 마치 소수의 사치스러운 전유물처럼 여겨지는 판이다. 급변하는 시대에 부지런히 보조를 맞추지 않으면 낙오한다는 생각에 하루하루가 느긋하고 편하기는커녕 절박감에 오금이 저린 것이다.

과도한 IT 시대의 속도전은 그를 따라가지 못하는 구세대 사람들에게 불안을 양산한다. 사회 전체에 여유와 온화함, 부드러움은 갈수록 사라져 가고 있다. 그 자리에 대신 불안과 불행감이 들어서고 있다.

최근의 조사 결과는 이를 단적으로 입증하고 있다.

최근 갤럽 조사에 따르면, 한국인 성인 행복지수는 100점 만점에 59점, 조사대상 143개 나라 중 118위다. 세계 평균인 71점에 한참 못 미친다. 성인 36%는 자신이 행복하지 않고 우울과 불안 분노 등 정서적인 문제를 경험하고 답했다. 자살률이 OECD 국가 중 늘 최상위를 기록하고 있다.

2015년 9월 말 통계청 자료는 '반퇴 시대'의 절박함을 여실히 보여준다.
지난해 늘어난 창업 시장을 보면 진입 장벽이 낮고 기술이 없어도 되는 소자본의 편의점, 제과점, 소규모 외식업 등을 운영하는 60대가 주도했다.

국내 사업체 수는 381만 7천여 개로 전년보다 약 14만 개(3.8%) 늘었다. 전국 사업체 수는 인 1999년부터 15년 연속 증가 중인데 최근엔 퇴직하고도 은퇴 못 하고 일해야 하는 생계형 '반퇴(半退) 창업'이 주류를 이뤘다.

지난해 늘어난 사업체 수(14만390개)를 대표의 연령에 따라 분류했더니 60대 이상의 사장을 둔 업체가 7만3971개(52.7%)로 절반 이상을 차지했다. 다음은 30대(20.5%), 20대(11.3%), 50대(9.3%), 40대(6.2%) 순이었다. 2013년 말에는 50대, 60대 이상, 40대 순서였는데 지난해 60대가 넘는 고령자가 창업시장에 대거 진입하면서 순위가 바뀌었다.
급격한 고령화 시대가 도래하면서 청년부터 중장년 노년에 이르기까지 직업인으로서 새판을 짜야 하는 상황에 봉착해 있는 것이다.

직장에 평생을 묻어야 했던 그런 직장은 이제 없다. 저성장, 저고용 시대, 월급쟁이도 숨 가쁘게 변화에 따라가지 않으면 언제 도중하차 할지 모른다. 안전지대가 아닌 것이다.

당연히 나이 불문하고 새로운 시대의 룰에 맞게 도전해야 하는 것이다. 무언가 새롭게 도전해 창업하는 것만이 살길이다. 정부와 기업 역시 새로운 도전에 나섰다. 지자체들도 나름의 전략과 방안을 내어 놓고 함께 뛰어 줄 것을 호소하고 있다.

정부는 취업과 창업 지원을 강화하며 청년 일자리 창출에 힘을 싣는 것을 골자로 2016년 예산안을 제시했다.

전년 대비 3%(11조3천억 원) 늘어난 총지출 387조 원 규모의 2016년 예산안을 보면 각 권역별로 청년창업기지를 두고 청년 CEO를 육성하겠다는 정부의 의지가 강렬하다. 창업선도대학, 창업사관학교 등에서 지역의 청년창업자를 발굴해 사업화까지 원스톱 지원하기로 했다.

창업선도대학을 기존 28개에서 34개로 늘리고, 권역별 대학이 차별화된 창업지원 모델을 개발해 운영토록 할 예정이다. 청년창업사관학교는 우수기술자 선발 비중을 기존 30%에서 40%로 확대하고 사업기획부터 창업공간, 사업화, 판로확보 등을 패키지로 지원한다.

벤처/창업 생태계 활성화를 위해서 지역별 창조경제혁신센터를 지역혁심거점으로 육성한다는 방침이다. '창의적 아이디어 발굴 → 멘토링과 투자 연계 → 사업화 → 실패기업 재도전'까지 창업의 전체

주기를 지원한다. 특히 6개월 챌린지 플랫폼 지원금을 98억 원에서 113억 원으로, 창업성장자금도 300억 원에서 635억 원으로 늘렸다.

창업기업지원자금을 현행 1조3천억 원에서 1조5천억 원으로 늘리고, 창업 2~5년 차 전용 사업화 프로그램을 신설해 100억 원을 배정, 수익모델 창출을 도울 예정이다.

〈10년 후 한국경제를 책임질 10대 유망기술〉

여가용 가상현실(VR) 기술	실제와 같은 가상현실로 시공간의 제약 없이 다양한 여가활동을 체험할 수 있는 기술
소셜로봇	일상생활에서 인간과 교감하며 정서적 만족감을 높여주는 로봇
딥러닝기반 디지털 어시스턴트	인간의 의사결정을 돕거나 업무 효율을 높여주는 개인비서 역할의 인공지능시스템
사물정보기술	사물인터넷으로 수집한 정보를 통해 사용자에게 필요한 서비스를 제공하는 기술
정신건강진단, 치료기술	생체신호기반 정신질환 발병 예측, 조기진단 및 치료 등 정신건강관리기술
빅데이터기반 감염병 예측, 정보시스템	질병의 전파과정, 감염환자정보 등 빅데이터를 활용한 감염병 확산예측, 경보시스템
사물인터넷(IoT) 보안기술	IoT기기와 네트워크통신의 해킹 등 침해 사고를 방지하는 정보보안기술
온라인, 모바일 금융거래 보안기술	소비자의 접근성이 높은 온라인과 모바일에서 안전한 거래를 보장하는 기술
시스템 기반 미세먼지 대응기술	대기 중 미세먼지를 측정, 분류, 포집, 정화, 예측, 감시하는 기술
빅데이터기반 사기방지기술	빅데이터를 분석해 이상거래, 부정행위 등을 탐지해 사기 행위를 예방, 처리하는 기술

– 출처 : 한국과학기술기획평가원(KISTEP), 2016년 3월

대기업 주도의 성장이 한계에 부딪히고 실업률마저 높아지자 적은 자본으로 출발하는 스타트업을 돕기 위한 정부의 창업지원 프로그램

은 중소기업청은 물론 미래창조과학부, 문화체육관광부 등 정부 부처와 지자체가 다양하게 운영하고 있다.

중소기업청은 중소기업인의 재기를 위한 '재도전 종합지원센터'를 서울에 이어 최근 부산과 대전에 각각 개소했다. 이 센터는 앞으로 재도전을 위한 종합상담, 심층 자문 및 교육, 재창업·구조개선 자금지원, 사후관리를 포함한 체계적 지원에 나선다.

정부는 2016년 예산에 시니어(노년) 기술창업센터와 기술창업스쿨도 늘려서 은퇴 후 생계형이 아닌 기술형 창업을 유도하는 기금도 확보, 추진하기로 했다. 서울에는 인생이모작센터를 개편하여 도심권 50플러스 지원센터(http://www.dosimsenior.or.kr)를 열어 관련 정보를 제공하고 있다.
2016년 4월에는 서부 도심권 50플러스 캠퍼스를 오픈하는 등 다양한 강좌를 본격적으로 개설하여 재도전을 지원하고 있다.

귀농 인구들을 흡수하기 위한 지자체의 각종 지원책 또한 무궁무진하다. 활발한 인구이동과 함께 농촌이 미래며 대안이란 인식이 확산되고 있다.

농촌은 이제 더 이상 예전의 시골이 아니다. 젊은이든 나이 든 세대든 도심을 벗어나 농촌, 어촌, 산촌에서 새롭게 6차 산업을 일구려는 물결이 희망적이다.
하루가 다르게 변화 중인 농촌에 가보면 더욱 실감하게 된다. 소셜미디어를 통한 6차 산업화는 농업과 시골이 경쟁력이 있음을 잘 알려준다.

6차 산업화는 1차 산업인 농업과 2, 3차 산업 간의 연계를 통해 농외소득을 높이고 생산부터 판매, 재투자까지 선순환하는 경영체를 육성하는 것이다. 지역자원을 활용한 농촌관광활성화는 6차 산업화의 주요 항목이다.

실제로 각 지자체가 경쟁적으로 마련하는 농촌 체험 프로그램에 가면 농촌이 얼마나 획기적인 변화를 하고 있으며 '출세지향적 도시가 제일이다'라는 생각만 버리면 여유 있고 행복한 삶을 누릴 수 있다는 확신이 선다.

농촌은 더 이상 불편하고 가난해 도시로 떠나야 하는 곳이 아니다. 도시에서 일자리가 찾아지지 않는다면 한번 귀농·귀촌을 시도해볼 필요가 있다. 예전의 낙후된 농촌이 아니고 미래가 기대되는 농촌을 알려면 각 지자체 마련 체험 프로그램에 가보면 그 변화를 느낄 수 있다. 지난해 1만 517명이 이 프로그램에 참여했다.

금촌의 경우처럼 먹고 자는 거주지는 물론 체험농장까지 1년간 빌려주고 각종 농법을 가르쳐주는 귀농학교도 있으니 감사할 따름이다.

귀농·귀촌 인구는 2001년 880명의 50.7배인 4만4천 586명으로 지난해 집계됐다. 2014년에 비해서는 37.5% 증가. 이런 추세는 앞으로도 계속 진행될 것으로 보인다. 기회요인도 많은 것으로 밝혀지고 있다.

FTA 확대와 한류 붐, 한국농산물에 대한 좋은 이미지는 향후 수출에 유리하게 작용할 것이며 정보통신, 바이오, 에너지 기술의 발전이 농가의 생산성을 크게 높이고 귀농 인구 급증과 농촌관광 활성화가 농촌의 활력을 더할 것이다. 또 2000년 이후 농식품 수출액의 연평균 성장률은 11.9%로 향후 더욱 높아질 것으로 기대된다.

어려운 상황 속에서도 기존의 낡은 사고방식을 떨쳐버리고 새롭게 제2의 길을 열어나가는 사람들이 도처에 넘쳐나 희망적이다.

나이와 무관하게, 이전의 경력과 무관하게 새롭게 길을 헤쳐나가는 사람들의 노력과 열정, 지지지 않는 끈기와 의지는 참으로 감동적이다. 그런 사람들은 참으로 아름답다.

이들은 각 방면에서 최선을 다해 도전하고 있다.

각 분야에서 최선을 다해 결실을 맺고 있는 이들을 소개하고 그들에게 동참하려는 사람들을 위한 정보를 함께 소개하는 일도 도움이 되리라 기대한다. 도전하는 정신은 아름답고 숭고하다. 꼭 돈을 벌어야 하는 것만이 도전은 아니다. 자기의 처지에 맞게 하면 되는 것이다. 그것이 봉사일 수도 있고 못다 한 자기계발과 자기실현의 노력일 수도 있다.

앞이 보이지 않는 현실에 체념하고 주저앉아 지리멸렬한 삶을 살 것인가, 아니면 자기 자신을 찾아 새로운 앞날을 디자인할 것인가는 온전히 당신의 몫이다. 자신을 존중하고 사랑하는 자존감은 당신을 '진정한 자기 주인되기'의 삶으로 이끈다. 언제나 지금 이 순간이 적기이고 그 시발점이다.

우리 삶의 목표는 누가 뭐래도, 정부가 캐치프레이즈로 내 걸었듯 '행복한 삶'인 것이다. 행복한 삶은 개개인 각자가 열어가는 것이다. 그렇게 얻은 각자의 행복이 이웃과 사회를 행복하게 하는데 기여할 수 있으리라. 마치 숲 속의 나무들이 그러해 어느 날 거대한 숲을 이루어 놓듯이.

그리고 어느 날, 인생의 가을이 오면 우리 모두 스스로에게 묻게 되리라. 열심히 살았느냐고, 어떤 열매를 얼마만큼 아름답게 맺었느냐고…. 수확의 어느 가을날, 어떤 대답을 할 수 있는가는 온전히 당신의 몫이다.

〈시 '내 인생에 가을이 오면'〉

내 인생에 가을이 오면 나는 나에게 물어볼 이야기들이 있습니다.
내 인생에 가을이 오면 나는 나에게 열심히 살았느냐고 물을 것입니다.
그때 자신 있게 말할 수 있도록 지금 맞이하고 있는 하루하루를
최선을 다하며 살겠습니다.

내 인생에 가을이 오면 나는 나에게 삶이 아름다웠느냐고 물을 것입니다.
그때 기쁘게 대답할 수 있도록 내 삶의 날들을 기쁨으로 아름답게
가꾸어 가야겠습니다.

내 인생에 가을이 오면 나는 나에게 어떤 열매를 얼마만큼 맺었느냐고
물을 것입니다. 그때 자랑스럽게 말할 수 있도록 내 마음 밭에 좋은 생각의

씨를 뿌려 놓아 좋은 말과 좋은 행동의 열매를 부지런히 키워야 하겠습니다.
(윤동주 혹은 작자 미상으로 돼 있는 이 글의 주인에 감사함을 전하며)

〈포기하고 싶어질 때 기억해야 할 이름들〉

- 근무력증에 걸려 5년 동안 누워 지내던 박성수가 다시 일어나 세운 회사의 이름은 '이랜드'다.
- 신용호는 99명의 멘토로부터 "당신이 하려는 사업은 무조건 실패한다"는 말을 들었다.
그들이 "절대로 안 된다"고 했던 사업은 '교보생명'이었다. 신용호는 교보그룹 창업자다.
- 끝이 보이지 않는 가난에 절망해 독약을 마셨던 남생해는 세계에서 가장 큰 중식당 '하림각' 사장이 된다.
- 영하 10도의 바깥에서 알몸으로 "나는 할 수 있다!"고 울부짖던 무명배우가 있었다. 그의 이름은 '허준'을 연기한 전광렬이다.
- NBA에서 9,000번의 슛을 실패하고 3,000번의 경기를 패배한 선수의 이름은 마이클 조던이다.
- 하워드 슐츠는 217번째 투자자에 이르기까지 스타벅스 사업의 투자를 거절당했다.
- 남이 먹다 남긴 빵을 주워 먹던 한 거지 청년이 놀이공원을 설립한다. 그의 이름은 월트 디즈니다.
- 백여 군데 의상실에서 "당신은 절대로 디자이너가 될 수 없다!"는 소리를 듣던 청년의 이름은 크리스찬 디오르다.
- "이 정도 솜씨로는 작가가 될 수 없다"고 핀잔받던 한 무명작가는 노벨문학상을 수상한다. '노인과 바다'를 쓴 어니스트 헤밍웨이이다.
- 20년 동안 평론가들로부터 "너저분한 잡동사니만 쓴다"고 비판받았던 작가의 이름은 도스토예프스키이다.

PART 2

다시 시작한 사람들

1장

소셜농업 :
SNS 직거래로 농촌 살리는
도시 출신 농부들

광고맨에서 '게으른 소셜농부'가 된
고영문 이야기

'게으른 소셜농부' 고영문 씨(50세, '지리산 자연밥상' 대표). 필자는 이렇게 자칭 자부하는 그를 만나기 전까지 온라인 판매로 재미를 좀 봤다더니 스스로 자만하는 게 아닌가 하는 의구심이 들었던 게 사실이다.

"농부가 게으르다고 온 천하에 말하고 다니다니 이거 미안한 일 아니냐"고 물었더니 답이 의외다.
"하하. 농부들이 팔기에 급급해 맛이 채 들지도 않은 작물을 내다 파니까 스스로 천천히 하자는 의미로 붙인 거에요."
수줍은 듯, 멋쩍은 듯, 때론 아무렇지도 않은 듯 툭툭 내뱉는 그의 말과 표정에 초면의 상대방을 무장해제 시키는 힘이 있음을 느끼게 한다.

아, 어디서 봤더라 이 얼굴, 이 표정? 소설가 이청준과 최인호, 가수 김창환이 그 얼굴에서 가끔씩 왔다 갔다 했다. 남들도 그렇게 말한단다.

'소셜농부' 고영문 씨가 SNS에 올리려고
올해 시험재배 중인 곰보배추를 사진에 담고 있다.

그가 손님 대접을 위해 내놓은 질깃질깃 못생긴 곶감을 보니 그가 하는 방식의 일단이 보이는 듯했다. 감을 따서 건조기에 살짝 말린 후 천천히 자연 건조시킨 결과란다. 그의 황토집 여기저기 큰 좌판에 놓인 방추형의 길쭉한 곶감들이 마르면서 하얗게 분을 내고 있었다.

"우리 곶감 질기지요? 남들처럼 감을 깎아 이산화황으로 훈증하면 말리는 도중 부패도 안 하고 맛도 부드러우면서 모양도 줄지 않아 소비자들이 일단 선호하지만 우리는…."

자신은 느리게 친환경을 고집한다는 말이렷다.

지리산 피아골 입구 언덕바지에 자리한 고 씨의 황토집.
2억여 원을 들여 살림집과 창고 두 동을 마련했다.

그래도 그의 방식에 환호하는 이들이 늘어가 귀농 몇 년 만에 온라인으로 3억 대의 농산물 매출을 올려 화제의 인물로 떠올랐으니 그에게 한 수 가르쳐달라는 곳이 늘고 있다. 심심찮게 여기저기 불려다니며 귀농학교의 강사로도 뛴다.

마치 봄비처럼 차분하게 가랑가랑 비가 내리는 1월 하순, 지리산은 장엄한 수묵화의 모습으로 다가왔다. 아직 추위가 언제 또 기습할지 모르는 일이지만 지리산의 초목들은 뿌연 물안개 속에 벌써 봄나들이하려는 듯 큼직한 움을 예비하고 있었다. 그의 집 창으로, 마당으로 산들이 쏟아져 들어왔다. 그냥 이곳에 며칠 있기만 해도 도시인의 묵은 때가 저절로 씻기울 것 같은 상큼한 바람이 순간 코끝으로 밀려왔다. '아, 지리산!' 이 감탄사가 절로 새어 나왔다.

그가 섬진강을 따라 지리산으로 들어온 것도 겨울이었다. 2008년 크리스마스 때 혼자서.
인터넷 카페에서 만난 지인이 소개해준 전남 구례군 토지면의 오래된 한옥으로. 낡은 살림살이들이 여기저기 널브러져 있어 '한옥의 운치'를 기대하기엔 거리가 멀었던 곳으로.

서울에서 16년간 광고업에 몸담았던 그가 귀농을 결심한 것은 소셜미디어 쪽으로 광고시장의 판세가 기울면서부터. 옥외광고 플래너로 뛰었던 그에게 위기감이 찾아왔다. 온라인광고가 힘을 얻으면서 이미 성사됐던 옥외 광고 계약 건이 무산되기 일쑤였기 때문이다.

평소 자신이 거주하던 경기도 과천 일대에서 텃밭농사에 재미를 붙였던 그가 처음 눈을 돌린 곳은 정선, 홍천, 인제 등이었다. 그러나 막상 다녀보니 물이 탁해서, 때론 값이 안 맞아서, 너무 쓸쓸해 보여서, 혹은 농산물 판매처와 접근성이 떨어져 제외시켰다.

'친환경 농산물, 직거래'로 방향을 잡은 그는 청정지역인 지리산 피아골로 결정을 내렸다. 그는 '백두대간 첫 마을'이라는 토지면 용두리 농평마을에 자리를 잡았다. 토지면서 걸어서 30분 거리인 지리산 해발 800m 고지에 2천여 평의 땅을 사고 2천여 평은 남의 땅을 임대했다. 우선 기능성 약초에 승부를 걸리라 마음먹었다. 오미자, 엄나무,

오가피 등을 심었다.

하지만 '초짜 농부'인 고 씨는 수업료를 톡톡히 지불해야 했다. 충북 옥천 나무 시장에서 사들인 국산 오미자나무는 수입 불량품을 속아서 산 탓인지 그 맛이 형편없었다. 게다가 한참을 기어 올라가야 하는 산 중턱 다랑이 땅인지라 접근도 어렵고 물도 대기 힘들어 나무들은 말라 죽어갔다.

친구들을 불러 곡괭이질도 하고 포크레인으로 땅을 가는데 하루 50만 원씩 4백만 원이나 들여도 소용이 없었다. 경사가 심해 농평마을에 차를 세워두고 걸어서 모든 걸 지게에 지고 오르내리느라 비지땀을 쏟았다.

"지금은 근처 농업기술센터에서 트랙터를 빌려 사람을 쓰면 되지만 당시에는 아는 사람이 없으면 트랙터도 빌릴 수 없었어요. 결국 손을 들고 산 밑으로 내려올 밖에요."
할 수 없이 첫해는 근처 어르신에게 땅을 빌려 콩과 고구마를 심어 첫해를 보냈다고 한다.

"챔피언은 일상에서 결정되는 것이다. 링에서는 다만 표시될 뿐"이라는 말을 평소 가슴에 새기고 산다는 그답게 농부로서의 새로운 일상을 위해 전방위로 뛰기 시작했다.
이듬해 아내와 중학생인 딸과 초등학교 5학년생인 아들까지 내려오게 했으니 여유를 부릴 일이 아니었다. 아이들의 학교 때문에 결정을 머뭇거리지는 않았단다.

"공부에는 그다지 비중을 안 두거든요. 어차피 이제 공부로 승부를 거는 시대는 갔다고 보니까요."

하필 부부의 결혼기념일 이사를 택한 것도 새 삶에 대한 그의 결연한 의지를 반영한 것으로 보였고 '한다면 하는 사람'이니 아내 최문희 씨(48세)도 그의 결정을 따랐단다.

우선 지리산 중턱에서 직접 채취한 쑥부쟁이와 이웃의 것을 추가로 사서 휴가철에 근처 휴게소에서 특산물세트로 만들어 판매해 좀 재미를 봤다.

이에 힘을 얻은 그는 홈페이지를 만들고 온라인으로 슬슬 판매하기 시작했다. 그가 홈피나 페이스북, 트위터, 카카오스토리 등을 통해 다짜고짜 '내 농산물이 이러니 좀 사리라'하고 좌판을 벌인 것은 아니었다.

그에게 광고인의 DNA가 여전히 강력하게 살아 꿈틀거렸다. '광고하되 광고하지 않는 것처럼 보이는 것', '물건을 팔되 사라고 조르지 않고 보는 이 스스로 마음이 동하게 하는 것'.

대신 그는 매일 지리산의 품 안에서 카메라를 들고 다니면서 산이 선사하는 아름다움을 팔았다. 때로는 지천으로 피어있는 야생화를, 때로는 아침 이슬을 머금은 풀잎을, 장엄한 산자락에 걸린 안개와 구름과 휘황한 해돋이를, 하루가 다르게 자라나는 강한 생명력의 과일

나무와 싱싱한 무공해의 나물들을….

　소셜미디어에서 도시의 친구들은 환호했다. 도시에서의 삶이 각박해질수록 그의 삶을 들여다보려는 사람들이 줄을 이었다. 그가 먹음직한 산나물이나 열매, 과일 사진을 올리면 '같이 좀 먹어보자'는 주문이 줄을 이었단다.

　들여다보면 그의 오늘이 단지 광고인다운 마케팅 전략으로만 이루어진 건 물론 아니다. 전북 고창이 고향인 그는 젊어서 어머니를 도와 복분자 농사에도 관여했던 경력이 있다. 복분자를 술로 만들고 브랜드도 특허출원해 팔기도 했다. 또 귀농 전 서울에서 열심히 공부했다.
　당시 농림부가 연 귀농학교에서 3개월간 합숙하며 약초 공부도 했고 전남 농업기술원의 창업농업 교육도, 농촌진흥청에서 하는 농산물 유통마케팅과정도 수료했다. 버섯종균기능사와 기계화 영농사 자격증도 따두었다.

　농부로서의 체력을 갖추기 위해 직장 일을 하면서 주말이면 달렸다. 이미 마라톤 풀코스만 30번을 경주했다. 나이 50줄에 접어들지만 아직 젊고 날렵해 보이는 그의 몸이 말해준다.

　디지털 시대 소셜미디어의 빠른 변화를 따라잡기 위한 공부에도 박차를 가했다. 처음에는 서울을 오가며 좋은 강의를 섭렵했다. 지리산 농부들과의 교류에도 힘을 쏟아 '함께 살아가는 재미'도 맛보고 있다. 지금은 서로의 지식을 나누기 위해 구례 인근에서 근처 하동, 함양, 광주 농부들까지 모여 '지리산 소셜 수다' 모임도 매주 월요일 정기적으로 열고 있다. 등록 회원 수는 200여 명. 모임마다 30여 명이 번갈아 가며 참석하고 있다.

어영부영하다 운 좋게 오늘의 '지리산 뜰지기, 고영문'이 됐다는 게 아니라는 얘기다. 그는 지리산에 둥지를 틀자마자 지리산 곳곳을 발로 뛰며 지리산 둘레길 코스 조성사업에도 힘을 보탰다. 조사팀원으로 하동 구례간 코스개발에도 참여하며 지리산 토박이들과 친해졌다.
귀농인 13명과 함께 지리산 나물 힐링협동조합을 만들어 쑥부쟁이를 공동 경작하기도 했다.

2011년 초, 지리산을 위협했던 산불이 발생 22시간여 만에 진화됐을 때도 고 씨가 화재 현장에서 트위터로 화재 속보를 전하고 진화작업에도 참여해 그의 지리산 사랑을 널리 알렸다.

또 있다. 2012년 9월 볼라벤 태풍 때의 일. 강력한 태풍의 영향으로 재배 중이던 배가 모두 낙과해 근심 중이던 후배 농부의 것을 이틀 동안 절반 가격에 220박스나 팔아줘 근심에서 벗어나게 했다. 블로그, 트위터, 페이스북, 카카오스토리 4가지의 SNS를 동원했는데 반응은 가히 폭발적이었단다. 지난해 매실 파동 때도 '소셜농부'의 위력을 과시했다.

직거래를 염두에 둔 마케팅을 생각하여 모든 소셜 계정에 등록, 운영하고 있지만 현재 전체 매출의 90% 이상을 카카오스토리를 통해 해결한다고 했다. 나머지는 한가한 편이니 소셜미디어의 급격한 변화를 반영하고 있다.

매일 새벽 눈을 뜨자마자 지리산 여기저기를 돌며 새로운 아침을 카메라에 담아 거의 실시간으로 온라인 친구들에게 전한다는 그가 한 교육장에서 들려준 '소셜농부의 성공 스토리'를 요약하면 이렇다.

우선 자신이 판매하는 농산물의 브랜드 네임을 잘 정하라는 것. 컨셉이 확실하게 드러나게 하라는 얘기다. 청정지역의 자연 먹거리가 떠오르게 하는 '지리산 자연밥상'이라는 브랜드가 오늘날 매출에 50% 정도 기여했다고 본다는 것.

둘째는 상품 홍보에 급급하지 말라는 것. 홍보보다 신뢰확보 행위가 먼저여야 한다는 것이다.

셋째는 온라인의 게시물은 매일 매일의 포스팅이 중요하다는 것. 하루도 거르지 않고 매일 정해진 시간에 포스팅을 해야 네티즌들이 게시자의 글과 사진을 궁금해하며 기다린다는 얘기다.

넷째는 온라인 모임이나 교류는 오프라인으로 이어져야 끈끈해지며 나중 강력한 유대감을 발휘한다는 것. 그래야 자신의 조직이 되고 미래의 원동력이 된다고 말한다.

다섯째는 소비자가 농산물을 체험적으로 접하게 하는 오프라인 기회를 적절하게 활용하라는 것.

그리고 하루가 다르게 급변하는 시대의 판로개척과 새로운 판매 툴(도구)을 알기 위해 쉼 없이 공부하라는 것이 마지막 여섯 번째 주문이다.

그는 "나에겐 스마트폰이 강력한 농기구"라고 힘주어 말했다.

고 씨는 지난해부터 올해 초까지 여러 감 생산 농가와 재배 계약을 맺어 5톤의 곶감을 만들어 전국으로 판매했다. 지난해 설에는 쑥부쟁이 말린 것 5천 봉지를 한살림에 납품해 일주일 만에 판매했단다. 2백 평짜리 9개 동의 비닐하우스와 1천 평의 노지에서 수확한 쑥부쟁이로 차와 부각도 만들어 팔았다. 또 매실과 산수유를 기르기 위해 땅 1천 평씩을 각각 임대했다.

작년부터는 노동부에서 실시하는 귀농인턴제도의 도움에 힘입어 5개월 동안 인부를 쓰고 정부로부터 50%의 인건비를 지원받았다. 그는 현재 월 2백 80만 원을 들여 두 명의 남녀 인부를 고용하고 있다. 기타 고사리와 취나물 등 산채, 매실 발효액, 산수유, 개똥쑥도 함께 판매했다. 그가 전하는 연간 매출액은 3억 원정도.

올해에는 기관지 천식에 좋다는 곰보배추를 6백 평정도 심어 상품화할 예정이다.

그는 이제 택배를 보내기에 불편함이 없는 지리산 피아골 초입 '내 집'에 살고 있다. 화개장터에서 차로 5분 거리. 사방이 산으로 둘러싸여 깊은 자연의 멋을 만끽하기에 부족함이 없는 곳이기도 하다. 그 사이 2억 원을 들여 황토로 된 살림집($99m^2$=30평)과 농산물 창고를 두 동(각 $66m^2$) 지어 연결시키니 제법 규모가 큰 멋진 집이 됐다.

"앞으로는 쑥부쟁이 부각, 곰보배추 발효액 등 가공 상품을 통해 매출을 끌어올리려는 계획에 힘쓸 겁니다. 농산물을 생으로 파는 데는 한계가 있고 부가가치도 너무 적어요."

고 씨는 생산기간이 긴 농산물은 친환경으로 건강하게 키우는 과정을 소비자가 함께 지켜보게 하면 자연히 애정과 신뢰를 갖고 주문하더라고 덧붙인다.

"지리산 골짜기에서 나는 그 좋은 작물을 모두 제가 키울 수는 없죠. 유기농에 뜻을 함께하는 사람들이 재배한 것을 착실하게 모아서 세련된 패키지에 담아내는 작업, 합당한 가격에 팔 수 있도록 돕는 것이야말로 도시 물 먹은 귀농인들이 담당해야 할 몫이죠."

초보자들이 30년 넘게 농사를 해온 전문 농부들과 경쟁하기보다는 이들과 힘을 모아 서로 잘할 수 있는 것들로 경쟁력을 높여야 귀농인도, 원주민 농부도 함께 살아남는다는 것이 그의 소신이다.

"이제 시골에서도 문화적인 욕구가 크게 늘어 수요가 많아졌어요. 그를 소화할 공연장이나 교육시설이 얼마나 크고 많이 늘었는데요. 서울서 바이올린을 했으면 여기서 가르치며 연주도 하고, 목수를 했다면 여기서 공방을 열어 함께 만들고 판매도 하면 돼요."

예전의 시골이 아니고 인구 구성원도 많이 달라졌다는 얘기다. 그에 따르면 인구 2만7천 명인 구례의 경우 매년 1백70여 가구가 도시에서 들어오고 주변 하동은 원주민보다 외지인이 많은 마을이 됐다니 맞는 말이다.

고 씨 역시 귀농한 예술인들이 모여 만든 지리산 학교에서 목공예와 사진을, 아내 최 씨는 퀼트와 도자기 등을 배웠다. 또 산나물과 약초가공에 필요한 요리 강습도 농업기술원에서 수강했다.

그가 지리산의 현지인 및 귀농·귀촌인들과 추구하는 작업은 정부가 국정과제로 내건 농촌의 6차 산업화(1차 생산, 2차 가공, 3차 서비스 산업 융복합화)와도 일맥상통한다. 그래야만 무한 경쟁시대에 생존할 수 있으니까.

"5일장이 서는 근처 화개장터에 사무실도 마련해 귀농학교도 열고 싶어요. 교육, 친교의 자리로도 활용하고요. 도시 사람들이 원하면 장 봐주기 대행사업도 하려구요."

넘치는 아이디어와 의욕은 올해도 고공진행 중이다.

"지리산에 사는 것만으로도 행복합니다. 메마른 도시인들에게 지리산의 삶에 관한 이야기를 계속 보내면서 함께 사는 즐거움을 나눌 겁니다. 그리고 제 목표는요. 철인 3종 경기에 출전해 '아이언 맨'이 되는 거에요. 그래서 지금 수영에도 도전하고 있어요."

그는 올해도 매년 하듯이 마라톤 풀코스를 두 번 정도 완주할 예정이다. 달리기가 주는 몰입감이 아주 좋단다.

하고 싶은 거 이것저것 시도하면서 즐기며 사는 '게으른 소셜농부'.
'오래된 미래'로 가고 싶어 귀농, 귀촌하려는 이들이 고 씨 부부와 온라인상에서 소통하면서 자꾸 그의 일상을 들여다보는 강력한 이유다. 그가 뻗어 나갈 앞날이 덩달아 궁금해진다.

〈인터뷰 by 고혜련〉

· · · · · ·

도움 정보

1) 귀농·귀촌 가구 추이

2013년에는 32,424가구로 집계되었지만 2014년에는 무려 44,586가구로 37.5%나 증가했다. 15년 전과 비교하면 50.7배가 급증한 것이다.

- 연령 : 50대 29.6% / 40대 22.0% / 30대 이하 19.6% / 60대 이상 19.1% 순
- 최다 귀농 지역 : 경북 2,172 / 전남 1,844 / 경남 1,373가구
- 귀촌 인기 지역 : 경기 10,149 / 충북 4,238 / 제주 3,569가구

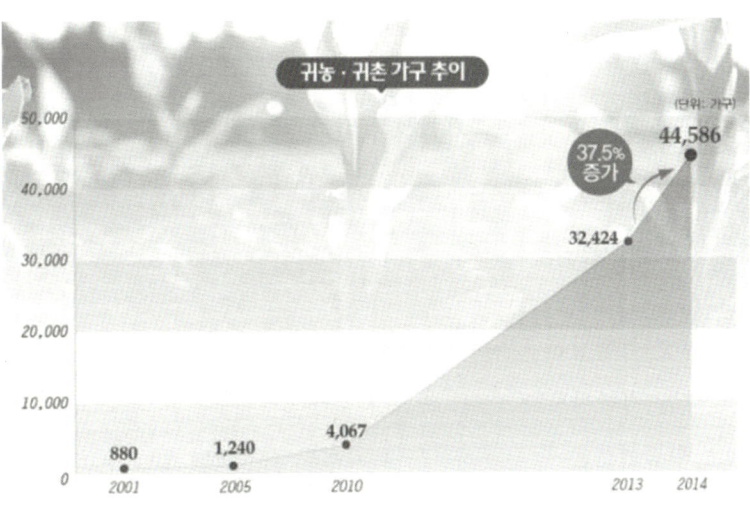

2) 귀농 전 준비해야 할 것들

(1) 귀농 전 체크리스트 5
① 부부간 가족 간에 온전히 합의했나?
② 최소 2~3년간 버틸 생활비를 확보했나?
③ 지역사회에 대한 구체적인 정보가 파악되었나?
④ 농촌에 내려갈 특별한 이유를 찾아냈나?
⑤ 모든 어려움을 이겨낼 마음의 준비가 돼 있는가?

(2) 내게 맞는 교육기관 찾아보기
① 귀농교육은 그 자체로도 도움이 되지만 더 중요한 것은 같은 관심사를 가진 사람들과의 인적 네트워크 형성이다.

교육기관 동기생들과의 끈끈한 연대, 강사와 수강생, 실습지 농가 선배와 현장 선생님들과 씨줄 날줄처럼 얽히다 보면 그게 다 재산이 된다. 아는 것이 힘이다. 당연한 결과물로 생산-가공-유통-판매의 인프라 구축이 쉬워져 성공 가능성이 커진다. 나를 포함한 그들 모두의 인적 자원을 활용해 직거래가 가능해진다. 나는 사과를 팔고 그들은 고구마나 감자를 팔아 주는 식이다.

인터넷 검색창에 '귀농교육기관'을 치면 전문적인 정보와 교육을 제공하는 기관정보가 뜬다. 제각각 특성이 다르니 커리큘럼을 따져본다. 수강시간은 주중, 주말 수업 외에도 최장 1년 합숙과정도 있으니 형편에 맞게 선택하자.

본격적 귀농준비를 위해 사직한 상태라면 천안 연암대학이나 여주

농업경영 전문학교의 합숙과정을 추천! 교육비나 기숙사비가 전액 국비로 지원되어 경제적 부담이 없다. 평소 생태, 환경, 공동체 등에 관심이 있었다면 전국귀농운동본부 귀농학교나 인드라망, 실상사 귀농학교의 문을 두드려보자.

② 귀농학교를 베이스캠프로 활용하라.

귀농강의나 실습 교육을 마치면 농업과 농촌에 대한 기본 현황에서부터 전문적 기술을 필요로 하는 고급정보까지 얻을 수 있다.

정부가 지원하는 강좌를 이수하면 창업농가를 선정할 때 가산점을 받거나 교육수료 후 영농정착에 필요한 상담과 자문서비스를 받을 수 있다. 수료 후에도 필요한 정보를 챙길 수 있고 관련된 인적자원을 활용할 수 있다. 담당자가 해당 농산물에 정통한 선도 농가를 연결해주기도 한다.

③ 온·오프라인의 통합운영이 좋다.

안방에서도 온라인으로 기관이나 단체가 제공하는 정보는 물론 개인운영 카페나 블로그 등을 통해서도 필요 정보를 얼마든지 접할 수 있지만 관련 단체에 직접 참여하는 게 좋다. 유기농에 관심이 있다면 환경농업단체 회원으로, 주부라면 생활협동조합 등에 가입해 생생한 정보를 얻을 수 있다.

④ 귀농 선배의 경험담도 도움이 된다.

귀농 초기 어이없는 실수를 저지르기 마련. 사전 실수 예방에는 비슷한 체험을 한 선배 귀농인의 얘기가 최고다. 바쁠 때는 찾아가지 않는 게 도리지만 일손을 도울 생각으로 옷을 챙겨가거나 그곳에서 수확한 농산물을 사 온다면 몸으로 부딪쳐가며 힘들게 얻은 농부의 지혜를 얻을 수 있을 터. 나중 동네에 빈 집이나 빈 땅이 나오면 맨 먼저 전화를 걸어 알려줄 것이다.

⑤ 도시 안의 농촌체험을 하라.

주말농장, 베란다, 옥상 농사를 통해 텃밭 농사를 체험하는 것이 좋다. 경작규모는 작지만 배우고 즐기는 재미가 쏠쏠해서 귀농 후보다 열정적으로 뛰어들게 한다. 텃밭농사의 경우 규모를 해마다 조금씩 늘려야 잡초와 병충해 감당도 가능해진다.

⑥ 각 지자체의 지원방안을 꼼꼼히 살펴보라.

인구 감소 폭이 큰 지방자치단체들이 도시민 유치행정에 큰 비중을 두고 있다. 지자체의 귀농인 지원방법은 보조와 융자사업. 점차 보조금도 지원항목도 지자체 간 경쟁으로 늘어나고 있으니 잘 챙겨보도록 한다.

⑦ 정착지선정, 발품을 많이 팔아라.

가장 좋은 방법은 각 지역별로 알려진 '귀농인 메카'를 찾아가 보는 것.

무슨 까닭인지 경북 상주, 충북 괴산, 전북 무주 진안 장수, 전남 강진, 충남 홍성은 귀농인이 몰리는 곳이다.

이 지역의 견학프로그램에 참여해 지역 농가를 둘러보고 선배들이 얘기도 들어보면 향후 실질적인 도움을 서로 나눌 수 있으니 더욱 좋다.

주거지를 찾는 가장 좋은 방법은 그곳에 사는 선배의 소개를 받는 것. 농가 방문 시 가족구성원이나 원하는 바를 쓴 나름대로의 예쁜 명함을 만들어 돌리면서 전화해줄 것을 부탁하면 알려줄 확률이 더 높다.

3) 농업, 농촌 유망 일자리 50선

번호	분야	일자리	번호	분야	일자리
농산물 생산 및 지원(6개)			ICT 등 융복합(6개)		
1	유기농업	친환경 병해충 방제 전문가	27	IT농업	정밀농업기술자
2	도시농업	도시농업 전문가	28		이력관리시스템 전문가
3	틈새농업	곤충 전문가	29		환경에너지제어관리전문가
4		약용식물 전문 큐레이터	30	스마트	스마트농업 전문가
5	생산지원	농작업 안전 관리사	31	바이오	건강기능성식품 개발자
6	생산지원	초음파진단 관리사	32		의약품신소재 개발자
6차 산업화(9개)			농촌지원서비스(7개)		
7	직거래	로컬푸드 직매장	33	귀농귀촌	귀농귀촌 플래너
8	체험관광	농촌체험해설사	34	농촌개발	생태건축 전문가
9		음식관광 큐레이터	35		퍼머컬쳐 전문가
10		농촌 교육농장 플래너	36		생태어메니티 전문가
11	농기업	마을기업 운영자	37	사회경제	협동조합 플래너
12		전통식품개발 전문가	38		커뮤니티비즈니스 전문가
13	상품관리	식품위생 전문가	39	경영	농업농촌경영 컨설턴트
14	소비	그린 마케터	국민생활(6개)		
15	유통	학교급식지원센터 종사자	40	먹거리	유기농 카페
농촌 삶의 질(11개)			41		공정무역 전문가
16	의료	지역사회 보육간호사	42	문화예술	전통공예 전문가
17		재활 치료사	43		지역사회예술 기획자
18	치유	치유농업 전문지도사	44		공예박물관 큐레이터
19		돌봄농장 운영자	45	반려동물	수의 테크닉
20		재활 승마 치료사	환경에너지(5개)		

21	교육	지역사회 교육코디네이터	46	환경	기후변화 전문가
22		식생활교육 전문가	47		지역재생연구원
23	복지	복지주거환경 코디네이터	48	에너지	재생에너지 전문가
24		노인 돌봄 전문가	49		전환(적정)기술 전문가
25		다문화 코디네이터	50		자원재활용 전문가
26	고용	농업노동력 고용서비스 상담사			

– 출처 : 농촌진흥청, 농업, 농촌 유망 일자리 50선, 2014년 9월

〈약용식물 전문 큐레이터〉

• 하는 일 : 농가와 관련 기업에 약용식물이 수집, 분류, 재배 및 제조 기술에 관한 정보를 제공하고, 소비자에게 약용식물 소개 등 교육 프로그램을 운영하는 역할을 수행한다.

• 전망 : 국내 약용작물산업의 시장규모는 2004년 4.4조 원에서 2009년 7.4조 원으로 빠르게 증가. 세계시장규모는 2009년 240조 원에서 2015년에 281조 원 규모가 될 것으로 추정된다.

• 사례 : 문경 오미자를 대량 생산, 가공, 유통해 6차 산업화 성공. 2005년 300 농가 40억 원에서 현재 1,050 농가 1,000억 원의 소득작목으로 육성.

〈로컬푸드 직매장〉

• 하는 일 : 생산자와 소비자 사이의 먹거리 이동 거리를 최소화하여 환경과 건강을 지키고 지역사회의 도농생산을 촉진하는 역할을 수행.

• 전망 : 국내 로컬푸드 사업영역은 로컬푸드 직매장, 농가레스토랑 등으로 확장되는 초기 단계이나 향후 다양한 유형, 형태로 확대될

전망이다.

- 사례 : 완주 로컬푸드 직매장. 2012년 4월 용진농협 직매장 개장. 현재 150여 농가 참여. 당일 수확, 당일 판매 원칙. 1일 1천 명 이상 고객 방문.

〈재활 승마 치료사〉

- 하는 일 : 말을 매개로 환자를 치료하는 치료 승마 전문가. 환자를 대상으로 치료 목표와 치료 방법을 찾고, 말 건강을 돌보는 역할을 수행.
- 전망 : 말은 그동안 승마, 관광, 식용 등으로 이용되었지만 최근에는 심리치료, 재활치료 등으로 확대되는 추세.
- 사례 : 남동승마클럽. '다지기심리운동연구소', '승마바우처'와 협력하여 장애인, 아동, 청소년을 대상으로 재활 승마 프로그램을 운영.

〈스마트농업 전문가〉

- 하는 일 : 농산업과 농촌 영역에 접목 가능한 콘텐츠를 발굴하고, ICT 기술을 접목한 다양한 콘텐츠와 솔루션, 어플리케이션을 개발.
- 전망 : '스마트농업'은 농업의 생산, 유통, 소비, 농촌 전 영역에서 ICT 기술의 융합을 통해 생산성, 효율성을 높이고 신성장동력 창출 기대됨.
- 사례 : u-FOOD SYSTEM: RFID와 USN에 기반하여 생산에서 소비까지 식재료의 품질정보를 실시간 모니터링할 수 있는 식품유통 관리시스템.

〈생태건축 전문가〉

- 하는 일 : 생태학 관점에서 설계, 시공, 운영, 폐기될 때까지 전 생애과정에서 환경의 부담을 최소화하고 지속 가능한 건축을 구현하는 역할 수행.
- 전망 : 국내는 1990년 말부터 가족의 건강, 지구환경 보호, 에너지 자립 등을 고려한 생태건축이 늘어나고 있다.
- 사례 : 임실군 덕암마을. 마을 경제와 환경의 조화로운 발전을 위하여 저탄소 녹색성장추구, 마을 공공시설과 식품가공 공장에 태양광 등 녹색기술을 접목하고 유채재배, 바이오디젤 생산 등을 통해 에너지 자립마을 실현을 위해 노력.

〈유기농 카페〉

- 하는 일 : '유기농 카페' 또는 '유기농 레스토랑'은 친환경 유기농을 식자재로 사용한 요리를 전문적으로 판매하는 외식경영형태로, 지역 생산자와 연계하여 건강하고 안전한 먹거리의 제공, 생태계 보전 등의 가치를 고객에게 전달하는 역할을 수행.
- 전망 : 최근 친환경 농산물의 생산과 소비 모두 증가하고 축산물, 가공식품 등 상품 구색이 증가하며 과거에 비해 친환경 식재료 조달이 용이해졌기 때문에 지속적인 확대가 기대된다.
- 사례 : 문턱 없는 밥집. 2008년 독일의 '경계 없는 밥상'에서 착안하여 설립. 사회적 기업으로 설립되어 최근 협동조합으로 전환(조합원 170명).

〈지역재생연구원〉

- 하는 일 : 도시, 지역과 마을의 정체성을 보존하면서 주민들의 거주환경과 공동체로서의 삶이 질을 높일 수 있는 공간을 창조하고 기획하는 역할을 수행한다.
- 전망 : 농식품부는 '국가 균형발전특별법'에 근거해 계획적인 개발을 통해 농산어촌의 쾌적함 증진, 인구유지, 지역경제 활성화, 기초생활수준 확충 등을 통해 삶의 질을 높이는 정책을 추진하고 있음.
- 사례 : 전주 한옥마을은 한옥, 한식, 한지, 판소리 등 대표적인 전통문화
도시로 육성되고 있음.

4) 세계의 귀농 열풍 추세

- 이미 일본과 미국, 영국 등에서는 귀농이 1990년대 이후 하나의 트렌드로 자리 잡으며, 많은 수의 도시민이 농촌으로 이주.
- 일본은 지방에서 태어나, 고도 경제 성장기에 도시로 이주했던 단카이 세대(団塊世代)를 중심으로 귀농 열풍.
- 2000년 이후 지속적으로 연간 6만 명 정도가 귀농하였으며, 현재 도시민들 중에서 42.5%가 퇴직 후 농촌 이주를 희망.
- 미국에서도 베이비붐 세대 은퇴자들이 온화한 기후, 멋진 자연경관, 시골스런 라이프스타일을 찾아 농촌으로 이주.
- 1990~2000년 사이 베이비붐 세대의 농촌 지역 거주인구는 110만 명 증가하였으며, 2020년까지 160만 명 더 증가할 것으로 예상.

- 고학력 젊은이들 중 '각박한 도시 생활에서 벗어나 마음의 위안을 얻고자' 농업을 직업으로 선택하는 경우가 많은 것도 특징.
- 귀농인 중 78%가 비 농촌 출신, 25~29세가 주류.
- 영국의 농촌에는 통근자, 퇴직자, 별장 소유자 등의 이주로 지난 10여 년간 약 80만 명이 증가.
- 농촌 이주 수요가 증가하여 농촌의 평균 주택가격이 도시의 주택가격보다 8,000파운드(1,500만 원)가량 높을 정도('07)

– 출처 : 농촌진흥청, RDA Interrobang 53호, 2012년

2장

'탈스트레스'로 가는 길, 명상산업이 대세다

세무전문 국제공인회계사에서
요가트레이너가 된 민진희 이야기

"아, 참 예쁘시군요."

절로 그런 말이 튀어나왔다. 그녀를 본 순간 사람의 선입견이라는 게 참 우습다는 생각이 들었다.

미국에서 자란 명문대 출신에 세계적인 회계법인에서 쟁쟁한 회계사들과 치열하게 부대끼며 살았다니 사뭇 전투적일 것이라는 막연한 편견이 깨지는 순간이었다. 의외라는 생각이 스쳐 갔다.

마치 '내 그럴 줄 알았다'는 듯한 표정으로 그녀가 긴 머리칼에 자유스러운 복장을 하고 맨발로 사뿐히 다가왔다. 자이요가 민진희 트레이너(47세) 얘기다.

늘씬한 키, 시원한 이목구비, 분위기 있는 자태…. 흔히 요가를 한다는 사람에 대한 일반인의 막연한 기대에 잘 부합한다는 느낌이 들었다. 외모까지 겸비했으니 '운이 좋은 사람'이라는 말을 건네자 긍정과 부정이 교차하는 듯한 표정으로 대꾸했다.

세계적인 회계법인에서 세무분야 전문가로 치열하게 활동했던 세월을
먼 기억 속에 갈무리한 채 지금은 요가 트레이너로 변신해 명상에 잠겨 있는 민진희 씨.
그 모습 그대로 잘 어울린다는 생각이 들게 한다.

"저희 요가인들은 매일 꾸준히 스스로 마음의 주인이 되는 방법을 깨우칩니다. 부정적인 마음에서 벗어나고 긍정적인 마음을 키워내기 위한 '마음의 지혜'를 배우고 또 명상을 연습합니다. 사랑과 감사함으로 충만해지기 위해서죠."

사람의 겉모습 역시 속마음의 상태에 따라 달라진다는 얘기로 들렸다. 맞는 말이리라. 마음이 험하면 몸도 얼굴도 그에 따라 일그러지게 마련이니까.

한낮인데도 적당히 어둡고 넓은 분당의 자이요가원 실내. 눈을 가린 채 마룻바닥에 드러누워 명상 중인 사람들. 슬쩍 신비감을 자아내는 이질적인 분위기 속엔 방문객의 심기조차 차분하게 만드는 조용하고 낮은 파동이 냇물처럼 흐른다는 느낌이 들었다.

"몸이 건강해지려면 건강한 음식이 필요하듯 마음이 행복해지려면 건강한 생각이 필요합니다. 마음에도 그런 건강식을 자꾸 주는 연습을 하면 건강한 생각을 하는 버릇이 생기죠. 마음에 줄 수 있는 최고의 건강식이 바로 감사함입니다."

그녀 역시 그 건강식인 감사함을 얻기 위해 험하고 먼 길을 헤쳐왔다고 전했다.

"남을 탓하면 편해요. 저 사람, 저 상황 때문에 내가 이렇게 됐다고 생각하면 책임질 것이 없으니 아주 편하죠. 편리한 대신 불행이라는 대가를 치러야 합니다."

그 역시 편리함의 혹독한 대가를 치렀다고 말한다.

그녀는 6살 때 부모의 이혼으로 세상에 내동댕이쳐지는 아픔을 맛보았다.

어른들로부터 '이혼한 집 딸'이라고 친구들에게 놀림과 따돌림을 당하는 상처를 입었다. 부모의 잦은 언쟁과 불화로 할머니 댁에 맡겨지기도 했다.

그런 아픔의 원인을 제공한 미운 아버지로부터 얻은 상처는 성인이 된 이후에도 그녀를 수시로 괴롭혔으며 무방비 상태로 시달려왔다는 것.

이런 아픔과 상흔은 민 씨의 어머니가 그녀를 보호하기 위해 미국으로 이민하게 만들었고 결국 그녀의 인생을 송두리째 바꾸는 계기가 됐다.

그녀가 미국에서 자라면서 수시로 되뇌인 것은 "강한 사람이 돼 갚아주리라"는 거였단다. 그런 결심 후 자신을 혹독하게 몰아갔다.
당시 가진 것 없는 그녀가 할 수 있는 것은 열심히 공부해 멋진 직업을 갖는 것, 그 다음 최고로 인정받으며 명예와 부를 한꺼번에 누리는 것이었단다.

어려서부터 부모에게 미움받지 않으려면 경제적으로 스스로 강해져 기여해야 한다는 생각에 십 대 초반부터 아르바이트로 학비를 벌었다.
명문 보스턴대에서는 심리학을 거쳐 회계학을 전공했다. 세상이 뭐든 안개처럼 불투명하다고 여겼던 그녀에게 회계학은 흑과 백이 뚜렷한 투명한 세계로 안내하는 아주 재미있고 매력적인 학문이었다는 것.

대학 졸업 후 보스턴에 있는 대형 회계 법인 '빅6'에 지원했다. 보란 듯이 5개 회사에서 채용하겠다는 연락이 왔다.

미국 최고, 최대의 회계법인인 쿠퍼스 앤 라이브랜드 회계법인 입사했다. 1천 2백 명의 프로급 회계사들이 각축을 벌이는 곳이었다. 그녀는 유일한 한국인 여자였다. 스스로 낯설고 무서운 환경에서 잘 버텨낼 수 있을까 조바심 속에서 보냈다. 그녀가 깨달은 것은 남자를 이기려면, 그리고 동양인에 대한 편견을 없애주려면 열 배는 더 일해야 한다는 거였다. 처음 3주는 너무 힘들고 외로워 집에 돌아와 베개를 적시며 울어야 했다는 것.

살아남는 길은 자신만만한 사람, 아무도 건드리지 못하게 전투적이 되는 거였다. 하지만 첫 상사 평가 때 들은 얘기는 "너무 소심하고 수동적이다"라는 거였다. 그리곤 서슴없는 인종차별식 발언에 수시로 시달렸다.

때로는 면담을 위해 고객 회사를 찾아가면 상대 회사 측이 "나이 어린 동양 여자 말고 백인 남성 회계사를 보내 달라"고 요구하는 등 문전박대를 받고 되돌아오는 모욕도 감수해야 했다.

잠자는 시간을 줄여 하루 20시간씩 일하면서 나날이 공격적이 돼갔던 그녀는 몸이 망가지는 느낌을 받으면서도 브레이크가 고장 난 자동차인 양 쉴 수 없었다. 그리고는 한국인 부서가 따로 있어 인종차별이 덜하겠다 싶은 LA의 대형 회계법인 언스트 앤 영으로 옮겼다.
6백여 명의 회계인 중 한국인 회계사들은 세무분야 전문인 민 씨를 포함해 20명. 그 안에도 여전히 동양인 부서에 대한 차별은 존재했다.

마치 전쟁 같은 일상을 보내면서도 여전히 어머니와 아버지에게는 '잘 나가는 딸'로 인정받기 위해 고군분투했다.

스스로 마치 혹독한 채찍질을 맞으며 매일 경주에 나가는 경주마 같다는 생각을 하곤 했다. 그래도 아무리 힘들고 지쳐도 무조건 열심히 뛰어야 한다고 생각했다.

결국 지칠대로 지쳐 피폐해진 그가 선택한 것은 고국으로의 유턴. 그리고는 다시 한국에 있는 컨설팅 회사, 앤더슨에 입사했다. 이번에는 한국말과 글을 잘 모르는 처지에서 정체성의 혼란을 겪어야 했다.

그리고는 고민 끝에 자신의 사업을 직접 해야겠다는 결심으로 국제회계학원을 설립했다. 강의와 학원 운영에 전념했다. 동시에 연세대 국제대학원과 국세청 등 다양한 기관에서 국제회계법을 강의하기도 했다.

이왕 사업을 시작했으니 '본때를 보여주겠다'는 생각에 자신을 몰아갔다.

한창 젊음이 아름다운 나이 30대 초반의 일이었다. 사업과 강의를 병행하면서 대표에 걸맞은 위상과 모습으로 변해야 한다는 생각에 더 센 척, 더 강한 척하는 모습이 일상화됐다.

성공하려면 무슨 짓이라도 해야 한다는 강박감에 시달렸다. 아침 8시 출근해 12시까지 운동은커녕 밥도 제대로 챙기지 않으면서 전력 질주했다. 부드러움이나 웃음은 온데간데없고 걸림돌이 되는 상황과 직원들, 지인들은 가차 없이 이별을 고했다. 그 당시를 민 씨는 스스로 "걸어 다니는 시한폭탄, 분노중독자처럼 여겨졌다"고 토로했다.

자신에게 아픔을 준 타인과 상황을 탓하는 버릇이 계속됐다.

그러던 어느 날 아침, 잠자리에서 눈을 뜬 그녀는 온몸이 마비돼 전혀 움직일 수 없는 자신을 발견해야 했다. 오로지 눈만 깜빡일 수 있었다는 것. 그전에도 어지럼증과 하혈 등의 증상이 있었으나 그냥 무시하고 달렸다.

마비를 느낀 후 3시간 동안 혼자 뒤척이면서 사투를 벌인 끝에 전화기로 자신의 상황을 외부에 알릴 수 있었단다.

병원에서 "극심한 스트레스가 원인이니 무조건 쉬어야 한다"는 진단을 내렸다. 담당 의사는 "당분간 하던 일을 놓아 버리지 않으면 살 수 없다"고도 했다. '이러다 죽겠구나'하는 위기감이 엄습했다.

"학원은 가파르게 성장해 대박이 났고 저는 젊은 나이에 누가 봐도 능력 있고 사회적으로 성공한 여자였습니다."

새삼 건강을 잃은 자신이 갖고 있는 것은 자격증과 몇 줄의 이력서, 통장에 들어있는 돈 몇 푼이 전부라는 생각이 들었다. 결국 마비가 풀리자 학원을 팔아 정리하고 4년 반 만에 미국 하와이로 돌아갔다. 휴식과 여행을 하는 등 건강을 되살리며 소일했다. 그러다 만난 것이 요가.

"처음 요가를 따라 하는데 난데없이 눈물이 주룩주룩 흘렀어요. 그저 내가 하고 싶은 것을 해내기 위해 갖고 싶은 것을 갖기 위해 내 몸을 얼마나 마구 굴리고 무시했는지. 마음 세상을 다루는 명상을 만나기까지 나는 그저 내 눈에 보이는 바깥세상이 전부라고 생각한 거죠."
'나 잘났어, 나 능력 있어, 나 착한 사람이야'를 남한테 듣는 것이 목표였던 지나간 삶에 대한 성찰이 계속됐다.

"명상에 몰입하는 시간이 늘어나면서 점차 복잡한 마음이 명료해지고 상처에서 회복되고 사랑과 감사 같은 긍정적인 마음이 샘솟기 시작했어요. 쉽게 말해 나 자신과의 관계가 편안해지고 나를 점차 좋아하게 됐다고나 할까요? 생애 처음으로 비로소 행복이 이런 거구나 느꼈지요. 순간 내 삶의 방향이 정해지는 전환점을 맞이한 거죠."

그리고는 공부에 박차를 가해 미국 LA의 빅크람 요가원, 맨해튼의 크리팔로 요가원 등 네 군데의 지도자과정에서 3년여를 공부했다.

더 깊은 명상의 세계를 경험하기 위해 요가의 본고장인 인도로의 여행도 시도했다. 인도 남부 원월드 요가아카데미에서 수업에 참여하고 명상을 계속하면서 "남은 인생 나 자신을 아껴주며 내가 마음으로 경험할 수 있는 모든 아름다움을 삶에서 다 경험하고 싶다"는 것을 목표로 살겠다고 마음을 굳히게 된다.

거기서 전통 요가, 반야사 요가, 요가 테라피에서부터 임산부 요가, 키즈 요가 등 다양한 요가를 익혔고 물리치료, 타이 마사지, 칼라 테라피 등을 배웠다.

"삶은 나를 알아가는 여정이고 자각은 삶이라는 여행길을 지혜롭게 갈 수 있도록 도와주는 최고의 도구입니다. 친구를 알아가듯 내 마음에 주의를 기울여야 합니다. 내가 나를 더 잘 이해할수록 남들도 더 잘 이해되고 내가 나와 편해질수록 남들과도 편해집니다. 그렇게 되면 삶을 바라보는 시야가 더 넓어지고 사는 게 훨씬 더 수월해집니다."

스스로 '마음잡는 법'을 깨우쳤다고 느낀 그는 돌아와 요가 사업에 본격적으로 뛰어들었다.

이런 요가를 생활화하고 널리 전파하겠다는 신념이 생겨 2004년 압구정동에 요가원을 열었다. 치열했던 국제 회계사의 삶을 내려놓고 요가인으로 평생을 살기로 작정한 것.

그리고 움직이는 명상을 하는 빈야사 요가, 산전산후 요가 등을 국내에 소개했다. '내 마음의 주인이 되겠다'는 일념으로 지금도 수시로 인도의 요가 아카데미를 찾아 나서는가 하면 자매결연을 맺고 그곳의 스승들과 수시로 화상회의를 하면서 조언을 얻는다. 그곳과 연계해 현지에서 학생 체험수련회도 갖는다.

"마음의 힘을 갖게 되면 남들에 대한 포용력이 매우 좋아져 인간관계도 아주 편해집니다. 편해지니 자연 사람들이 가까이 오지요."

내용은 '마음 다스리기'를 주제로 한 것이지만 요가사업도 사업은 사업.

물론 회계사 전력이 사업을 키우는데 많이 도움이 됐지만 정착하기까지 처음 2년간은 이 분야 사업 역시 전쟁터를 방불케 했다.

결국 스스로의 마음 세계를 자각하고 외부세상의 자극을 처리하는 마음의 자세와 방법이 변화하자 사업도 승승장구의 상승 곡선을 타기 시작했다.

수업 중 요가수강생들에게 '스스로 마음의 주인이 되는 방법'인 명상과 요가의 원리에 대해 설명하고 있다.

"남과 상황을 탓하는 마음을 멈추려 하기보다는 그 마음을 관찰하며 이것이 나와 주변을 얼마나 괴롭히고 있는지를 알아차려야 합니다. 이것이 얼마나 나쁜 것인지를 마음에게 충분히 알려주고 인지시켜주면 마음은 스스로 멈추기를 선택합니다."

많은 사람에게 '내 마음을 지키는 법'을 알려 서로 사랑하고 돕는 아름다운 공동체를 만드는데 조금이나마 기여하고 싶다는 민 씨가 해마다 다양한 프로그램을 통해 배출한 요가 제자는 1만3천 명 정도. 그동안 명상지도자는 1천2백 명 정도 키워냈다.

현재 서울 청담동과 경기도 분당에 자이요가 본점과 분점을 두고 있다. 대구에 프랜차이즈 요가원도 있다. 직원은 강사 25명 포함 모두 40명 정도.

자신의 요가원은 물론 학교 · 사회단체 · 백화점 문화센터 등에서 '일상 속에서 스스로 마음의 주인이 될 수 있는 방법'을 전파하는 민 씨는 지난해 자신의 인생역정을 담은 책『마음의 주인으로 살아라』를 발간하기도 했다.

"예전에는 삶이라는 전쟁터로 나간다는 생각을 갖고 살았지만 지금은 달라요. 식단도 옷차림도 달라졌고 저 자신을 대하는 방식도 달라졌습니다. 식사도 때우듯이 해치우는 게 아니고 나를 사랑하고 존중하는 마음과 태도로 먹습니다. 감사함이라는 건강식을 함께 먹으니 모든 것이 달라져요."

많은 사람들이 그녀가 말한 대로 '휘둘리지 않고 방전되지 않고 중독되지 않고 마음을 지키는 법'을 많이 깨우치길 바란다.

〈인터뷰 by 고혜련〉

· · · · · ·

도움 정보

1) 요가란?

요가라는 용어는 석가 이전의 BC 600년경에 쓰여진 '따이뜨디아 우파니샤드'에서 처음 등장. 요가는 외부에서가 아니고 내부에서 깨달음을 통해 참된 자기(眞我 : Atman)를 알려는 실행법이다.

즉, 마음을 조절, 통제해서 인간 본연의 고요한 마음으로 돌아가 마음과 연결된 육체 역시 스스로 다스리는 것을 말한다.

2) 요가지도자 과정 : 요가트레이너가 되려면?

* 이론 교육과정 : 요가란 무엇인가? 요가의 특징, 요가에 있어서 호흡의 역할과 활용, 복식호흡 (숨을 들이마실 때 배 나오는 호흡법) 등을 가르친다.

그리고 쟁기자세, 어깨서기, 다리자세, 나무자세, 엄지손가락으로 발가락잡기, 서서활자세, 반달자세, 독수리자세, 보트자세, 비둘기자세, 바운드비둘기, 죽은벌레자세, 다리자세변형, 눕은자세, 아치자세, 태양예배자세 등 매우 다양한 현대 요가 스타일을 지도한다.

3) 요가지도자 자격증 발급과 종류

요가는 국가공인 자격증이 아직 없다. 태권도 공인 1단, 검도 공인

2단 하는 것처럼 보통 1~3급으로 나눠서 강의를 진행하는 동시에 자격증도 그에 맞게 주어진다. 사단법인 한국요가 총연맹, 대한요가지도자협회, 한국요가협회, 요가코뮨 등 관련 법인 등에서 발급한다.

자격증을 주는 요건, 자격증 코스, 비용 등이 규격화돼있지 않고 강의 내용도 저마다 달라 직접 강의를 들어보고 결정하는 것이 좋을 듯하다.

일부에서는 요가 1, 2, 3급 자격증 코스가 각기 있고 1-2급 통합, 2-3급 통합, 1-3급 통합 등의 교육과정을 두고 있다. 핫 요가, 키즈 요가, 임산부 요가, 페이스 요가, 바디플라잉 요가 자격증 등이 있다.

4) 요가지도자 자격증과 취업 장소

- 요가, 필라테스 학원 창업이나 기존 프랜차이즈업체에 가맹점 등록 가능
- 관공서(주민자치센터나 그곳에서 하는 동호회 활동) 강의
- 각 대학 생활체육, 체육학, 건강관리학과 등의 교양강좌, 학과목 강의
- 초, 중, 고등학교 방과후 지도자 교육활동 가능
- 병원(정형외과, 산부인과, 한의원)의 물리치료 등에 보조자로 투입
- 기업연수 출강(기업 위탁교육, 연수교육, 세미나, 동호회 활동)
- 문화센터(백화점, 아파트 자치센터, 지역별 문화센터, 부녀회 등)
- 유치원, 사설 피트니스 센터, 개인트레이닝 센터 지도강사

- 출처 : 사단법인 대한요가지도자협회 홈페이지 제공

5) 탈스트레스 산업의 부상과 시사점

탈스트레스 산업은 직접적 관리와 간접적 관리, 혼합 관리 등 크게 세 가지 영역으로 나뉜다. 직접적 관리 영역에는 정신과 치료와 전문 상담 등이 포함된다. 요가, 명상, 스파 등은 간접적 관리에 속한다. 예술치료, 심리치료 등은 혼합 관리 영역으로 볼 수 있다.

과거에는 정신과 치료나 정신질환 상담에 대한 거부감이 많았다. 하지만 소득 수준 향상과 웰빙 풍조 속에 스트레스를 적극적으로 해소하려는 사람이 늘면서 정신과 치료 및 상담에 대한 수요가 증가하는 추세다.

피부관리, 스파 등을 통해 스트레스를 풀어주는 에스테틱(aesthetic) 산업도 미술 음악 등을 접목, 정서적 장애를 진단하고 문제를 해결하는 예술치료도 각광을 받고 있는 추세이다.

따라서 스트레스 관리가 건강보완 개념이 아닌 필수조건으로 자리 잡으면서 새로운 비즈니스 기회가 생긴다. 즉, 직·간접적인 스트레스 산업뿐만 아니라 여기서 파생되는 항노화, 미용, 웰빙 식품 같은 연계 산업 공략도 가능하며 연령별, 성별, 직업별로 다양한 니즈를 충족하는 상품을 공략할 수 있다.

또한 현재 스트레스 산업에 대한 구분과 대외환경이 미흡하므로 스트레스 관리만의 특성과 다양한 요구를 수용할 수 있는 기획부터 마케팅에 이르는 산업 전반에 걸친 로드맵과 단기적, 중장기적 전략의 구분이 필요하다.

단기적으로는 간접적 관리 영역과 연관 산업을 중심으로 스트레스 관리에 대한 표준화된 플랫폼을 만들고, 중장기적으로는 개인별 맞춤 서비스 관리로 발전되기 위한 통합건강관리시스템이 필요하다.

또 비즈니스 기회를 얻을 뿐만 아니라 자체 내 직원들의 복지향상에 영향을 미쳐 생산성 향상에 크게 기여한다.

예를 들어, 3M은 스트레스 해소를 위한 EAP(Employee Assistance Program; 근로자 지원 프로그램) 도입 후 생산성을 80%로 향상시킬 수 있었으며, 제너럴모터스(GM)는 EAP를 통해 3,700만 달러의 비용 절감의 효과를 얻은 바 있다.

구글의 경우 임직원들의 탈스트레스를 위한 지압사, 물리치료사를 두며 명상센터(요가, 태극권 강좌 개설 이용 장려)도 갖추고 있다. 야후, 독일의 도이치뱅크, 미국의 휴스항공에서는 명상을 가르친다.

향후 탈스트레스 산업은 개인별 맞춤관리, 통합관리, 평생관리의 방향으로 발전할 전망이다. 같은 강도의 스트레스라도 사람마다 체감 정도는 다를 수 있다. 따라서 스트레스 관리는 개인의 신체적·정신적 상태와 성격 등을 고려한 맞춤형으로 이뤄져야 한다.

스트레스의 통합관리는 정신의학적 진료와 운동요법, 심리치료 등을 병행하는 것이다. 스트레스를 유발하는 요인은 일시적이기보다는 일상생활에 늘 존재한다는 점에서 스트레스 산업은 평생관리 방식으로 발전해야 한다. 기업은 스트레스 관리와 직·간접적으로 연관된 산업뿐만 아니라 여기서 파생된 유헬스(U-health) 미용, 웰빙식품 등 다양한 분야로 사업 영역을 넓힐 수 있다.

3장

건강 먹거리, 발효식품산업이 미래다

직업군인에서 전통 발효식초 명인이 된 한상준 이야기

누군가에게 10년은 무심히 흘려보낸 세월이지만 누군가에게 10년은 삶을 송두리째 바꿔놓는 무서운 시간이다. '10년이면 강산도 변한다'는 옛말도 있지 아니한가.

꿈을 이루기 위해 고향, 농촌으로 돌아온 한상준 씨(45세). 그는 불과 10년 만에 가난을 피해 도망쳤던 그 농촌에 다시 돌아와 희망이 있음을 자신 있게 증거하고 있으니 말이다. 그는 이제 남부러울 것 없는 '창농 기업가'로 우뚝 섰다.

"꿈을 잃은 많은 젊은 세대들에게 농촌에 꿈이 있다는 것을 보여주고 싶습니다. 시야를 좀 넓히면 농촌에 창업 아이템이 무궁무진하거든요."

서울에서 2백여Km 떨어진 경북 예천군 용궁면 송암리 한 산골에서 그의 인생을 송두리째 바꿔준 것은 누구도 예측할 수 없었던 '전통 발효식초'였다.

불과 10년 전 딸아이에게 탕수육을 사줄 수 없어 몰래 눈물짓던 그는 지금 백화점, 대형할인점 등 전국 450여 개 업소에 전통 발효식초를 공급하는 초산정의 대표로 프리미엄 식초 시장을 선도해가고 있다. 국내 최초로 전통식초 신지식인에 선정됐으며 역시 국내 처음으로 곡물식초 전통식품 품질 인증을 획득한 '식초 명인'이 됐다.

전국의 식초 장인들과 힘을 모아 한국전통식초협회를 구성해 회장을 맡고 있고 서울 서초동에 식초학교도 운영하면서 "빙초산과 주정식초에 밀려 사라져 가는 한국 고유의 전통 발효식초를 살려내자"는 뜻을 펼쳐가고 있다.

그는 지금 세계 시장을 공략할 한국 전통 발효식초를 만들기 위해 온 힘을 쏟아붓고 있다. 농업이 혁신을 통해 진정한 6차 산업으로 환골탈태할 수 있음을 보여주는 성공사례가 됐다. 물고기가 물을 만난 듯 그는 지금 IT와 아이디어로 무장한 채 농업기업가의 꿈을 이뤄가고 있다.

가난에 찌들었던 어린 시절, 농촌이 싫어 10대 후반부터 이곳을 벗어나 서울에 둥지를 틀었던 한 씨에게 이상하게도 고향은 늘 그리움의 대상이기도 했다. 어린 시절 일찍 아버지를 여의고 먹고 살기 위해 늘 땡볕이 내리쬐는 밭에서 남의 집 노동일을 하시는 홀어머니가 가슴 아팠던 그는 가난을 벗어나기 위해 학사장교를 거쳐 직업군인이 됐다.

농촌에 남겨진 노모께 불효라고 생각했지만 고생을 거듭해도 보상도, 보람도 낮은 그곳을 어서 벗어나야 한다는 생각뿐이었다.

군 생활 8년 만에 예편한 후 그는 서울 강남의 한 정보기술업체에서 온라인 교육프로그램을 개발하는 프로그래머로 변신했다. 하지만 "태생이 촌사람이어서 그런지 몰라도 도시의 생활에 점차 지쳐갔다"고 했다. 거대한 기계의 톱니바퀴가 된 것 같은 도시 생활에서도 여전히 희망이 보이지 않는 듯했다.

그리고 자연의 품이 넉넉한 고향과 평생 고생하는 늙은 어머니의 애잔한 모습이 머릿속을 떠나지 않았다. 직장생활 틈틈이 고향으로 돌아가 해야 할 일을 찾아 나섰다. 귀농 관련 자료들을 섭렵하고 사람들을 만나 조언을 들었다. 어차피 모든 농사 분야에 초보자인 만큼 생각이 많았다. 인삼 등 특용작물을 할까, 멧돼지를 키울까 모든 게 고려 대상이었다.

지성이면 감천이라 했던가. 우연한 기회에 그의 눈길을 사로잡은 것은 곰팡이와 발효균류에 관한 책. 책을 통해 우리 몸에 이로운 유산균, 고초균, 초산균의 가치를 알게 됐단다. 발효식품으로 고부가가치의 상품을 만들 수 있겠다는 자신감도 들었단다.

전통식초 시장을 개척해 가는 초산정 한상준 대표가 500여 개의 대형 식초 항아리(200ml)가 묻힌 저장고에서 1년간 발효를 거쳐야 제대로 만들어지는 곡물발효식초의 맛을 음미하고 있다.

그는 우리나라에서 전통방식의 발효식초가 사라지고 대신 빙초산, 주정을 이용한 식초가 판을 치고 있음에 주목했다. 때마침 시장은 조미료만이 아니라 건강음료로도 식초를 마셔 시장의 규모가 나날이 커졌다.

그는 1년여 정읍, 합천 등 전국의 개인 식초 제조업자들이나 영농조합들을 찾아다녔다. 일본의 흑초산지인 가고시마 현의 식초 시장을 벤치마킹하면서 향후 전통 발효식초 시장의 가능성에 대한 확신이 들었단다.

또 일본에서 식초가 조미 및 음료로 다양하게 활용되는 사례가 매우 많음을 알게 됐다. 심지어 식초 전문 카페나 식초 전문 레스토랑 등이 점차 늘어가고 있음을 확인하면서 행보가 빨라졌다.

곧 서울의 집 전세를 빼서 아내 몰래 월세로 돌렸다. 그리곤 그 보증금으로 2006년, 고향의 폐가에서 식초 만들기에 돌입했다. '별안간 무슨 식초냐'며 반대했던 아내와 아이는 서울에 그냥 남겨둔 채.

"정부가 요즘 말하는 농촌의 6차 산업화에 전통 발효식초가 딱 맞지요. '그래 이거다'하는 생각에 행동을 서두르게 됐습니다."

즉, 식초의 재료가 되는 현미, 보리, 수수 등 오곡을 생산하는 1차 산업의 농업, 이를 가공해 식초로 만드는 2차 산업의 제조업, 다시 이를 유통시키고 여기에 식초 만드는 체험시설과 관광을 곁들인 3차 산업의 서비스업을 융합한다면 6차 산업화가 절로 된다는 확신이 들었다는 것이다.

폐가를 고쳐 식초를 담글 대형 항아리를 사들였고 땅에 묻었다.
200리터들이 50여 개의 항아리에 각기 다른 조건을 부여해 식초를 만들어보는 실험이 시작됐고 비교를 거듭하면서 최적의 식초 결과물을 찾아내기 시작했다. 똑같은 조건 아래서 재료는 같아도 맛이 다른 경우 등 궁금함이 많았지만 누구에게도 시원하게 제조법을 배울 수는 없었다. 식초에 미쳐 온통 식초에 묻혀 사는 생활이 계속됐다.

제대로 발효된 천연곡물식초가 탄생하는 데는 꼬박 1년이 걸렸다.
씻은 현미 등을 솥에 쪄서 식힌 다음 다시 누룩을 섞어 물을 붓고 발효하기까지 기다려야 했다. 인고의 시간이 흐른 2007년 겨울, 시중에서 판매하는 발효식초보다 자신이 만든 것이 우월하다는 판단이 들자 뛸 듯이 기뻤단다.

국내외에서 판매 중인 일부 식초들이 곡물과 누룩에서 나는 쿰쿰한 맛이나 간장 맛이 도는 것이 문제라고 생각했는데 차별화가 됐으니 성공이었다.

"그 식초들을 병에 담으면서 감개무량했어요. 이제 불행은 이걸로 끝이다. 이제 나는 부속품으로 살았던 도시의 생활을 끝내고 스스로 제품을 만들어내는 장인이 됐구나 하는 생각에 가슴이 설렜지요."

그는 우선 2백여 지인과 친척들에게 주소를 물어 택배로 식초를 보냈다. 주머니가 텅텅 비었던 그는 식초병을 사고 택배비를 마련하기 위해 보일러실에 있던 등유까지 빼서 팔았다.

하지만 결과는 참담했다. 대부분이 무응답이라 결국 한 병도 팔지 못했단다. "시골에 돌아온 후회가 밀려들었어요. 딸이 먹고 싶어 사달라고 졸랐던 탕수육도, 제가 먹고 싶던 삼겹살도 못 사 먹고 버텼는데… 말없이 잠든 식구들 얼굴을 보면서 참담했어요."

그는 당시의 심정이 10년이 다 된 지금 고스란히 느껴지는 듯 눈시울을 붉혔다.

이제 돌아갈 곳도 없으니 거기서 주저앉을 수는 없었다.

고속도로 휴게소 가판대나 골프장 온천 등의 매점을 돌아다니며 식초를 놓고 팔게 해달라 간청했으나 모조리 거절당했다. 힘들여 만든 홈페이지도 무용지물이었다. 그가 결국 생각해낸 것은 방송을 이용한 홍보전략.

그때부터 TV 방송국의 프로그램을 속속들이 살폈다. 농촌의 동향이나 먹거리를 소개하는 프로그램들의 제작진에게 전통식초의 사연을 알렸다.

드디어 기막히게 운 좋은 어느 날, 공중파 방송을 타게 됐다. 초산정의 식초를 '땅속의 보물'이라 소개한 그 프로 덕에 전국에서 전화가 한동안 빗발쳤다.

한번 먹어본 사람들이 재구매하니 생산과 수입이 안정적인 궤도에 올랐다.

지금은 전국 규모의 대형백화점이나 마켓체인점 등의 명인명촌코너, 오가닉 코너 등 4백 50여 군데서 5백mL 한 병에 1만4천 원에 팔리고 있다.

매달 1억 원어치씩 팔아 지난해 기준 연간 판매액은 12억 원 정도.

그는 근처 22개 농가와 현미 등 잡곡 재배 계약을 맺어 연간 100톤의 식초와 식초가공품을 생산하고 있다. 오곡명초 외에도 마시는 초콩, 오미자초, 초배즙, 초밀란, 식초비누까지 생산, 판매영역을 넓혀가고 있다.

그는 2008년, 그때까지 없었던 전통식초표준규격도 정부와 함께 만들었다.

"그때 우리의 전통식초를 제대로 살려 이어가야겠다는 결심이 생기더군요. 꿈속에서도 식초를 만들 정도로 미쳤습니다."

그는 '한상준 식초학교'를 열어 자신이 습득한 노하우를 전수하고 있다.

"일본이나 중국에는 4백~6백 년 된 식초양조장이 있는데 우리는 아직 없다는 게 안타깝다"며 "향후 식초시장을 제자들과 함께 키워가고 싶다"는 포부를 밝혔다. 현재 우리나라 식초시장은 연간 1천3백억 원 규모. 그중 전통식초 비율은 1~2% 수준으로 미미하다. 세계적으로 유통되는 일본의 흑초, 중국의 미초, 이탈리아의 발사믹 식초처럼 우리 전통 수제 식초 시장을 키우고 싶다는 희망으로 아직 젊은 그의 가슴은 두근거린다.

식초장인들을 키워 시장을 넓혀야 한다는 생각에 그는 매년 대학, 백화점 문화센터, 지방자치단체, 자신이 만든 식초학교 등에서 연간 3천여 명에게 강의를 해왔다. 그러니 한 달의 3분의 1은 전국으로 강의 출장을 다닌다.

"식초에 들어있는 풍부한 유기산과 아미노산은 혈압을 낮추고 비만, 당뇨에 좋으며 면역력 증진과 간의 해독작용을 돕는 것으로 밝혀졌습니다. 식초는 최근 단순 조미료에서 건강용으로 소비 패턴이 변화하고 있어 향후 시장 전망이 매우 밝아요."
그의 말대로 식초 전체 시장이 전년 대비 4.3% 성장한 것에 비해 발효식초 같은 프리미엄 식초 시장은 10.8%의 높은 성장률을 보이고 있다.

초산정은 이전 임시 공장으로 썼던 폐가 바로 옆에 1천2백 평의 부지를 매입해 널찍한 공장을 짓고 식초가 익어가는 5백여 개의 대형항아리, 누룩방, 여과기, 압착기, 살균기 등의 장비를 가득 채워 넣고 있다. 직원은 9명.

초산정 직원들이 식초가 든 병의 밀봉작업을 하고 있다.

예천으로 가는 34번 국도변에 이미 1천여 평의 부지를 매입했고 20억 원을 들여 4백50평 규모의 3층짜리 식초 박물관도 조만간 지을 예정이다. 6차 산업의 완성을 위해 볼거리, 체험거리를 마련 중인 셈. 또 읍내 사거리에 조만간 식초 카페도 만들고 그 위에 초산정과 카페에서 일할 도시 일꾼들의 기숙사도 만들 계획이다. 꿈과 활력이 넘치는 젊은 농촌을 만들어가겠다는 야심 찬 포부가 유쾌하다.

"지금 농촌에는 노는 땅이 넘칩니다. 농지은행을 통해 땅을 저렴하게 빌려 6차 산업의 기반으로 활용한다면 풀죽은 젊은이들이 달려오지 않을까요?"

그가 말한 대로 연애, 결혼, 출산을 포기한 '3포 세대'의 젊은이들이 농촌에서 한 씨처럼 밝은 미래를 찾았으면 좋겠다.

〈인터뷰 by 고혜련〉

도움 정보

1) 발효식품 산업 현황과 전망

(1) 김치제조업

① 시장규모

국내 김치 전체 시장 규모는 2013년 기준으로 2조 5268억 원으로 추산. 가정 생산 김치는 50.8%, 산업체에서 생산한 김치는 49.2%로 현재 한국 김치 시장의 절반 정도는 산업체에서 생산한 김치가 차지하고 있다. 2007년에서 2013년까지 동향을 살펴보면 김치의 상품화 비중이 해마다 늘고 있다.

산업체에서 생산한 상품 김치의 경우 2013년을 기준으로 업소용 김치 시장이 75.9%이고, 가정용 상품 김치 시장은 24.1%를 차지하고 있다. 김치 종류별 시장규모는 2012년 기준으로 배추김치 74.05%, 기타 김치는 25.14%를 차지. 해마다 배추김치의 출하액이 점점 늘어나고 있다.

② 업체별 매출규모

매출액 기준으로 보면 연 매출 10억 원 미만의 업체가 업계의 25% 정도 차지하고 있고, 100억 원 미만(2012년 기준)인 업체가 가장 많은 34.6%를 차지하고 있다.

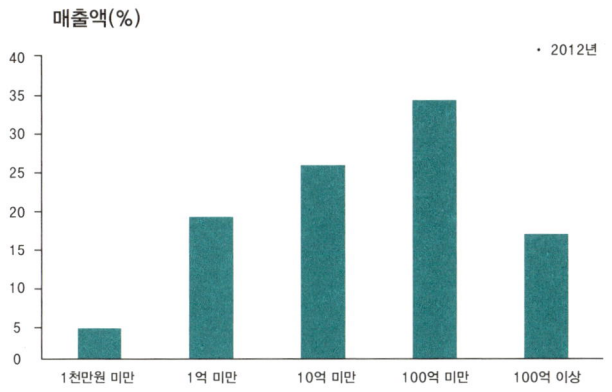

(2) 장류제조업

① 사업내용

현재 장류로 분류되는 제품은 법적(식품위생법-공전)으로 한식간장, 양조간장, 산분해간장, 효소분해간장, 혼합간장, 한식된장, 된장, 조미된장, 고추장, 조미고추장, 춘장, 청국장, 혼합장, 기타 장류로 나누고 있으며 장류의 기본 소재가 되는 메주는 전통장류 제조에 사용하는 한식메주와 개량장류에 사용하는 개량메주로 나누고 있다.

② 산업 현황과 사업성

장류는 아래 표와 같이 총매출액이 1조357억 원(2012년 기준)으로 총액은 매년 약간씩 증가하는 양상을 보이고 있다. 매출액 기준으로 고추장이 3,190억 원, 혼합장이 1,517억 원, 혼합간장이 1,482억 원 순이며 몇 년간 이 순위는 변화가 없다. 수출액은 총 3,759만 불(2012년 기준)이고 매년 일정수준 증가하고 있다.

③ 장류제조업체 현황

장류제조업체 수는 2009년 1,288개에서 2012년 1,619개로 매년 증가. 이들 제조업체에서 일하는 종업원 수는 약 1만3천 명 수준이다.

④ 연도별 장류 제조업체 수

연도	2009	2010	2011	2012
업체 수	1,288	1,325	1,548	1,619

- 출처 : 식품 및 식품첨가물 생산실적(식약처, 각연도)

(3) 젓갈류 제조업

① 사업내용

염장한 상태로 숙성 발효되어 비린내가 가시고 특유의 향미가 생성되어 식용에 적합하게 된다. 원료의 고형물 형태가 전체 또는 부분적으로 남아 있는 상태가 되면 젓갈로 분류된다.

각종 향신료, 조미료 등으로 조미 가공한 젓갈은 양념젓갈로, 젓갈의 숙성발효를 더욱 진행시켜 액상의 발효액만을 분리 정제한 것은 액젓으로 분류한다. 원료에 익힌 곡류와 향신료, 조미료를 가하여 젖산 발효시킨 것은 식해로 분류한다.

② 원료에 따른 젓갈류의 분류

구분		주요제품
젓갈	어류, 연채류	1.멸치젓 2.갈치젓 3.조기젓 4.황석어젓 5.밴댕이젓 6.오징어젓 7.꼴뚜기젓 8.자리젓 9.전어젓 10.정어리젓 11.볼락젓 12.가자미젓 13.꼴뚜기젓 14.준치젓 15.웅어젓 16.엽삭젓 17.뒤포리젓 등
	조개류	1.굴젓 2.바지락젓 3.홍합젓 4.동죽젓 5.소라젓 6.오분자기젓 등
	갑각류	1.새우젓(오젓, 육젓, 추젓, 동백하젓) 2.데뜨기젓 3.토하젓 4.북새우젓 5.세하젓 6.곤쟁이젓 7.방게젓 8.꽃게장 9.돌게장 10.참게젓 등
	부산물, 기타	1.아가미젓 2.해삼창자젓 3.고등어창젓 4.갈치속젓 5.전어밤젓
양념 젓갈	어패류 근육, 생식소 등	1.오징어젓 2.낙지젓 3.꼴뚜기젓 4.청어알젓 5.명란젓 6.아가미젓 7.창란젓 8.성게알젓 9.바지락젓 10.동죽젓 11.가리비젓 12.멍게젓 13.밴댕이젓 14.전어밤젓 15.양념새우젓 16.피조개젓 17.오분작이젓 18.개우젓 19.보말젓 20.장대알젓 21.날치알젓 22.멍게젓 23.개불젓 24.전복젓
액젓	어·패·갑각류 및 부산물	1.멸치액젓 2.까나리액젓 3.정어리액젓 4.실치액젓 5.밴댕이액젓 6.잡어액젓 7.참치액젓 8.새우액젓 9. 오징어내장액젓 10.크릴액젓
식해	어패류 가식부	1.가자미식해 2.멸치식해 3.명태식해 4.오징어식해 5.명란식해 6.우럭식해 7.해뜨기식해

③ 산업 현황 및 사업성

국내 젓갈류 산업규모는 2011년 기준 2,800억 원 규모. 양념젓갈이 56.3%, 액젓이 21.7%, 젓갈이 15.4%, 조미액젓이 6.4%, 식해류 0.3% 이다.

국내 영업허가 신고를 득한 젓갈류 생산업체는 약 396개 업체. 전남(71개소) 충남(60개소), 강원도(50개소) 등 원료확보가 용이한 도서 해안 인접 지역에서 발달한 특성이 있다.

(4) 식초제조업

① 사업내용

식초의 식품 공정상의 정의는 '곡류, 과실류, 주류 등을 주원료로 하여 발효시켜 제조하거나 이에 곡물 당화액, 과실착즙액 등을 혼합, 숙성하여 만든 발효식초와 빙초산 또는 초산을 먹는 물로 희석하여 만든 희석 초산을 말한다'로 되어있다. 발효식초와 희석초산의 혼합은 제한하고 있다.

② 식초의 유형별 분류

조미식초	발효식초		과실술덧(주요), 과실착즙액, 곡물주, 곡물당화액, 주정 또는 당류 등을 원료로 하여 초산발효한 액과 이에 과실착즙액 또는 곡물당화액을 혼합, 숙성한 것을 말한다.
		양조식초	주정(95% 알코올)을 주원료로 영양소 등을 첨가해 급속히 초산발효시키거나, 이에 곡물당화액, 과실착즙액 등을 혼합, 숙성하여 만든 식초
		곡물/과실식초	양조(주정)식초를 이용하여 1차로 식초를 만든 후, 각종 곡물과 과일 등을 혼합하여 만들어낸 식초
		순발효식초	어떤 첨가물도 넣지 않고 원물이 술이 되는 발효단계와 식초가 되는 발효단계를 거친, 자연 방식 그대로 만든 정통발효식초
	합성 식초		빙초산 또는 초산을 먹는 물로 희석하여 만든 액을 말한다.
	기타 식초		발효식초, 합성식초에 정하여지지 않은 식초를 말한다.
음용식초	감식초		감을 원료로 하여 순수 발효시킨 식초 (주용도 – 음용)
	마시는 식초		건강에 좋은 식초를 마시기 쉽도록 산도를 조절하고 각종 원료를 배합하여 만든 건강음용식초
		희석식	물이나 우유, 두유 등과 희석하여 음용하게 만든 형태
		스트레이트	음료와 유사한 형태로 바로 음용할 수 있게 만든 형태

③ 산업 현황 및 사업성

소비자의 건강에 대한 트렌드 변화는 조미료로 사용되어진 식초에서도 예외는 아니었다. 아래 조미식초의 품목별 출하액 및 증가율에서 볼 수 있듯이, 그 원료가 주정(타피오카, 현미, 옥수수 등)인 제품의 매출액은 2010년 이후 급속하게 감소하였으며, 반면 과실식초, 곡물식초는 이러한 소비자의 웰빙 트렌드에 힘입어 매출액 및 생산량이 상승한 것으로 나타났다.

메이저 식초업체인 ㈜대상은 이러한 건강한 식초(감식초)의 성장과 한류의 열풍, 웰빙, 로컬푸드 등 새로운 소비 트렌드를 반영한 전통식초의 사용의 한계성을 음용식초라는 새로운 카테고리를 생성시킴으로써 우리나라 전체 식초시장은 조미식초와 음용식초로 양분할 수 있다.

또한 후발업체인 CJ는 '미초', 샘표는 '마시는 벌꿀 흑초' 등으로 시장에 참여하였다. 이러한 업계의 노력으로 음용식초를 포함한 전체 식초시장의 규모는 약 1,200억 원이며, 그중 65%를 음용식초가 차지하고 있다.

이러한 음용식초의 성공사례는 우리나라 정부가 추구하는 전통식품의 고부가가치화, 한식의 세계화, 글로벌화, K-FOOD의 모범적 성공사례로 볼 수 있다.

2) 발효식품 교육장

(1) 각 지자체 농업기술센터의 교육과정

농가 소득증대와 6차 산업 활성화를 위해 각 지자체 농업기술센터들이 전통 발효식품에 관한 교육과정을 개설 중이다. 다음 몇 가지 예를 살펴보자.

① 서울시 농업기술센터는 수시로 시민체험 교육을 비롯해 농업인 전문, 귀농귀촌 교육 등을 마련. (홈페이지 www.agro.seoul.go.kr 참고)

그중 전통발효식품 만들기 과정도 다양하다. 전통 장아찌 만들기, 쌀을 활용한 차례주 만들기, 조청과 막걸리 제조, 발효식초 만들기 등이 있다. 또 전통 장 담그기와 청국장, 메주 만들기, 김장하기 등의 교육과정이 제철에 맞게 운영돼 수강생을 모집한다. (문의 02-459-8292)

② 거창군 농업기술센터는 지난 7월 농산물 발효효소관리사 과정을 개설했다. 이 교육과정은 산야초와 농산물 담는 법에 관해 매주 월·수·금요일 7회 20시간의 이론교육 + 2박 3일간의 실기교육을 진행한 후 시험을 거쳐 민간자격증을 수여하는 과정이다.

교육과정에 6차 산업의 좋은 사례를 갖고 있는 임실 치즈마을, 유통 분야의 성공 모델인 애농영농조합 대표의 사례 발표가 곁들여졌다.

거창군은 지난해부터 6차 산업 인재양성 과정으로 전통발효식품 자격증반을 운영해오고 있으며, 장아찌제조사 32명, 장류제조사 31명이 합격했고, 식초제조사는 지난해 자격증 시험에 29명이 응시했다. 농식물 발효효소 관리사 과정은 35명이 신청해 100명이 넘는 발효전문가가 탄생했다.

③ 경북 포항시 농업기술센터는 농촌전통문화학교 '양조식초제조

과정' 강좌를 지난해에 이어 운영한다.

이 교육은 지역의 다양한 식재료를 활용한 양조식초 가공기술 보급으로 가정에서 건강한 음료를 만들고 활용할 수 있도록 하는데 목적이 있다.

농업기술센터는 지난해 수강생 30명을 선착순 공개 모집해 8회에 걸쳐 수업을 진행했다. 전통주를 바탕으로 알콜 발효와 초산 발효의 원리와 과정, 정치 발효와 잡균 오염방지 및 이상 발효 대처법,.식초의 관능평가 방법 등에 대한 이론 강의와 함께 누룩 제조 및 띄우기, 현미 · 오곡초 · 제철과일 · 막걸리 · 발효액 식초 빚기 실습교육을 진행했다.

(2) 한국산림아카데미

국내 최초 산림최고경영자(CEO) 과정 교육기관인 한국산림아카데미(이사장 조연환 전 산림청장)도 2013년부터 산야초 재배기술 전문가과정을 개설. 그 과정 중 일부는 산약초 발효효소 가공실습도 한다.

산야초 재배기술 전문가과정은 단기 교육과정으로 국내에서 처음으로 산야초와 관련된 재배기술을 중점적으로 가르친다. 산야초의 기초이론부터 재배법, 가공기술, 유통 및 마케팅 교육으로 전문성을 높이고 재배기술 사례를 통해 새 기술을 익히는 기회도 준다.

천안시산림조합을 비롯하여 산야초 재배현장에서 7차 수에 걸쳐 이론 및 현장실습교육을 한다.

교육내용은 ▲산야초 재배현황 및 재배기술 ▲산에서 자라는 약용식물 재배기술과 경영계획 ▲산채, 산야초 재배와 가공 및 유통 ▲산마늘 재배기술 ▲내 몸을 살리는 우리 약초 ▲친환경 임산물 동향 ▲유기농업자재 안전 사용법 ▲산더덕 재배사례 및 재배기술 ▲산약초 발효효소가공실습 ▲산나물·산채류 임간 재배기술 및 가공·저장법 ▲약용작물 재배기술

희망자는 한국산림아카데미누리집(http://www.forest21.or.kr)이나 한국산림아카데미 다음카페(http://cafe.daum.net/forestceo)에 들어가 인터넷 신청 또는 이메일 신청(jcan600@nate.com)하면 된다. 문의는 대전시 소재 한국산림아카데미 교학처(042-471-9963, 9960)로 하면 된다.

(3) 사설 교육센터 및 체험교육농장

① 한국 전통발효아카데미(http://cafe.naver.com/enzymeschool)는 서울 서초동에 위치한 사설 오프라인 교육원이다. 이름 그대로 발효식품과 관련된 강의만을 집중적으로 개설하고 있다.

식초학교, 된장학교, 두부학교, 꽃차학교, 장아찌학교, 김치학교, 맥주학교, 전통주학교 등을 번갈아가며 열고 있다.

식초학교의 경우 하루 6시간씩 3회에 걸쳐 계속되며 30명 선착순 마감에 수업료는 55만 원 정도. 식초를 위한 전통주 제조와 곡물식초, 과일식초, 발효액 효소식초, 막걸리식초 등 4종류를 한 번에 연이어 배울 수 있는 게 특징이다. 기타 된장, 두부 학교 등도 강의시간에 따라 수업료가 다르다. (문의 : 02-6120-0258~9)

② 전남 순천시 참한솔체험교육농장은 한솔영농조합법인에서 운영

하는 곳. 유치원에서부터 일반인까지가 대상이다.

하루 몇 시간 일정으로 체험할 수 있는 곳으로 두부와 두부 비지 쿠키 만들기, 콩죽 쑤기와 메주, 장 담그기 등의 프로그램을 운영한다. (www.hansolfd.co.kr/061-754-4938)

③ 콩이랑농원교육농장은 경남 고성군에 위치. 경남 대표 발효식품을 생산하는 곳으로 3대를 이어왔다.

항아리 1,100여 개를 보유한 2,500평의 농원에는 생산동, 교육장, 체험장, 관리동이 있고 각종 콩이 재배되어 교육자료가 된다. 콩으로 만드는 음식의 종류부터 메주를 만드는 과정, 장 담그는 과정까지 배울 수 있다. (www.kongirang.com / 055-673-0136)

4장

숲에게 길을 묻다

벤처회사 사장에서 여우숲 학교 교장이 된 김용규 이야기

숲에 대한 열망과 그리움을 키워내는 이. 정작 숲에는 그가 없었다. 충북 괴산군 칠성면 사오랑 마을 산 중턱에 자리한 '여우숲'의 '인간 대표', 김용규 씨(48세) 말이다.

함박눈이 내렸던 12월 초, 영하 10도를 밑도는 혹한의 날씨, 시간이 정지된 듯 인기척이 없는 산중은 적막했으나 평화로웠다. 막힌 호흡이 어딘가 길을 내며 뚫리는 기분이었다.

햇살마저 얼릴 듯한 쨍쨍한 추위에 살갗은 터질 듯했으나 가슴엔 편안함이 자리 잡았다.

얼마 후 눈이 쌓인 가파른 숲길 사이로 그가 나타났다. 헝클어진 곱슬머리의 그가 백팩을 메고 나타나자 조용했던 숲이 일제히 수런거리는 느낌이 들었다. 이 숲 속에 그가 깃들어 지낸 지 8년, 50을 바라보면서도 아직도 청년 같은 그는 세월이 흘러도 변함이 없어 보였다. 숲의 시간은 느린가 보다. 아니 숲의 정기는 연륜의 산화작용까지도 막아내는가 보다.

그가 자리를 비워 보이지 않아 '빈 숲'을 지켜야 했던 두 마리의 진돗개 '산'과 '바다'의 움직임도 부산해졌다. 그리고 곧이어 숲 속에 아이, 어른들의 도란거리는 소리와 웃음소리가 저 아래 마을 어귀부터 들려와 점점 산중으로 가까워지고 있었다. 여우숲에 온기가 차올랐다.

그에게 숲이 전하는 얘기를 들으러 깡추위에 이 적막하게 얼어붙은 산중으로 또 사람들이 모여드는 것이다. 그는 '여우숲'의 명실상부한 주인이다. 그래, 그 숲의 '인간대표'인 것이다.

'여우숲'? 거기엔 당연히 여우가 없다. 한때 여우 모피에 대한 아녀자들의 갈증이 여우 사냥을 몰고 와 이 땅에서 여우는 오래전 사라져 버렸다. 다만 그런 여우가 다시 나타나길 기다리는 숲이라는 의미에서 그가 헌정한 이름이 '여우숲'이다. 그는 8년째 그 숲에 오두막을 짓고 기대 살면서 숲의 나무와 동식물들의 얘기를 인간들에게 전하는 메신저 역할을 해오고 있다.

숲이 그에게 준 깨달음을 담은 『숲에게 길을 묻다』, 『숲에서 온 편지』라는 제하의 책을 내고 몇 년 전부터 숲의 말 없는 가르침을 웅변했던 그에게 '숲에게 길을 묻고자 하는' 이들이 줄을 서서 그의 메시지를 기다리고 있기 때문이다. 그의 강연은 이곳 산중에서 또는 전국의 대학, 기업체, 유치원, 시민단체 등에서 거의 매일이다시피 이루어지고 있다. 그가 숲을 자주 비워야 하는 이유다.

"저는 이 삶이 좋습니다. 양복을 벗어 던지고 대신 등산복, 작업복 입고 숲을 누비면서 자연이 인간에게 가르치는 이야기를 안내하는 삶이 좋습니다. 그것이 진정한 나 자신이기 때문입니다. 숲에 있을 때 나는 행복하고, 자연의 가르침을 사람들과 나눌 때 '아, 내가 정말 숨 쉬고 있구나, 살아있구나!' 자각합니다. 삶은 자기 호흡대로 숨 쉴 때 정말 행복해집니다."

'여우숲'의 인간 대표 김용규 씨가 숲에서 8년을 함께 살아온 충성스러운 진돗개 '산', '바다'와 함께 눈 덮인 오두막 앞에서 겨울 햇살을 즐기고 있다.

한겨울, 시간이 정지된 듯 사위가 적막한 괴산군 사은리 산 중턱에 자리한 '여우숲'은 괴산군 산막이 옛길과 닿아있다. 서울 도심에서 1백50여km 떨어져 있는 이 길은 이곳 사오랑 마을에서 산골 마을인 산막이 마을까지 연결됐던 총 길이 4km의 옛길.

혹한의 겨울을 제외한 나머지 계절에는 이 아름다운 길을 걸으려는 사람들로 붐빈다. 여우숲은 그런 사람들을 산 중턱에서 말없이 바라다보고 있다.

그는 자신의 오두막 바로 위편에 3년 전 들어선 '숲학교 오래된 미래'의 교장이면서 산마늘 농사를 짓고 있는 농부 그리고 말 없는 숲의 가르침을 전하는 숲 생태 전문가이다.

그가 이곳에 제2의 삶의 터전을 마련한 것은 지난 2006년.
"왜 나이 들수록 인간은 황망해지는가? 숲은 여전히 깊어지고 황홀한데…."
늘 숲에 깃들기를 좋아했던 그가 나이 마흔을 앞두고 서울에서 몸담았던 조직과 결별하면서 자신에게 던진 물음이었다.

그는 대학을 졸업하고 당시 국내 유명금융회사와 이동통신회사에서 인사와 경영전략을 담당했던 회사원이었다. IMF 직후 기업 확장의 일환으로 회사는 영화콘텐츠를 다루는 벤처회사를 세워 그에게 CEO 자리를 내주었다. 모험기업, 벤처 붐이 뜨거웠던 시절이었다. 소위 'IMF 시대'의 그늘과 절망이 온 사회를 뒤덮었던 그때 많은 사람들은 CEO가 된 그에게 "희망의 길 위에 섰다"며 박수를 보냈다.

"삶의 외양은 그럴싸했어요. 하지만 늘 과도한 스트레스에 휘둘리며 바쁜 하숙생 아저씨 같은 삶을 살고 있었어요. 회사 고객의 술 접대로 이어지는 불편한 생활을 감수하면서 점차 삶의 길을 잃었다는 자각에 참담해졌습니다. 대표가 된 나는 길을 잃은 채 방황하고 주주와 직원과 거래처가 규정하는 사회적인 나만 존재하는 길, 내가 주인이 아닌 길 말입니다."

고민 끝에 그는 결단을 내렸다. 한동안 숲에 깃들어 살리라면서. 그는 삶의 터를 산 중턱에 옮기기 전 이곳 사오랑 마을을 6개월여에 걸쳐 주말마다 들락거렸다. 이곳이 과연 그를 제대로 품어줄지 알아보기 위한 거였다. 때로는 새벽에, 때로는 낮에, 어떤 때는 저녁에 서울에서 매주 한 차례씩 내려와 이곳을 헤집고 다녔다.

김 씨가 괴산군 한 산 중턱에 돌로 기초를 놓고 흙벽을 쳐 직접 지은 오두막집.
전기를 끌어오는 데에만 2년이 걸렸다고 한다.

과연 이 땅이 자신의 삶에 적합한지 숲에게, 땅에게, 이웃에게, 자신에게 물었다는 것. 결론은 '해낼 수 있을 것'이라는 막연한 기대감이었다.

이 숲 속에 멀찌감치 올라앉으니 저 건너 장엄한 산굽이가 가슴이 뻥 뚫리는 시원함을 안겨주었고 숲 뒤로는 오랜 고요함이 실로 오랜만에 심신을 평온하게 가라앉혔다. 마음에 들었다. 잔잔한 기쁨에 가슴이 설레었다.

결국 그와 같은 뜻을 가진 5명의 지인들로부터 자금을 모아 농토 4천 평, 숲 7만5천 평을 사들였다. 우선은 급한 대로 김 씨가 먼저 들어오고 나머지 사람들은 차차 서울 생활이 정리되는 대로 들어오도록 하자는 것이었다.

이곳 괴산은 귀농·귀촌을 꿈꾸는 도시의 예비 농부들에게 인기 지역 중 하나. 특히 사오랑 마을은 축사가 거의 없어 환경이 깨끗한 데다 트래킹의 명소로 알려진 산막이 옛길이 시작하는 곳으로 풍광이 빼어나기 때문이다.

"삶의 굽이를 따라 흐르다 그동안 잊혀졌던 젊은 시절의 꿈을 불러내고 새 삶을 시작하기로 한 거죠. 내가 항상 좋아했던 것은 학교였고 숲이었습니다. 그 숲에서 '자기다운 삶, 더불어 사는 삶을 고민하는 이들을 모아' 행복한 삶, 생태적인 삶을 안내해주는 '무면허 선생' 노릇을 하자는 꿈을 다시 세운 겁니다."

자연에 세 들어 '황홀하게' 살고자 한 것이다.

그는 '사단법인 숲연구소'에서 숲 공부를 하면서 아내와 초등학생인 딸아이를 설득했다. '유서를 쓰는 마음'으로 아내와 아이를 회유하고 때론 협박했단다. 딸아이는 "왜 우리 아빠는 저렇게 사는지 모르겠다"며 원망이 컸다. 결국 서울의 집을 판 후 학교를 다녀야 하는 딸과 아내는 근처 증평 시내에 남겨두고 그 혼자 이곳에 오두막을 지었다.

돌로 기초를 놓고 흙벽을 치고 아궁이를 앉히는 마무리를 하기까지 온 힘을 다했다. 전기를 끌어오는 데만 2년이 걸렸다. 오뉴월 뙤약볕에 땀이 비 오듯 쏟아졌고 맨손으로 돌을 나르고 흙을 퍼 담으니 아침이면 손가락이 펴지지 않을 만큼 힘든 근육들은 연신 신음 소리를 냈다. 그의 분신이 된 고물 트럭이 험한 산길에서 수시로 주저앉아 그를 힘들게 했다. 간혹 끝이 보이지 않는듯한 두려움도 들었다.

"새로운 길 위에 서는 것은 두려움의 선택이었어요. 그 두려움이 산처럼 크게 내 앞을 가로막아 힘들 때면 언제나 뒷 숲으로 걸어 들어가 물었습니다. '내가 정말 나답게 살 수 있을까?', '이 새로운 길을 끝까지 걸어가면 내가 닿고 싶은 곳에 닿을 수 있을까?'라고요."

뒷산 수풀 속에서 헤매면서 언제부터인가 그 스스로 바람결에 전하는 숲의 속삭임을 조금씩 얻어듣기 시작했다. 숲에는 각종 동식물이 치열하게 살면서도 남을 해치지 않고 아름답게 공존하는 질서와 평화를 유지하고 있음을 보았다. 숲은 제 모습을 통해 은유의 가르침을 쏟아내고 있었던 것이다.

그는 정신없이 그 가르침에 빠져들었다. 뭔가 자신의 머리며 몸의 한구석이 하늘을 향해 열리는 기분이 들었고 어느 시점인가부터 글이 쏟아져 나왔다. 그런 쏟아짐을 받아내 적은 것이 『숲에게 길을 묻다』라는 책이 됐다.

숲의 속삭임 속에 자연을 보기 시작하자 숲은 날마다 저마다 저답게 삶을 시작하고 이어가는 생명체들의 모습을 보여주기 시작하더라는 것. "너라는 생명도 너로서 시작하고 살아갈 힘이 있다"고 매일 속삭이더라는 것.

"생명을 보라. 벌과 나비를 만날 수 없다고 그것이 두렵다고 스스로 먼저 시드는 꽃은 한 송이도 없다. 삶은 나라는 생명에게 깃든 위대한 자기 완결의 힘을 믿는 한 두려움 없이 나아갈 수 있는 것이다. 생명은 모두 자기로 살아갈 힘을 가졌으므로"라는 메시지를 전하더라는 것.

"숲은 생명에게 주어진 위대한 능력과 그 생명에게 부여된 거스를 수 없는 숙명을 내가 이해하고 수용하도록 가르쳐주고 용기를 주었습니다."

그의 책들은 김 씨처럼 '자기다운 삶'을 살고자 하던 많은 이들의 마음을 움직였다. '숲의 은유적 가르침'을 그로부터 전해 듣고자 여기 저기서 그를 불렀다. 강연 요청이 쏟아졌다. 방송이나 신문에 그의 얘기가 실리자 그를 보기 위해 어떤 해는 수천 명이 괴산 산골짜기 '여우숲'으로 들이닥쳤다.

그로 인해 조용했던 시골 마을이 분주해지기 시작한 것. 그 후 그의 오두막에서 좀 떨어진 뒤편 산등성이에 몇 개의 건물이 들어서게 된다. 그가 주축이 돼 마을주민과 도시민 20여 명이 참여해 머리를 모은 기획안이 충청북도의 지역균형발전 공모사업에 선정됨에 따라 '숲이랑 사오랑 숲 생태체험마을'이 조성된 것이다.

도비 6억 원과 군비 2억 원, 주민 자부담 등 10억 원을 들여 80명을 수용할 수 있는 '숲학교 오래된 미래'와 실내 및 야외강의장, 숙박시설, 찻집 등이 들어서게 된 것.

'숲학교 오래된 미래'는 흙벽돌과 흙다짐벽, 나무 등 자연재료를 이용한 생태건축물로 지어졌다. 유치원생부터 대학생까지 이곳에서 체험학습도 하고 일부 기업체들은 그의 강의를 들으면서 워크숍도 열게 됐다. 이와 함께 숲을 걸을 수 있는 생태탐방로(3천485㎡)와 캠핑시설, 생태주차장, 효소와 장류를 담아 보관할 수 있는 발효장독대(990㎡) 등도 갖추게 됐다.

소문이 나면서 삼성전자, SK, 대학, 지방 공무원교육원, 각종 유치원 등에서 강의했다. 강북 삼성병원의 의료진처럼 아예 이곳에서 숙박을 하며 워크숍을 여는 경우도 생기고 마침 '힐링캠프'가 유행처럼 번지면서 더 바빠졌다.

"예전엔 숲의 자원을 이용하는데, 그 다음은 숲이 쏟아내는 피톤치드의 중요성을 발견하곤 숲을 치유의 도구로, 이제는 숲을 이루는 나무들과 벌레들이 우리에게 전하는 가르침에 많은 이들이 귀 기울이게 된 거죠."
하지만 정작 사람들이 원하는 치유의 역량을 제대로 갖춘 힐링 프로그램들이 얼마나 있는가는 또 다른 얘기라는데 그도 동의한다.

이곳 역시 자연 숲 강의에 더해 각종 기획강좌와 체험프로그램이 만들어졌다. 졸참나무관, 층층나무관 등 강의장과 숙박시설이 생기니 자연히 규모가 커져갔다. 화석연료 없이 밥 짓기, 새집 만들어주기, 간단한 농사체험, 산나물로 자연밥상 만들기, 나물 구분법, 동네 목수들이 전하는 목공체험과 장 만들기 등의 체험프로그램들이 덩달아 생겨

났고 외부 강사와 동네 주민들의 참여도 필요하게 됐다는 것.

많은 사람들이 참여하게 되자 자연히 운영체가 필요하게 됐고 다양한 의견 역시 무성했다. 때론 도시적 욕망이 서로 충돌했다. 이를 조화롭게 끌고 가는 데는 구성원들의 적지 않은 희생과 노력, 인내와 화합의 기술이 필요했다. 쉽지 않았다. 그는 지금 이 생태체험마을이 보다 발전하기 위한 크고 작은 진통을 겪고 있음을 시인했다.

한때 잠시 맡았던 생태체험마을의 대표직을 내려놓고 그는 자신의 강의에 몰두하고 있다. 이제 '숲 강의'에 관한 한 그는 한 달에 20여 차례 전국 학교, 기업, 시민단체 들을 대상으로 한 단골 강사가 됐다. 전국의 강연장을 찾아 강의를 하는 것이 일상의 대부분이 되어버렸다.
그러다 보니 자연 숲을 비우는 시간이 많아졌고 그가 살던 오두막도 이제 생태마을의 관리를 맡은 사람의 숙소로 사용하게 됐다.

그의 주 수입원은 강의와 그가 뒷산에 재배 중인 산마늘 농사의 수확으로 이루어져 있다. 3년 지나면 포기가 두 배로 늘어난다는 산마늘 농사에 큰 기대를 걸고 있는 듯했다.
한동안 벌을 키우는 양봉업에도 손을 댔으나 봉충낭아부패병이 전국에 유행병처럼 번져 다른 양봉업자들처럼 애써 여기저기 놓았던 벌통을 다 거둬들이는 안타까움도 겪었다.

그에게 물었다. 인생 이모작으로 시작한 지금의 전혀 다른 삶이 만족스러우냐고. 숲을 자주 떠나 이곳저곳을 다니며 강의하는데 때로는 피로감과 회의가 들지는 않느냐고.

"이제 살고 싶은 삶을 살아가는 저는 숲에게 늘 빚을 지고 있는 셈이죠. 살아갈 길을 알려주는 스승으로, 또한 오두막을 짓고 기대어 살 수 있는 터전과 우리들의 책에 쓰이는 종이를 내어주는, 또 언제나 숨 쉬게 하고 품어주는 숲에게 그저 감사할 뿐입니다."

여우숲에서 내려다본 괴산군 사은리 마을 전경.
여러 개의 산봉우리가 첩첩이 도열해 장엄한 경관을 연출하고 있다.

그는 여우숲이 보다 많은 사람들에게 진정한 치유의 공간으로 거듭나게 하기 위해 봄이 되면 두 개의 고정된 기획강좌를 마련할 궁리를 하고 있다고 전했다. 인문학자와 생태학자 등을 초빙해 매달 한차례, 1박 2일로 진행해 연 12회에 걸쳐 지속되는 두 개의 장기 교육 프로그램을 구상 중이라고 했다. 또 그와 뜻을 같이하는 사람들과 '숲과 인문학연구소(가칭)'를 열어 평생을 함께 공부했으면 좋겠다고 했다.

그에게 또 물었다. 자주, 오래 떨어져 살아야 하는 아내와 딸아이(고교1년)가 원할 수 있는 가족의 '바로 지금, 현재'의 삶은 희생해도 되는 것이냐고.

"가끔 지금 내 모습이 아내가 원했던 나의 미래모습일까 하는 질문을 스스로에게 던집니다. 하지만 아내와 딸은 대신 답을 해줍니다. 당신의 길을 뚜벅뚜벅 걸어가라고. 그런 당신이 이제 자랑스럽다고요."
그래서 힘을 얻는다고 했다.

그가 덧붙였다.
"우리들의 삶은 생존 차원에 머무르는 삶, 충만함을 추구하는 삶, 또 숭고함을 지향하는 삶으로 구분할 수 있지 않을까요? 저는 누구나 노력해 숭고한 삶에 이를 수 있다고 봅니다. 철저하게 자신을 위해 살면서도 동시에 그것으로 타자를 일으켜 세울 수 있다면 말입니다. 숲 속의 꽃과 나무가 저다운 꽃, 잎을 피워 자기를 실현하면서도 다시 벌이나 나비, 새 등에게 꽃가루나 꿀을 나누며 숲 공동체를 살찌우듯이 말입니다."
그는 "우리 모두의 삶이 그런 희망으로 가득 찼으면 좋겠다"고 힘주어 말했다.

여우숲의 나무들은 다가올 새 생명의 봄과 푸르른 여름을 기다리며 벌써 은밀히 새 움을 키우고 있었다.

〈인터뷰 by 고혜련〉

· · · · · ·

도움 정보

1) 숲 해설사가 되려면!

(1) 숲 해설사 역할

① 숲 해설사는 자연휴양림, 수목원, 자연생태공원 등을 찾아오는 사람들에게 나무와 숲에 대해 올바른 이해를 하도록 돕는다. 숲과 자연생태, 자연과 인간과의 관계 등에 대해 설명을 해주는 일을 한다.

또 숲 속에 사는 동식물과 곤충들이 자연과 사람에게 어떻게 영향을 주고받으며 관련을 맺는지를 설명해준다. 자연에서 느낄 수 있는 상황들에 대해 알려주어 자연에서 동식물이나 곤충들을 스스로 찾아내어 관찰할 수 있도록 도와준다. 산림 내에서의 산림휴양이나 자연체험활동 등을 지도하고 대상자에 맞게 숲 해설 교재를 제작하기도 한다.

② 숲 해설사는 연령에 관계없이 누구나 활동할 수 있다. 전문적으로 일하는 사람은 40~70대가 많은 편. 비정기적으로 학교나 문화센터, 복지시설 등에서 의뢰가 오면 파견을 나가거나 방과후 교사로 일한다. 또한, 산림청 계약직으로 채용되어 국립자연휴양림, 국립수목원에서 등산객들에게 숲 해설을 한다. 60세 이상은 노인일자리사업에 취업하거나 지방자치단체에서 자원봉사자로 활동 가능하다.

③ 숲 해설사는 자연생태와 환경 전반에 대한 지식이 필요하므로 관련된 책을 꾸준히 읽고 지식을 쌓는 습관을 가져야 한다.

④ 다양한 탐방객을 상대해야 하므로 사교적인 성격을 가지고 있으면서 인생의 경륜이 어느 정도 느껴지는 사람이 이 일에 적합하다.

⑤ 현장에서 그때그때 마주치게 되는 동식물이 다르기 때문에 상황에 맞는 설명을 할 수 있도록 사전조사는 물론 순간적인 재치도 요구된다.

⑥ 계절에 상관없이 야외에서 오랜 시간 이야기를 하면서 걸어야 하기 때문에 건강과 체력이 요구된다. 숲 해설사는 무엇보다도 숲에 대한 애정이 있어야만 스스로 즐기면서 오랫동안 즐겁게 일할 수 있다. 관련 직업으로 '환경지도사'가 있다.

(2) 근무조건

① 시간당 혹은 해설 횟수에 따라 보수를 받는다. 보수 수준은 시간당 3~10만 원까지 다양하지만, 보통 1일 4~5만 원(교통비, 식대 포함) 정도를 받는다.

② 노인일자리사업의 경우, 월 20만 원 정도 받는다. 공휴일을 중심으로 주 1~2일 근무(월 30시간 정도)하고, 방학 및 휴가 기간이 포함된 7~8월에는 주중에 근무하기도 한다.

③ 국립자연휴양림이나 국립수목원에 근무하는 경우, 공휴일을 포함하여 주 5일, 1일 8시간 근무한다.

(3) 취업준비와 교육기관

① 노인일자리사업 수행기관(시니어클럽 등)에서는 60세 이상 분들(주로 퇴직 교직자, 숲 해설사 자격증 소지자 등)을 선발하여 20시간 정도 직무교육을 실시한 후, 현장에 파견.

② '숲 해설사 양성교육'을 이수하면 취업에 유리하며, 외국어(영어, 일본어, 중국어 등) 회화가 가능하면 외국인을 대상으로 활동할 수도 있다.

③ 2007년부터 정부가 인증한 '숲 해설사 양성교육'이 실시되고 있다. '산림문화·휴양에 관한 법률'에 따라 산림청장이 인증한 숲 해설사 교육과정 운영기관과 기타 환경교육 관련 민간단체, 지자체 환경연구원, 대학 평생교육원 등에서 숲 해설사 교육과정을 운영하고 있다. 이러한 교육기관에서 해당 교육을 이수하면 숲 해설사로서 활동하는 데 매우 유리하다.

④ 현재 산림청장이 인증한 교육기관은 숲해설사협회, 숲연구소, 생명의 숲, 숲생태지도자협회, 환경대안운동협회, 녹색연합숲생태교육아카데미 등 민간 환경교육기관과 상지대학교 등이 있다. 교육과정은 3~7개월에 걸쳐 140시간 정도가 소요되며, 교육형식은 강의식, 현

장교육, 워크숍, 인턴십 프로그램 등으로 구성된다.

⑤ 숲 해설사에 대한 공공 및 민간자격증은 없으나 산림청에서 인증한 교육기관에서 교육을 수료하면 '숲 해설사 교육과정 수료증'을 받을 수 있다.

⑥ 산림청 숲 해설가 자격 교육전문양성기관인 '꿈꾸는 숲'은 매년 숲 해설가 전문과정 교육생을 모집한다.

'꿈꾸는 숲'의 숲 해설가 교육과정은 숲과 자연에 대해 올바른 가치관을 함양할 수 있도록 돕는 산림교육전문가를 양성하는 것으로 보통 5개월간 매주 수·토요일에 교육한다.

2015년 제4기 교육의 경우 8월 8일부터 12월 20일까지 이론과 현장실습으로 진행됐으며, 연수교육은 교육 기간 2회(1박 2일) 연다.

교육과정 140시간(순수 교육시간 160시간 중 140시간은 꼭 출석해야 함)과 기타 평가 시간(과제 수행 등)을 수료한 후 이론 및 실습 평가에 합격(70점 이상)하고 교육실습 30시간을 이수한 학습자에게 산림교육 전문과정 이수증명서가 발급되고 산림청 지정 숲 해설가 자격증이 부여된다.

이론 교육은 산림교육론과 산림생태계, 커뮤니케이션, 교육프로그램 개발, 안전교육 및 관리, 선택과정, 교육실습 등 이론 82시간과 실습 108시간 등 총 190시간이며, 양평 지평면 일신리 산림문화교육센터와 국민의 숲(양평 구둔치 옛길)에서 진행된다.

2) 실버세대 유망직종

최근 창간된 브릿지 경제는 창간 1주년 기념특집(2015년 9월 15일자)으로 '은퇴 후 연장전 30년 노후 어떻게 보낼까'를 마련해 보도하면서 유망직종도 선정했다.

(1) 실버택배

비영리 단체들이 설립한 택배 사업단 '실버나래'부터 민간 기업까지 일자리 확대에 적극 나서 최근 이 분야 종사자들이 늘고 있다. 실버나래는 서울 시내 12개의 지하철 택배 사업단이 모여서 만들었다. 사업수익금 전액을 노인 인건비와 관리운영비로 쓰고 있다.

(2) 도슨트

미술관이나 박물관 등에서 일정 교육을 받은 뒤 관람객들에게 작품을 소개하는 일. 실버 도슨트가 가장 많은 서울 탑골 미술관은 20여 명의 노인들이 다양한 미술품을 해설하고 있다. 이들은 근무 전 약 한 달간 교육을 받고 새로운 전시회가 열릴 때마다 전시정보를 숙지하는 교육을 다시 받는다.

(3) 숲 해설가

앞에서 나온 '1) 숲 해설사가 되려면' 참고

(4) 노노케어

노인빈곤 소외현상 해결을 위한 대책 중 하나로 주목받는 사업 중 하나로 노인이 노인을 돌보는 노노(老老)케어가 있다. 노노케어는 일할 여력이 있는 노인에겐 일자리를, 거동이 불편한 노인에겐 돌봄서비스를 제공한다. 월 3회, 10시간 이내, 1일 최대 4시간 이내 일자리에 참여할 수 있고 식비, 교통비 등을 포함한 활동 실비를 받게 된다.

3) 시니어를 위한 은퇴 후 추천직업

고용직업 분류	추천직업	주요 핵심역량
보건/의료	간병인, 생활지도원, 사회복지사, 운동치료전문가, 헬스트레이너	듣고 이해하기, 서비스지향, 신체적 강인성
음식/식품	조리사, 주방보조원, 급식도우미, 바리스타, 식품생산원	통제, 신체적 강인성, 정교한 동작
보험금융	보험모집원, 보험중개인, 재무설계사, 개인자산관리사, 간접투자증권판매원	재정관리, 설득, 협상
영업/판매	판매원, 텔레마케터, 주유원, 패스트푸드원, 배달원	반응시간과 속도, 협상, 서비스지향
경비/청소	주택관리사, 시설관리경비직, 환경미화원, 재활용품수거원, 주차관리원	행동조정, 서비스지향, 신체적 강인성
문화/예술	예능학원강사, 독서지도사, 문화재해설가, 도슨트, 인테리어디자이너	가르치기, 학습전략, 창의력
여행/오락	여행안내원, 놀이(레크리에이션)강사, 동화구연사, 여가컨설턴트, 도시민박	말하기, 가르치기, 설득
농림/기타	도시농업전문가, 유기능기능사, 식품관리사, 애완동물미용사, 애완동물장의사	신체적 강인성, 정교한 동작, 추리력

– 출처 : 한국직업정보시스템, 한국직업사전, NH투자증권 100세시대연구소

5장

6차 산업, 젊음의 창농 현장이 뜨겁다

창농(創農)하는 청년들 이야기

농업과 같은 전통적인 산업에서도 신규 일자리가 나올 수 있다는 기대가 커지고 있다. 젊은 귀농인이 늘면서 농업도 성장산업이 될 수 있다는 얘기다. 지난해 말 기준, 284만 명인 국내 농촌 인구는 급속한 고령화가 진행되고 있지만 반짝이는 아이디어와 각종 기술로 무장한 젊은이들이 농업에 가세하며 새로운 활력을 불어넣을 것이라는 전망이다.

사양산업으로 여겨지던 농업에서 새로운 성장 가능성을 보고 농촌에 몰리는 20, 30대 젊은이들이 증가하고 있다. 이들은 단순히 농사짓는 데에서 한발 나아가 농업에 관광산업, 정보기술(IT)이나 가공기술 등을 결합해 부가가치를 높이고 '숨은 일자리'를 찾아내고 있다.

정부와 지방자치단체는 베이비부머(1955~1963년생 721만 명)를 필두로

한 귀농·귀촌 행렬이 위기에 처한 우리나라 농업·농촌의 돌파구 역할을 할 것으로 기대하고 있다.

2015년 6월, 농림축산식품부와 통계청 등에 따르면 30대 이하 귀농·귀촌 가구 수는 5,060가구로 2008년(359가구)의 14배로 뛰어올랐다. 귀농·귀촌 가구 수는 통계를 작성하기 시작한 2001년부터 연간 300가구 안팎을 유지하다가 글로벌 금융위기 직후인 2009년부터 급증해 매년 가파르게 늘고 있다. 경기 침체로 일자리 창출 능력이 임계점에 달한 도시를 벗어나 농촌으로 향하는 젊은이의 발길이 가속화되고 있는 것이다.

도움 정보

1) 농산물 가공업

절인 배추, 호두과자 등으로 대박 난 젊은이가 있다.
전남 해남군 계곡면에 위치한 청정농원의 이용희 대표(36세). 소위 명문대 출신 농부다. 고려대를 졸업해 스포츠용품업체의 마케터로 일했었다.

그러던 2005년, 해남에서 절인 배추를 파는 부모님을 돕기 위해 배추를 정성 들여 재배하는 모습을 블로그에 올렸다. 뻔한 농산물이라도 이야깃거리를 붙여 소비자들에게 신뢰를 주면 승산이 있을 것이라는 판단에서였다. '해발 350m의 고랭지에서 청정한 지하수를 뽑아서 배추를 길렀다. 간수가 빠진 전남 신안군의 여름 소금만 쓴다'는 식이다.

배춧값이 폭등하면서 대박이 났다. 한 달 남짓한 기간 동안 3억 원어치가 팔려나갔다. 농산물 가공에서 새로운 가능성을 발견한 그는 이듬해 아예 서울 생활을 정리하고 농사에 뛰어들었다.

그는 못생긴 고구마와 호박이 제값을 못 받는 점을 눈여겨보고 이를 재료로 건강호두과자를 개발해 판매하기 시작했다. 여기에 계절별로 다른 작물을 팔아 현재 연 매출 4~5억 원을 올리고 있다. 귀농 직후에는 좋은 대학을 나와 기껏 농사짓느냐는 주변의 시선이 따가웠다. 그러나 지금은 '농사도 엄연한 사업'이라고 맞받아치는 여유가 생겼다. 김 씨는 "직장 생활을 해도 20년 뒤에는 퇴직해서 다른 일자리를 구해야 한다"며 "남들보다 빨리 '평생 직업'을 찾아나선 것"이라고 말했다.

2) 축산업에 IT와 디자인, 브랜드 컨설팅 접목

귀농한 젊은이들 중에서는 첨단 기술을 활용해 벤처기업을 창업하듯 '창농(創農)'하는 사례가 적지 않다. 친환경 달걀 생산협동조합인 '스트롱에그'가 대표적이다. 이곳은 디자인과 IT, 브랜드 컨설팅 경험이 있는 젊은이들이 지난해 4월 세운 '축산 벤처기업'이다.

전남 곡성군 옥과면에 자리한 스트롱에그의 양계장에 들어서면 폐쇄회로(CCTV)가 곳곳에 달려 있다. 이들은 '닭답게 사는 닭'이 낳은 달걀을 판다는 구호를 내걸고 홈페이지를 통해 닭들이 자라는 환경을 실시간으로 보여주고 있다. 대다수 달걀이 밀집 사육장에서 사육된다는 점에서 착안했다. 이들은 친환경 축사를 짓고 양계장 바닥에 볏짚을 깔았다. 닭들에게 야생 들풀과 토착 미생물을 발효시킨 사료를 먹인다. 닭들도 햇빛을 받는 등 좋은 환경에서 자라면 건강한 달걀을 낳는다는 취지다.

이런 사업을 구상하기까지는 창업 멤버들의 다양한 이력이 한몫했다. 중국 칭화(淸華)대에서 전자공학을 전공한 신동호 대표(33세)가 IT 시스템을 구축했고, 경영학을 공부한 남궁지환 이사(31세)가 브랜드를 붙이고 건강한 달걀의 이야기를 풀어냈다. 디자이너였던 문국 이사(30세)는 달걀 캐릭터를 그렸다. 이들은 "친구 3명이 퇴직금을 털어 회사를 세웠다"며 "친환경 달걀 생산에 그치지 않고 달걀 생산 '시스템'을 만들어 연 2조 원에 이르는 국내 달걀 시장 판도를 바꾸겠다"고 말했다.

3) 블루베리 농장캠핑과 모바일 앱의 실험

농사라는 1차 산업에 그치지 않고 체험·관광 등 3차 산업을 결합한 창업도 각광받고 있다. 충북 음성군에서 블루베리 농장을 운영하는 이석무 씨(31세)는 농장에서 즐기는 캠핑을 '팜핑(농장을 뜻하는 팜과 캠핑의 합성어)'이라는 상품으로 발전시켰다.

'강남 토박이'인 그는 4~5년 전까지만 해도 금융사 취업을 준비했다. 하지만 만만치 않아 창업 아이템을 알아보다가 블루베리를 접했다. 고령화 시대에 항산화 식품인 블루베리의 성장 가능성이 크다고 판단한 것. 단, 국내에도 블루베리 농장이 많은 만큼 단순히 블루베리를 파는 것만으론 부족하다고 생각했다. 고심 끝에 농장에서 블루베리를 넣은 바비큐를 굽고 블루베리 잼을 만들며 블루베리 따는 프로그램 등을 개발했다.

도시인들에게 여유 시간이 많아지면서 농촌 체험 수요가 높아질 것이라고 예상한 게 적중했다. 매년 1,000~1,500명이 이곳에 몰리면서 그는 연 매출 1억5000만 원을 거두고 있다. 그는 "취업하지 않은 것에 후회는 없다"며 "농업을 통해 도시와 다른 라이프스타일을 즐기는 것은 축복"이라고 강조했다.

지리산과 섬진강 사이에 자리 잡은 경남 하동군의 한 공장. 30대부터 70대에 이르는 직원 15명이 당근과 버섯, 고기 등 재료들을 썰어서 끓이고 있었다. 사장은 가장 젊은 오천호 씨(32). 당초 서울에서 죽집을 운영했던 그는 비싼 임차료로 고전을 면치 못했다. 그는 국제슬로시티연맹이 슬로시티로 선정한 고향 하동에서 죽을 만들어보자는 생각에서 2011년 이유식 업체인 '에코맘'을 세웠다.

오 씨는 '흙에서 멀어진 식재료는 점점 생명을 잃어간다'는 신념에 따라 고향 땅에서 생산된 신선한 식재료를 바로 가공해 죽을 만들고 있다. 그는 하동 솔잎을 먹인 한우와 자연 방사해 키운 유정란, 오메가3가 들어간 쌀 등을 재료로 쓴다.

또 고객층이 25~35세의 젊은 주부라는 점에 착안해 인터넷은 물론이고 스마트폰의 애플리케이션(응용프로그램)으로도 이유식을 판매한다. 현재 고객이 7,000여 명으로 지난해 매출액이 3억 원을 돌파했다. 그는 "대기업 못지않은 식품기업으로 키워 동네 어르신들의 일자리를 더 만들겠다"고 말했다. (이상 2014년 11월 20일 동아일보 기사에서 일부 발췌)

컴퓨터 마우스와 서류 대신 달걀과 닭 모이를 든 젊은이들.
전남 곡성군 스트롱에그 협동조합 양계장에서 문국 이사(왼쪽)와 남궁지환 이사(오른쪽)가 닭 500마리에게 모이를 주고 있다. 〈스트롱에그 협동조합 제공〉

4) 농어업 취업자 수

농어업 취업자 수는 해마다 줄어들고 있다. 2004년 182만 명에 달했던 농어업 취업자 수는 9년 후인 2013년 152만 명까지 뚝 떨어진 것으로 나타나 시골에서 취업하기가 쉽지 않음을 보여주고 있다.

그러나 귀농·귀촌 가구 수는 해마다 늘어나고 있다. 특히, 30대 이하에서 시골로 내려간 가구 수는 급격히 증가하고 있는데 2010년 612가구였던 것이 2013년에는 5,060가구에 달하고 있다.

이들은 위의 젊은 사장들처럼 취업 아닌 창농을 하면서 자기 사업을 크게 늘려가 수입 면에서는 예전의 영세 취업과는 비교가 안 될 정도다. 단순 농사와는 그 질적 수준과 내용도 사뭇 다르다.

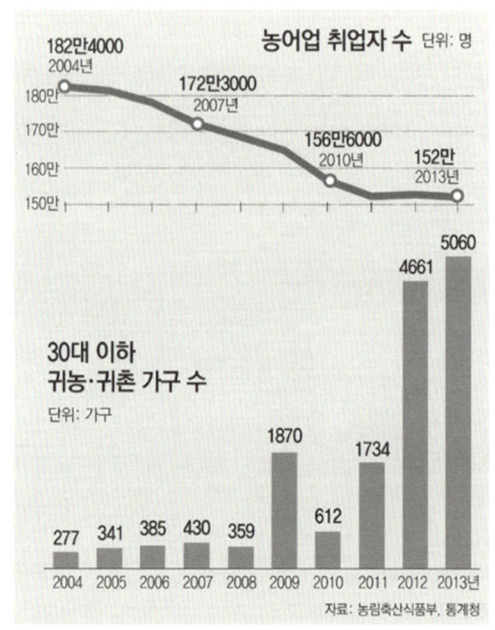

5) 귀농 · 귀촌 교육기관

우선 농림수산식품부 산하 농업진흥청 홈페이지(www.rda.go.kr)에 들어가면 정보를 어디서 얻을 수 있을까에 대한 개략적인 지침을 얻을 수 있다.

그 자체 홈피에서도 다양하고 직접적인 정보를 얻을 수 있지만 정부에서 실시하는 각종 정보 교육에 참가하려면 그 손발 역할을 하는 '관련기관 바로가기 서비스'를 클릭하면 된다.

하단에 보면 지방농촌진흥기관이 링크되어있다. 이곳을 통하면 서울특별시, 세종특별자치시를 비롯한 각 대도시의 농업기술센터로 들어가 지역별 교육프로그램의 내용과 일정을 확인할 수 있다.

또 농업진흥청 산하 9개의 농업기술원에 접속해 역시 다양한 교육정보기회를 얻을 수 있다. 이와 함께 맨 오른쪽 농업정보를 클릭하면 귀농·귀촌에서 농업기상정보, 약용식물, 민간요법에 이르는 구체적이고 광범위한 정보를 얻을 수 있도록 관련 기관이나 단체를 연결시키고 있다.

예를 들어 귀농·귀촌 정보를 얻으려 하면 귀농귀촌종합센터(www.returnfarm.com)를 연결해주는 것이다. 이곳은 귀농·귀촌에 관한 종합적인 정보를 제공하고 있다.

귀농·귀촌 교육은 온라인과 오프라인을 통해 받을 수 있다. 오프라인 교육운영기관 및 과정정보는 농업인력포털(http://www.agriedu.net)에서 종합 안내되고 있다.

(1) 온라인 교육의 경우 농업인력포털(http://www.agriedu.net)에 회원가입 후 로그인하여 화면 상단에 온라인 교육(귀농·귀촌 교육)을 클릭해 귀농·귀촌에 필요한 품목기술부터 기초 마인드 교육까지 다양한 교육과정을 수강할 수 있다.

(2) 오프라인 교육은 공모를 통해 선정된 전문화 귀농·귀촌 교육

과정이 운영 중이다. 교육분야는 교육방법 및 형태에 따라 귀농(기초, 중급, 심화)과 귀촌 생활로 구분된다.

① 귀농 기초 : 귀농 초보단계의 도시민을 대상으로 단기 교육과정 운영을 통해 농업 농촌현장을 체험/탐색해볼 수 있는 기회 제공. 1박 2일, 2박 3일 등 다양한 교육과정을 선택할 수 있다. 과정별로 자부담 금액을 납부.

② 귀농 중급 : 귀농을 결심하고 품목 및 지역 정보를 수집 중인 귀농 희망자를 대상으로 품목별 정보 제공 및 지자체별 지원정책 안내와 농지/주거정보를 제공하고 있으며, 과정별로 자부담 납부.

③ 귀농 심화 : 품목 및 지역을 결정하고 귀농실행 전 단계의 귀농 희망자를 대상으로 선택품목에 대한 심화교육, 창업계획 수립(실습) 등 2개월 장기합숙 형태. 품목별 농업기술, 경영, 마케팅 등 실전에 필요한 체계적인 교육을 진행. 과정별로 20%의 자부담이 있다.

④ 귀촌 생활 : 농업생산 이외에 농촌 일자리 및 귀촌 생활에 관심 있는 귀촌 희망자를 대상으로 농촌 정착에 필요한 생활 기술, 마인드 교육 등 농촌체험 및 경험(습득), 생활문화 및 기술 관련 교육. 단기 교육으로 다양한 체험을 통해 농촌을 탐색해볼 수 있는 과정이며 과정별로 자부담을 납부. (기타문 : 농림수산식품교육문화정보원 귀농귀촌종합센터 (1899-9097), 미래인재실 (044-861-8832))

(3) 서울시 농업기술센터(Seoul Agricultural Technology Center)

서울 서초구에 위치한 서울시 농업기술센터는 서울시가 운영하는 농업기술 전문기관이다. 1957년 1월 농사교도법에 근거하여 설치된 '농사원'이 그 전신으로 1962년 서울특별시 농촌지도소를 거쳐 1999년 3월 농업기술센터로 명칭이 바뀌었다.

'시민과 함께하는 도시농업 활성화'와 '안전농산물 생산을 위한 친환경 농업기술 보급'에 주력하고 있다. 도시농업 활성화 세부 사업으로 시민생활농업 교육, 귀농·전원생활 교육, 전통 음식 및 생활문화 교육, 도시공간 활용 농원 조성, 시민체험 영농 교육장 조성, 농업체험 교육 등이 있다.

친환경 농업기술 보급 세부 사업으로 새 기술 보급 및 유통 활성화, 친환경 농업 활성화 사업, 종합검정실 운영, 농업기술 전문교육, 도시농업을 선도할 농업 전문인력 육성 등이 있다.

소장 이하 6팀(기획홍보팀, 도시농업팀, 생활교육팀, 환경농업팀, 귀농지원팀, 인력육성팀)과 2개 상담소(동북상담소, 서남상담소)로 구성되어 있다. 2002년 국내 농업단체로는 최초로 국제표준화기구(ISO)로부터 친환경 농업기술 경영인증서(ISO 14001)를 받았다. (http://agro.seoul.go.kr)

(4) 각 도별 농업과학 기술원

농업진흥청은 농업연구업무를 총괄하는 행정기관이다. 농업진흥청

산하 농업기술원의 홈페이지를 들어가면 자세한 농업교육·농업기술 정보·데이터베이스·온라인 영농상담 등을 통해 정보와 배움의 기회를 얻을 수 있다.

각 도별 농업기술원	연락처
경기도 농업기술원	031-229-6114
충청남도	041-635-6000
충청북도	043-220-5555
경상남도	055-254-1114
경상북도	053-320-0200
전라남도	061-330-2600
전라북도	063-290-6000
강원도	033-254-7901
제주도	064-760-7217

(5) 민간기관 교육 개요

귀농·귀촌 희망자의 안정적인 농업·농촌 정착 지원을 위해 여러 민간기관에서도 교육과정을 운영한다.

① 귀농 창업 탐색형 : 귀농 탐색단계의 도시민을 대상으로 단기 교육과정 운영을 통해 농업·농촌 현장을 체험·탐색해볼 수 있는 교육과정.
　※ 교육형태 : 단기합숙(2박 3일, 7박 8일 등), 주말 및 야간 교육

② 귀농 창업 실행형 : 실행 단계의 귀농 희망자를 대상으로 실습

위주의 품목별 농업기술, 경영, 마케팅 등 실전에 필요한 체계적인 교육과정.

※ 교육형태 : 장기합숙(2~3개월)

③ 귀촌 창업 탐색형 : 농업기술 교육 이외에 농촌 정착에 필요한 생활 기술, 집짓기, 텃밭 가꾸기 등 다양한 체험을 통해 농촌을 탐색해볼 수 있는 교육과정.

※ 교육형태 : 단기합숙(2박 3일, 7박 8일 등), 주말 및 야간 교육

단체	연락처
전국귀농운동본부	031-408-4080
지역농업아카데미협동조합	070-7545-4600
한국식품정보원	02-2671-2690
산촌협동조합	031-860-5028
전국농업기술자협회	02-794-4270
천안연암대	041-580-5517
농지114	032-583-7277

귀농귀촌종합센터(www.returnfarm.com), 농업인력포털(www.agriedu.net)과 귀농귀촌종합센터(1899-9097), 농림수산식품교육문화정보원(031-460-8973) 등에서도 다양한 정보를 얻을 수 있다.

> **체류형 귀농학교(충남 금산군 귀농교육센터)**
>
> 귀농하려는 도시민들을 1년 동안 센터에 입교하게 해 실제 금산에서 생활하며 농업과 농촌에 대한 제대로 된 공부와 경험을 하게 하는데 목적이 있다.

신청 자격은 금산군 및 농어촌 이외 지역에서 금산으로 귀농을 희망하는 도시민. 주민등록상 농어촌 이외 지역에서 1년 이상 거주 경력이 있어야 하며 매년 초 모집한다. 입교 기간은 매년 3월 말 입주해서 다음 해 3월 퇴소.

* 위치 : 금산군 군북면 외부리 699-3번지 일원
* 대지면적 : 26,400㎡(약 8천 평)
* 교육장 : 다목적 교육관, 체류형 주택 가족용 23평, 21평 16동
  독신을 위한 기숙사형 숙소 4곳 시설하우스 5동
  텃밭 개인당 330㎡(1백 평) 공급
  실습농장(3,300㎡)에서 비닐하우스 및 과수, 채소 포장
  등을 공동으로 배우는 농장
* 교육 : 실습 외에도 영농체험 농촌사회 적응방법 등 정착프로그램도 운영
* 주요특산물은 인삼 깻잎 땅두릅 사과 포도 등으로 이를 재배하기 위한 교육이 많이 병행된다.
* 문의 : 금산군 농업기술센터 농촌관광팀(041-750-3528)

6장

반퇴시대, 해외취업이 대안이다

반퇴시대, 역전의 용사들

- 출처 : 중앙일보

베트남 하노이 국민경제대학에서 3년째 경영학을 가르치고 있는 김광수 씨(68세). 캠퍼스에서 야외 강의를 하고 있다. 대학교수 출신인 그는 "퇴직 전부터 미리 준비한 덕에 일할 기회를 잡게 됐다"고 말했다.

국내에서의 취업이 어려워지면서 해외에서 돌파구를 찾으려는 사람들이 급속도로 늘고 있다. 선진국 문턱에 있는 대한민국에서의 기술이나 경험이 이제 막 도약하고 있는 중진, 후진국에서 매우 유용하다는 평가를 받고 있는 덕분이다.

해외취업에 성공한 이들의 한결같은 조언은 퇴직이나 이직 후 공백기간을 줄여 서둘러 일자리 찾기에 나서야 한다는 것. 이건 국내에서도 마찬가지인 것처럼.

의사소통이 정착과 인간관계에 중요하므로 영어 외에도 현지어를 우선 익히는 것에 힘을 쏟으라고 말한다. 또 현지에 있는 한두 사람의 조언에 의지하기보다는 그 나라를 찾아가 현지 한인회 등으로부터 객관적이고 정확한 상황판단을 해야 한다고 조언한다.

지난해 8월부터 아프리카 북단 튀니지의 국립도서관 사서로 인생 2막을 연 고병률 씨(61세). 해외 진출을 염두에 두고 일찌감치 준비해온 덕에 그는 퇴직을 하기도 전 튀니지에 일자리를 잡았다.

국내에서 사서직 공무원으로 30여 년간 쌓은 경력을 바탕으로 한국국제협력단 해외봉사단 모집에 도전해 꿈을 이뤘다.

사서 일을 하면서 틈틈이 튀니지 문화와 언어도 익혔다. 고 씨는 "퇴직 후엔 지중해처럼 이국적인 곳에서 일하면서 살고 싶어 일찍부터 목표를 정해 준비해왔다"며 "그 덕에 퇴직 후 공백 없이 바로 해외에서 일할 수 있는 기회를 잡았다"고 말했다.

국내 정보기술(IT) 회사에서 일하다 라오스 진출을 결심했던 정장후 씨(57세). 한국에선 IT가 특별할 게 없지만 라오스 같은 개발도상국에선 꼭 필요한 선진 기술이라는 데 착안했다.

그러나 현지 사정을 충분히 파악하지 못하고 서둘러 진출했다가 사기를 당했다. 가져간 재산을 거의 다 날리고 거리로 나앉을 위기를 겪었다. 다행히 라오스 외교부 전산망 공사를 맡으면서 성실성과 기술력을 인정받은 덕분에 겨우 고비를 넘겼다. 신뢰가 쌓이고 나니 수주는 이어졌고 이를 발판으로 컴퓨터 판매점에 이어 농업 법인으로 사업을 확장했다.

퇴직 후 해외에서 찾는 인생 후반기 일자리엔 위험이 따른다. 낯선 환경에서 홀로 일어서야 한다. 사기를 당하거나 기대했던 것과는 다른 근무 여건과 맞닥뜨릴 수도 있다. 이런 위험을 극복하자면 전문성과 사전 준비가 필수다.

익숙한 일이어야 돌발상황에서도 당황하지 않고 위기를 헤쳐나갈 수 있다. 생계만이 목적이 아니기 때문에 일을 하면서 보람과 즐거움을 느낄 수 있을지도 감안해야 한다.

세계한인무역협회 하노이 지회장 최봉식 씨(60세)는 "자신이 잘할 수 있는 일을 충분히 확인하지 않고 건너온 사람들 가운데는 제대로 자리를 잡지 못해 어렵게 생활하는 사례가 적지 않다"며 "저개발 국가라고 얕보고 사업을 시작했다가 사기를 당하는 일도 비일비재하다"고 말했다.

다만 사전 준비를 철저히 한 퇴직자에겐 해외 이주의 기회가 많아지고 있다. 한국의 기술 수준이 상당히 앞서 있기 때문에 국내에서 먹히면 개발도상국에선 선진 기술로 인정받을 가능성이 크기 때문이다.

몇 년 전만 해도 진출 분야가 의료 봉사나 건설이 고작이었지만 이제는 IT는 물론이고 사무·행정 자문과 창업·취업 지원 업무에 대한 수요도 많다. 국제적으로 인정받는 자격증을 따면 훨씬 유리하다.

현대상선에서 18년간 해외 업무를 담당하고 조기 퇴직한 뒤 3년 동안 준비해 미국 관세사 자격증을 따낸 김종열 씨(59세)는 정년이 따로 없는 전문직으로 뉴욕에서 일하고 있다.

퇴직 후 공백이 길어질수록 해외에서 일자리를 잡을 기회는 줄어든다. 김영희 한국무역협회 중장년일자리희망센터장은 "해외 진출을 모색하는 퇴직자는 늘고 있지만 구체적인 목표나 준비 없이 실행에 옮기는 사례가 많다"며 "전문 지식이나 기술을 제대로 인정받자면 퇴직 후 공백이 생기지 않도록 미리 준비해야 한다"고 조언했다.

한국산업인력공단의 해외연수프로그램 안내 모습

해외 이주인 만큼 현지어를 익히는 것도 중요하다. 동아건설에서 퇴직해 르완다에서 건설 자문 일을 하고 있는 최종현 씨(60세)는 "의사소통만 되면 훨씬 효율적으로 일하고 빠르게 정착할 수 있다"고 말했다. 진출 국가의 문화에 대한 이해는 더욱 중요하다.

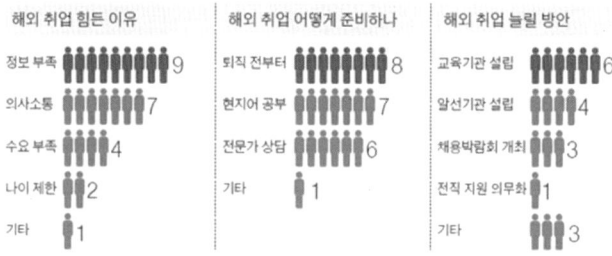

예컨대 한국에선 일상화된 24시간 자동차 애프터서비스 긴급 출동이 라오스 같은 나라에선 그대로 통하지 않는다.

현지에 가기 전 한인회와 밀접하게 소통하는 것도 도움이 된다. 이를 통해 현지 사정을 사전에 파악한다면 빠르게 생활에 적응할 수 있다. 현지에 진출할 때 한두 사람의 말만 믿는 것도 금물이다.

김종규 세계한인무역협회 타슈켄트 지회장은 "성급하게 한두 사람 말만 믿다간 사기를 당하기 쉽다"며 "현지에서 다양한 사람의 의견을 들어야 낭패를 줄일 수 있다"고 강조했다. (중앙일보 2015.09.15.기사에서 발췌)

도움 정보

1) 해외취업 정보기관 및 일자리 알선기관

고용노동부와 한국산업인력관리공단이 운영하는 월드잡플러스 (http://www.worldjob.or.kr/index2.do) 홈페이지를 방문하면 해외진출 관련 정보를 제공받을 수 있다.

이곳에서는 해외진출현황에서부터 국가별 채용공고 현황, 해외우수 일자리 베스트 20 등의 정보를 일목요연하게 배치하고 있다. 해외취업은 물론 해외인턴, 해외 봉사, 해외 창업에 이르기까지 분야도 다양하다. 온라인에서 해외진출용 신청서를 접수하고 있다.

또 해외취업을 위한 글로벌 창업 상담회를 수시로 개최한다. 대학 등을 찾아가 상담하는 '찾아가는 멘토링' 프로그램도 실시하고 있다.

'멘토링 커뮤니티'에 가입하면 취업 해당국의 채용방식과 현지 생활정보에서부터 취업상담, 현지 네트워크 등의 정보를 국내외 2백 명 정도의 멘토에게 얻을 수 있다.

해외취업을 희망하는 청년들이 원활한 해외취업 및 정착을 할 수 있도록 해당국 취업에 필요한 역량, 준비사항, 현지정보 등 멘토링 지원

※ 멘토 세부정보 및 활동계획서는 월드잡플러스 로그인 후 멘토링 커뮤니티에서 확인하자.

〈2016년 현재 현황〉

구분	주요 현황
거주지	국내 거주자 69명, 해외 거주자 118명
대륙	동남아 31명, 동북아 44명, 남/중앙아 4명, 북미 41명, 오세아니아 25명, 유럽 15명, 중남미 11명, 중동 8명, 아프리카 7명 등
연령	20대 6명, 30대 54명, 40대 54명, 50대 36명, 60대 이상 36명
분야	전자, 금융, IT, 교육, 컨설팅, 법률 등

〈활동현황〉

구분	주요 내용
정보제공	해외취업 태도 및 자세, 현지 생활정보, 해당국 주요 기업 채용방식, 문화적 유의사항 등 생생한 정보 제공
취업상담	이력서 작성 및 면접 스킬 등 해외취업 노하우, 구인기업에서 원하는 글로벌 역량 등 조언
현지 네트워크	한인 기업 등 현지 인적 네트워크 소개

| K-MOVE 사업지원 | 해외 현지 멘토링, K-MOVE 센터 등 현지에서 청년의 해외진출을 지원하는 K-MOVE 사업지원 |

〈멘티 신청〉

구분	주요 내용
지원대상	해외진출에 대한 꿈과 도전정신이 풍부한 청년 누구나
신청기간	연간 수시모집
신청방법	월드잡플러스 회원가입 → K-Move 멘토링 메뉴 접속 → 멘토찾기/ 멘토링커뮤니티 → 멘토찾기 → 멘토링 신청하기
주요 프로그램	국내·외 멘토-멘티 만남의 장, 멘토 특강, 동영상 및 자료집 등
우수멘티 지원사항	우수 멘티 시상, 현지 멘토링 및 기업탐방 참가기회 제공, 멘토 특강 참여, 우수사례집 발간 등

2) 해외구직 활동요령(해외취업전문가, 시몽 뷔로 VECTIS 대표의 조언)

본인은 주한 캐나다 상공회의소 회장으로 있을 때 매년 글로벌커리어포럼을 개최했다. 그때 내게 조언을 구한 한국인 대학졸업생의 경우 몇 달 사이 60개가 넘는 외국인 회사에 지원했는데 모두 떨어져 절망감에 빠져있다고 했다. 그의 얘기를 듣고 나는 단번에 그가 잘못된 방법으로 구직활동을 한 후 쉽게 포기했음이 문제점이라는 걸 알았다. 나는 그에게 다음과 같이 조언했다.

① 우선 불특정 다수 회사에 마구잡이식 지원을 멈추라고 했다. 이력에 맞지 않는 곳, 목표에 맞지 않는 직장에 이력서를 뿌린 다음 요행을 바라지 말라는 것. 이런 방식은 지원회사에서 일하겠다는 특별한 각오와 열정도 없으면서 행여나 하는 마음으로 지원했음을 채용자도 금방 알아차린다.

② 또 정말 일하고 싶은 곳, 정말 이력에 맞는 곳에 집중 지원하면서 타깃이 분명한 구직전략을 세우라고 했다. 막연히 직업을 찾는 게 아닌 특정 사업이나 회사를 타깃으로 해 그곳에 채용되기 위한 방법을 모색하라고 조언한 것이다. 스스로에게 물어보라. "어떤 사업이 가장 매력적으로 느껴지나?", "현재 내 경험과 스킬을 갖고 현실적으로 고용될 가능성이 있는 곳은 어딘가?"

대다수 외국기업들은 특정 직업이나 부서에 맞는 인재를 채용한다. 학력, 경력이 좋은 사람을 뽑는 게 아니고 자신들의 요구사항에 맞는 지원자를 찾는 만큼 당신이 꼭 필요한 사람이라는 확신이 들게 하라. 이력서, 인터뷰에서 당신이 갖고 있는 경력과 스킬이 그들의 요구사항과 일치함을 잘 보여줘야 한다.

③ 이력서와 자기소개서(카버레터), 그리고 면접 시에 자신을 잘 홍보해야 한다. 눈길을 사로잡는 독특한 사람이어야 한다. 한 두릅에 엮여 있는 수산시장의 굴비들처럼 보여서는 안 된다는 얘기다. 자신만의 정체성, 프로필, 성격 그리고 스킬을 확실히 부각시켜야 한다. 구글이라는 회사의 경우 매일 8천 개 이상, 일 년에 3백만 개 이상의 이력서를 전 세계 지원자들에게서 받는다는 것을 머릿속에 넣고 있어야 한다. 다른 유명회사들도 마찬가지다. 왜 그들이 하필 당신을 뽑아야 하나?

④ 소셜네트워크, 특히 전 세계 가입자 수가 2억 명 이상으로 알려진 '링크드인(linkedin)'에서 강한 존재감을 나타내라. 숙련된 현지 인력들이 그렇게 하듯이 'linkedin'에 견고한 프로필을 만들라. 한국인 지원자 중 'linkedin' 계정을 가지고 있는 사람은 얼마나 될까?

현지 채용담당자의 95%가 지원자의 'linkedin'을 참고한다는 것을 알아야 한다. 거기서 해외 취업 담당자가 당신을 잘 찾을 수 있도록 하라.

'linkedin' 프로필은 당신이 이력서만으로는 어필할 수 없는 좀 더 개인적이고 친밀한 모습을 나타낼 수 있도록 구성돼 있으니까 프로필을 성심성의껏 작성해 당신이라는 구직자가 존재함을 만방에 알려야 한다.

⑤ 면접에서는 해당 기업에 대해 상당히 많은 조사와 연구를 했음을 보이고 그들과 함께 일하고 싶다는 열정과 의지를 확실하게 보여줘라.

예를 들어, 스포츠웨어 업체인 나이키에서의 면접을 가정할 때 그들 경영전략이 무엇이고 경영진이 누구인지 그리고 다른 여타 스포츠웨어 브랜드와 정확히 어떤 부분이 다른지 알고 있어야 한다.

⑥ 면접을 마무리하는 단계에서 기발하고 좋은 질문을 던져보라. 그래서 해당 회사의 업무에 대한 열정과 관심이 많음을 알려야 한다.

⑦ 주도적인 사람이 되라. 이는 직업이 당신에게 저절로 굴러들어오길 기다리지 말고 당신이 먼저 직업을 찾아 나서라는 것을 의미한다. 아직 수면 위로 잘 나타나지 않은 직업을 찾아 나서라는 것을 뜻한다.

⑧ 우선 국내 인턴이라도 해라. 어떤 한국인 지원자는 국제 NGO에서 일하고 싶은데 잘 안된다고 했다. 그 경우 곧장 외국에서 일하기보다 한국 NGO에서 일해 관련 경험을 쌓으면 의외로 갈 길이 열리는 경우가 많고 방법도 눈에 들어온다. 자리가 없으면 우선 인턴부터

하라. 가장 관심이 가는 한국의 NGO 5~10개 목록을 만들어 그들이 진행하는 자선 운동 등에 참가해 운영방식 등을 배우고 익힐 수 있다. 그들과 다른 그룹의 활동도 최근 모든 신문 기사를 스크랩하고 그 단체의 주요인사 이름을 적어놓는다.

그 후 지원할 곳에 이력서와 자기소개서 등을 보내라. 모집공고를 내지 않아도 상관없다. 별안간 빈자리가 생기면 연락이 올 수도 있다. 자기소개서에는 ▶ 해당 단체의 목표, 사업이 얼마나 존경스러운지 알리라. ▶ 인턴으로 일하면서 진심으로 공헌하고 싶다는 의사를 잘 전달하라. ▶ 그리고 당신이 인턴직에 잘 맞는 지원자라는 것을 나타내라.

한국인들은 이런 지원방법이 무례한 것으로 오인될까 두려워한다. 절대 그렇지 않다. 모든 NGO는 항상 인턴을 채용하니까. 시도 후 맞닥뜨릴 최악의 상태는 "아니오"라는 대답, 겨우 그것뿐인데 무엇을 두려워하랴.

⑨ 거절을 당해도 포기하지 않는 '칠전팔기'의 끈기가 중요하다.

⑩ 마지막으로 세 글자, 'LTC'를 권한다. 이는 바로 "Leave the country", 즉 해외로 떠나라는 말이다. 혹 해외로 갈 기회가 생기면 이것저것 망설이지 말고 일단 떠나보라고 권한다. 20세 때 쌓은 '글로벌 커리어'가 당신을 어디로 인도할지 아무도 모른다. "당신은 젊고 세계가 당신 안에 있다. 그러니, 자 떠나라. 어서!"

※ 위 내용은 시몽 뷔로(Simon Bureau) 대표가 CBS TV의 '세상을 바꾸는 시간'에 나와 얘기한 것을 요약한 것임

7장

공무원, 늦깎이도 도전 가능하다

59세에 9급 공무원으로 변신한
전 다국적 화재해상보험 사장
권호진 이야기

그는 서초구청 9급 말단 새내기이다. 합격, 임용 후 들어오자마자 나가야 하는 최고령 주무관이기도 하다.

"이 사람 참 알 수 없네. 그 나이에 죽어라 공부해서 2년도 못 가 그만둘 일을 왜 하지?"

그에 대한 얘기를 전해 들었을 때 당장 어떤 사람인지 보고 싶었다. 누가 그렇게 무모, 무지할 정도로 일을 꾸려 가는지 궁금했다. 그것도 전직 외국계 보험회사 대표를 지낸 사람이….

그래서 달려가 만난 사람은 바로 2015년 1월, 서울 서초구청에 임용된 9급 공무원 권호진 씨다. 서초구청 및 산하기관 4천여 직원 중

임용 순서나 직급으로나 맨 막내인 그는 나이도 과거도 아예 잊어버린 듯했다.

그의 나이 59세. 웬만하면 퇴직 후 "그만큼 일했으면 됐다"며 등산이나 바둑, 당구로 소일할 나이인데 말이다.

서초구청 4층 일자리 경제과에 배속돼 자식뻘 되는 젊은 직원들 틈에 끼어 업무에 열중인 그에게서 과거의 흔적은 별로 찾아볼 수 없었다. 그의 입사 동기는 18살도 있어 무려 41살 차이가 난다.

그는 세계적인 멀티라인 손해보험 기업인 에이스 그룹 한국 지사의 대표를 지냈다. 미국계 다국적 기업으로 뉴욕, 취리히 등에 경영본부를 두고 있는 이 그룹은 전 세계 54개국에 지점이 있다. 2014년 기준 총자산 미화 980억 달러, 총 거수보험료 미화 230억 달러를 기록했고 2만 명 이상의 임직원이 근무하고 있는 대기업. 에이스 아메리칸 화재해상보험 한국 대표로 그는 2006년 퇴직 전 억대의 연봉을 받았었다.

25년간을 잘 나가는 외국계 회사의 멤버로 그 분위기를 한껏 즐겼을 만도 한데 그는 그 시절을 까마득하게 잊은 듯했다. 그 자리에 앉아 세월이 흐르면 은연중 몸에 배기 마련인 권위나 자만심은 느껴지지 않았다.

그의 표정은 밝고 몸놀림은 가벼웠다. 말투나 차림은 신세대의 그것인 양 나이가 느껴지지 않았다. 마치 엊그제 대학을 졸업하고 처음 입사한 젊은이처럼 그의 말투에서는 희망과 긴장감이 묻어났다. 데님으로 된 청색 셔츠에 카디건을 걸친 큰 키의 몸매는 날렵했고 발걸음은 가벼웠다. 임용 동기 77명 중 대부분이 자식뻘인데도 그에게서 '노티'는 전혀 보이지 않았다.

슬쩍 웃음이 났다. 마치 공무원으로 잔뼈가 굵은 사람인 양 어쩌면 이렇게 변신을 할 수 있다는 말인가. 그에게서 지난 세월이란 무슨 의미란 말인가. 그것도 이곳에서 일한 지 2개월도 안 된 사람인데…. 아마 그는 태생이 그런 사람인가 보다. 흉내 낸다고 되는 일이 아니니 말이다.

"아 그래요? 그렇게 보인다니 다행이네요. 전 말단이고 그에 맞게 처신하고 그런 대우를 받는 게 당연하다는 생각이 들고 불편함이 전혀 없어요. 아마 수평적 관계에 익숙한 외국 기업에서 오랫동안 몸담은 덕분인지도 모르죠."

그는 질문 자체가 이상하다는 듯 대수롭지 않게 받아넘겼다. 소속 부서의 분위기를 살펴서 뭐든 막내, 초보가 해야 할 일 같으면 그게 무슨 일이든 망설임 없이 한다고 했다. 아마 그런 그의 합리적인 사고, 발 빠른 적응력이 잘 나가던 기업 대표로서의 그의 이력을 가능하게 했는지도 모를 일이다. 지금은 당시 받던 급여의 10분의 1 수준을 받고 있다.

"공무원 정말 멋진 직업이에요. 제가 하는 일이 공적인 일, 그러니까 공공의 이익을 위해, 나라를 위해 일을 하는 것이니 개인 사업가의 이익창출을 위한 일반 기업과는 차원이 다르지요."

그는 지금 일자리 경제과에서 '사회적 기업'을 육성하는 일을 담당하고 있다.

지난 1월부터 9급 공무원으로 새 삶을 시작한 올해 59세의 권호진 씨. 무려 41년 차가 나는 임용 동기들과 함께 일하는 그에게서 최고령자의 '노티'는 찾아볼 수가 없다.

평소 기회가 닿으면 공익을 위해 일하고 싶었다는 그는 그 '영광된 일'을 하고 싶어서 단 2년간의 시한부 공무원이 되기 위해 2년여의 시간을 쏟아 부었다.

지난 2006년, 퇴직 후 곧바로 영어학원을 운영하는 등 갖가지 일을 시도했던 그에게 뜻밖의 기회가 주어졌다. 가히 운명적이었다. 도대체 수십 년간 꿈쩍 않던 법이 바뀔 줄이야….

50대 중반인 그가 응시에 나이 제한이 있는 공무원을 꿈꾸는 건 도대체 맞지 않는 일이었다. 그런데 어느 날 뉴스를 접하고 그는 무릎을 쳤다. 그에게 절호의 기회가 운명처럼 다가온 것이다. 2008년까지 공무원 시험 자격요건 중의 하나였던 32세 나이 제한이 2009년 1월 1일부로 폐지된 것. 9급의 경우 18세 이상부터 정년 60세가 되기 전까지 누구나 응시할 수 있게 된 것이다.

2011년 4월에 치른 국가직 9급에서는 총 1,592명 선발에 14만여 명이 출원, 평균 경쟁률 93.3:1을 보였다. 그가 2014년 본 시험도 비슷했다. 그는 응시자 중 최고령이었고 역시 합격자 중 최고령이었다.

일할 수 있는 기간이 짧은지라 그는 당분간 최고령의 타이틀을 유지할 것으로 보인다. 어느 누가 2년 일하자고 언제 합격할지도 모르는 일에 매달릴 것인가 말이다.

그는 2012년부터 공부에 돌입했다. 전년의 경쟁률이 신경 쓰였지만 크게 개의치 않았다. '아니면 말고!' 그런 기분이었다. 크게 부담가질 일이 아니었다. 떨어지면 그만이니까. 마침 대입 준비 중이던 아들이 "아빠가 합격하면 나는 서울대라도 가겠다"며 놀렸다. 예상했던 대로 첫해는 낙방했다.

두 번째 해에도 하루 5~6시간을 집에서 공부했지만 아무도 붙을 것을 기대하지 않아 강박감이 없었다. 모의고사용으로 학원을 서너 달 다녔지만 거기서도 아무도 관심을 보이지 않아 부담이 없었다. 주위 또래들은 다들 "기억력이 형편무인지경인 나이에 어떻게 공부를 하느냐?"며 물어왔다.

"많은 이들이 해보지도 않고 지레 겁을 먹습니다. 과연 학창시절처럼 노력은 해봤나요? 한두 번 해보고는 으레 그럴 것이다 하는 거죠. 근데 치열하게 노력하고 두뇌를 쓰면 젊었을 때처럼 뇌가 작동하더라구요. 공부한 지 한 6개월 지나니 예전 기억력의 90%가 돌아온다는 느낌이 들었어요. 한번 해보세요."

그는 국어, 영어, 국사, 행정학, 행정법 등 5개 과목에 매달렸다.

합격 발표가 나자 뛸 듯이 기뻤다. 필기시험을 거쳐 체력시험, 면접에도 연이어 붙었으니 사장이 될 때보다 더 좋았단다. 그럴 만도 했다.

젊은 친구들과 겨루는 체력시험은 긴장됐다. 하지만 20m 왕복 오래달리기, 윗몸일으키기, 악력 테스트 등도 거뜬히 합격선을 넘어섰다.

그 뿌듯한 성취감은 어디 비교할 데가 없었단다. 마침 자녀(27세, 21세) 중 한 명은 군대에 다른 한 명은 외국으로 나가 있어 함께 얼싸안는 기쁨을 누리지는 못했다.

아이들에게 나이와 무관하게 '뜻이 있는 곳에 길이 있다'는 가르침을 실천으로 보인 것 같아 아주 흐뭇하다고 했다.

그는 수험생 생활 2년 후 경기도와 서울시 행정직(시간선택제)에 각

각 합격했고 둘 중 한 달 먼저 합격한 경기도에서 공무원 생활을 시작했다. 그에게 주어진 일은 동사무소에서 종일 인감 떼는 일이었다. 답답도 했고 무엇보다 기업인으로서의 경력을 활용하지 못하는 것이 안타까웠단다.

그래서 서초구청에 발령받자마자 '기업인 경력을 고려해달라'고 간곡하게 청했고 결국 올 1월 일자리 경제과에 배속됐다.

취약한 사회적 기업을 어떻게 발전시킬까 노력하는 것이 그에게 주어진 업무다. 불과 2년 만에 그가 원하는 일을 다시 하게 된 것이다. 환갑을 한해 앞둔 나이에. 그의 끈기와 집념, 노력이 빚어낸 결과였다. 나이에 주눅이 들지 않고 최선을 다하는 그가 아름다워 보였다.

그는 25년간 쉼 없이 일한 직장을 그만둔 2006년 이후에도 긴장의 끈을 놓지 않았다. 퇴직한 후 그냥 '놀던' 사람이 아니라는 말.

퇴직 후 금방 시작한 것이 영어학원. 수원 영통에 외국인 강사까지 초빙해 수강생 80여 명의 학원을 1년여 운영했다. 외국계 회사에 다녔으니 영어는 평소 자신 있다고 여겼던 터라 우선 학원 영어강사에 도전했다. 집 근처 영어학원의 문을 두드리자 그 나이에 의외라는 반응이 돌아왔다. 심한 경우 마치 저의가 의심스럽다는 듯 경계의 눈초리를 보이기도 했다.

'실력이 다가 아니다'라는 생각에 좌절감이 들었고 '까짓거, 내가 차린다 그럼'이라는 생각에 권리금도 챙겨주면서 영어학원을 차렸다는 것.

근데 웬걸. 간단하게 보였던 그 일은 장난이 아니었다. 학생들을 태워 나를 자동차도 운전해야 했고 아이들 안전문제, 강사 관리, 돈 관리 등 성과는 별로 없고 일이 산더미같이 쌓였다. 매일 피곤하고 쉬는 날이 없이 고단했다.

경제성을 따져 학원의 규모를 늘릴까 하는 문제로 아내와의 다툼도 잦아졌다. 그는 1년 만에 손 털었지만 "그만하면 선방했다"고 자평했다.

한국외국어대에서 아랍어를 전공한 그는 또 방송통신대학원을 다니며 만약을 대비해 행정학 공부도 해두었다. 그러면서 언제 어디서나 홀로 설 수 있게 요리학원에도 다니고 컴퓨터도 배웠다. 역시 보육사 자격증 공부를 했던 아내는 그가 그만둔 후 유치원을 차렸으나 곧 손을 들었다.

"개인사업 우습게 보면 안 돼요. 100명 중 1명만 살아남습니다. 99%가 망하죠. 그 노력이라면 누구나 공무원 시험에 합격할 수 있어요."

그러고도 그는 가만있지 않았다. 마치 쉬거나 놀면 큰일이라도 나는 듯.

'앞으로는 중국이 대세'라는 이웃의 권고로 중국 칭따오에서의 사업을 물색했다. 그 사업을 일으키기까지의 안정적 생활자금 마련을 위해 월세 놓기 좋은 작은 평수의 아파트도 구하러 여기저기를 헤매고 다녔다. 하지만 고민 끝에 중국행을 포기했는데 그에게 9급 공무원의 길이 트인 것이다.

노량진 공무원 시험 학원에서는 시험 보기 전 모의고사반이나 총정리반 등을 3개월 다녔다. "재미도 있었고 할만했다"는 게 뒤늦은 수험생 소감.

"영어는 하루, 이틀에 되는 게 아니니까 영어만 좀 된다면 나이 든 사람도 충분히 공무원 시험에 도전할 수 있어요. 사업하는 것보다 백배 쉬워요."

맡은 일도 신이 난다고 했다. 갓 대학 졸업한 새내기들보다 경험이 많으니 일을 익히는데 이해도 빠르고 아이디어도 풍부하다고 자평한다.

공동체 이익과 사회적 가치실현을 위해 뛰는 사회적 기업들이 생산한 물건의 판로개척을 위해 장터를 마련한 서초구청 일자리 경제과 직원들과 권 씨. 그에게서 과거 CEO 시절의 흔적은 더 이상 찾아보기 어렵다.

"사회의 발전에 도움이 되는 지속 가능한 일에 미력이나마 보태고 싶어요. 제가 맡은 일은 제가 기획, 기안부터 실행까지 맡아 하면서 책임도 제가 지는 고유권한이 주어집니다. 그게 말단이지만 공무원이란 직업이 갖는 매력이에요."

이제 출근한 지 2개월 된 새내기 주무관. 동료, 선배들은 나이와 무관하게 5급 이하는 서로 '주임님'으로 부른단다.

이제 막 시작한 그에게 퇴임 후에 또 어떻게 변신할 것인가 물었다. 60세가 되는 2016년 12월 퇴직한다 하니 당장 내일모레의 일이 아니던가. 어떻게 또 '일을 저지를지' 그게 궁금해졌던 거다.

"그런 걸 생각할 겨를이 없어요. 하지만 언제 어디에 있든 한국의 저출산, 청년고용문제 등 우리 사회가 안고 있으면서 한국의 미래 발전과도 큰 관계가 있는 문제들을 위해 미력이나마 보탬이 되고 싶어요. 지금 한국은 전 세계 240여 국가 중 밑에서 9번째로 출산율이 낮아요. 인구가 없으면 절대 강대국이 될 수 없으니 이건 한국인의 생존이 걸린 문제지요."

그는 공무원이란 자리가 명예스럽다며 "국가를 위한 공익을 실현하는 공무원으로 명예심을 가지면 아마 부정, 부패도 사라질 것"이라고 덧붙였다.

"누구든 스스로 패배자라 생각하지 말고 관공서가 제공하는 프로그램을 잘 활용하면 적당한 수준의 일자리를 찾을 수 있어요. 서초구청은 중소기업의 일자리 제공 신청을 받아 적재적소에 연계해 일자리를 알선해주니 좌절하지 말고 발로 뛰어야 해요."

　2개월 된 새내기 공무원은 어느새 기자 앞에서 자신의 업무를 부지런히 홍보하고 있었다. 슬쩍 웃음이 났다. '용감한' 그의 건투를 빌면서.

〈인터뷰 by 고혜련〉

· · · · · ·

도움 정보

1) 공무원 시험 종류

국가직은 13개의 직렬로, 즉 행정/관세/세무/교정/직업상담보호/검찰사무/출입국관리/통계/사서/철도/경찰/감사/마약수사로 구분된다.
지방직은 7가지 직렬로, 즉 세무/행정/사회복지/교육행정/사서/전산/소방직으로 나뉜다.

2) 시험과목

(1) 일반행정직

- 과목 : 국어, 영어, 한국사, 사회, 과학, 수학, 행정법총론, 행정학개론
- 주요업무 : 민원행정 업무를 전반적으로 담당하는 공무원으로 거의 모든 부처, 수서에 배치가 되어 업무를 보게 되며 국가중앙부처 및 시청, 도청, 읍, 면, 동사무소에서 근무.

(2) 교육행정직

- 과목 : 국어, 영어, 한국사, 사회, 과학, 수학, 교육학개론, 행정법총론, 행정학개론

- 주요업무 : 교육기관에서 교육행정 업무를 담당하는 공무원으로 교육위원회, 교육청, 국공립 초/중/고등학교 서무과에 배치가 되어 근무.

(3) 사회복지직

 - 과목 : 국어, 영어, 한국사, 사회, 과학, 수학, 사회복지학개론, 행정법총론, 행정학개론
 - 주요업무 : 복지행정 분야에서 관리 및 집행 업무를 하는 공무원으로 기초생활수급자 선정 및 복리후생 등 노인문제, 장애인문제, 아동복지 쪽에 대해 담당. 시청, 군청, 구청 읍, 면, 동 또는 자치단체 소속사회복지시설에 배치되어 근무한다. 사회복지사 3급 이상의 자격증을 소지한 자에 한해 시험 응시를 할 수 있다.

(4) 교정직

 - 과목 : 국어, 영어, 한국사, 사회, 과학, 수학, 교정학개론, 형사소송법, 행정학개론
 - 주요과목 : 재소자관리, 교정, 교화 관련 제반 업무를 하는 공무원으로 교도소나 구치소, 보호감호소, 치료감호소, 소년원, 소년감별소, 보호관찰소에 배치되어 근무.

(5) 보호관찰직

- 과목 : 국어, 영어, 한국사, 사회, 과학, 수학, 형사소송법, 사회복지학개론, 행정학개론
  - 주요업무 : 법원으로부터 보호처분을 받은 소녀, 소년들을 지도 및 감독하는 등 소년보호행정 업무를 담당하는 공무원으로 보호관찰소, 전국소년원 등에 배치되어 근무.

(6) 검찰사무직

  - 과목 : 국어, 영어, 한국사, 사회, 과학, 수학, 형법, 형사소송법, 행정학개론
  - 주요업무 : 범죄 사건의 접수, 처리 및 검사가 행하는 범죄수사, 공소제기 유지 등 검찰사무 보조의 업무를 담당하는 공무원으로 법무부, 검찰청에 배치되어 근무한다.

(7) 마약수사직

  - 과목 : 국어, 영어, 한국사, 사회, 과학, 수학, 형법, 형사소송법, 행정학개론
  - 주요업무 : 마약사건의 접수 처리, 마약범죄 수사 및 조치, 마약, 한외마약, 향정진성 의약품 등의 유통단속을 하는 공무원으로 법무부, 검찰청(마약수사부, 마약수사과)에 배치되어 근무.

(8) 보건직

- 과목 : 국어, 영어, 한국사, 보건행정, 공중보건
  - 주요업무 : 환경과 식품 위생, 산업보건, 검역업무 등에 관한 업무로 보건복지부 산하 각 기관, 보건소, 보건복지센터, 시, 군, 구청, 병원 및 의료원 등에 배치되어 근무한다.

(9) 소방직

  - 과목 : 국어, 영어, 한국사, 행정법총론, 소방학개론
  - 주요업무 : 각 시·도의 주관으로 소화업무, 방호업무, 예방업무, 지도업무를 담당하는 공무원으로 각 관할 소방서에서 근무.

(10) 경찰직

  - 과목 : 2013년도에는 필수 5과목이었는데 2014년부터 필수 2과목 선택 3과목으로 변경됐다. 필수 2과목은 한국사, 영어. 선택 3과목은 과학, 사회, 수학, 국어, 형법, 형사소송법, 경찰학개론 중 3과목이다.
  - 주요업무 : 경찰공무원은 국민의 생명 신체 및 재산의 보호와 범죄예방과 진압, 수사와 통의 단속 등 공공의 안녕과 질서유지를 목적으로 하는 업무로 일반적으로 지방청 및 경찰서나 순찰지구대에서 근무하게 되며 일정 기간 동안 근무를 하고 나면 교통경찰관이나 수사형사 등 경과별로 근무할 기회가 주어진다.

3) 공무원 시험 일정

연초 혹은 연말에 공고 수시로 확인해야 한다. 공무원 중에서도 주로 많이 준비하는 공무원 시험은 7, 9급 시험이다.

이 중에서 9급 시험 직군을 보면 행정직군, 공안직군, 기술직군이 있고 소방직군, 경찰직군이 있다.

소방직과 경찰직은 각각 1년에 1~2번, 1년에 3번의 시험기회가 있다.

행정직군, 공안직군, 기술직군과 같은 경우에는 국가직 9급의 경우 4~5월, 지방직 9급인 경우에는 5~6월, 서울직 9, 7급일 때는 6~7월, 국가직 7급은 7~8월, 지방직 7급은 9~10월이다.

4) 관련 정보 제공

인사혁신처에 의해 매년 9월 공직박람회가 열린다.

보통 공직박람회에는 정부 44개 부처, 17개 시도, 2개 헌법기관(선관위, 감사원), 대한무역투자진흥공사(KOTRA), 한국국제협력단(KOICA), 한국수자원공사, 평창올림픽조직위원회 등 역대 최대규모인 70개 기관이 참여해 기관별 채용 정보와 취업상담, 기관소개 등을 진행.

주요 내용은 군인·군무원, 경찰, 소방, 일반직 공채·경채·수습(7·9급), 외교관후보자선발시험 등 직종별 채용설명회 등으로 구성됐다.

이근면 인사혁신처장은 "공직에 대한 정보와 지식을 국민에게 정확하게 전달하기 위한 소통과 공감의 장이 바로 공직박람회"라면서 "온라인 정보관을 통해 1년 365일 공직에 대한 정보를 얻을 수 있도록 보완할 것"이라고 밝혔다. 그는 "기관마다 따로따로 소개하는 것이 아니라 한 창구에서 협력해서 알리는, 칸막이를 없앤 소통의 장이 됐다"고 말했다.

이 처장은 "앞으로는 단순히 직장을 구하는 사람이 아니라 '공무원'이 되고자 하는 사람을 공직에 받아들이는 방향으로 인사 혁신이 이뤄져야 한다"면서 "좋은 인재가 사명감과 소명감을 갖고 공직에서 일할 수 있도록 하는 것이 우리의 일"이라고 덧붙였다.

8장

햇빛과 바람의 산업, 과수원

감정평가하다 '농업인 마이스터'가 된 다감농원 강창국 이야기

한적한 시골의 단감농장에 소녀들의 웃음 섞인 수다 소리가 들려온다. 자세히 들어보니 영어로 하는 말이다. 예닐곱 명의 소녀가 분주히 손을 놀리고 있다. 그들의 얼굴색과 차림새는 제각각이다. 까무잡잡한 피부에 긴 옷과 히잡으로 몸을 가린 소녀들 사이에 반바지와 반팔 셔츠 차림의 눈이 파란 백인 소녀들이 섞여 있다.

중년의 한국 여성이 유창한 영어로 이들에게 농장을 소개한다. 단감의 유래와 감 재배법에 대한 설명에 소녀들은 눈을 반짝거리며 그 말을 받아 적는다. 경남 창원시 대산면 모산리에 있는 단감농장 '다감농원'의 풍경이다.

학생들을 안내한 이는 다감농원이 위치한 빗돌배기 마을 내 위드 다감협동조합의 문진숙 대표다. 문 대표는 도시의 학교에서 재직하다 농촌의 매력에 빠져 이곳으로 귀농한 사람이다. 그는 다감농원을 통해 농업인의 길로 들어섰고 마을공동체의 일원으로 활약하고 있다.

이 마을에는 외국인을 상대로 한 농업농촌 교육프로그램이 진행된다. 정부에서 지원하는 청년 인턴십 프로그램도 진행하지만, 농장에서 자체적으로 해외 대학생의 인턴십을 운영한다. 말레이시아 쿠알라룸푸르의 국립대인 UPM과 협약을 맺어 3개월의 현장교육이 이뤄진다. 학생들은 이곳 '농활'을 정식 학점으로 인정받는다. 매년 20명 정도의 말레이시아 학생이 이 농장을 찾아와 한국의 과수농업 기술과 6차 산업 등에 대해 배우고 돌아간다.

해외학생 인턴십 프로그램은 다감농원에 대한 설명 중 극히 일부에 지나지 않는다. 연간 3만여 명이 찾아오고 농장의 기반을 이용해 육성된 영농조합법인이 3개다. 12명의 직원이 협업을 통해 마을 공동체를 회복해가고 있다.

매출도 도시의 여느 개인사업 이상의 규모다. 공동체 육성형 영농이 가능한 이유는 생산(1차)과 가공(2차)에 머물지 않고 관광·교육 등 서비스(3차)를 접목했기 때문. 농촌의 미래 모델인 '6차 산업'의 발상지인 셈이다.

빗돌배기 마을에는 21가구 중 16가구가 농사를 짓는다. 이곳에 단감농사가 시작된 것은 일제강점기부터라고 한다. 하지만 2000년대 초반까지만 해도 여느 농촌 마을과 다를 게 없었다. 이곳이 주목받은 것은 강창국 다감농원 대표가 이 마을에 둥지를 틀면서부터다. 강 대표가 운영하는 다감농원은 농촌진흥청이 주관한 탑프루트 단감부문 대상(2007년)을 수상한 데 이어 대한민국 100대 스타 농장으로 꼽힌다.

강창국 다감농원 대표가 해외인턴십 프로그램으로 말레이시아에서 온 대학생들과 함께했다. 강 대표는 농업의 6차 산업화에 기여한 공로로 올해 철탑산업훈장을 받았다.

강창국(56) 대표는 2013년에 정부가 선정하는 '마이스터' 자격을 얻었다. 전국에서 100여 명의 최고 실력을 가진 전문농업경영인에게만 주는 칭호다. 마이스터 자격을 얻으려면 농림축산식품부가 운영하는 농업마이스터대학(2년제)을 졸업하고 품목별로 특별한 재배 노하우를 가진 장인이어야 한다. 3차에 걸친 까다로운 시험을 통과해야 얻을 수 있는 영예다.

다감농원의 주인은 현재 3대째로 이어오고 있다. 처음에는 마을의 여느 과수원처럼 작은 규모였다. 1995년부터 강 대표가 아버지의 농장을 물려받은 뒤부터 지금의 모양새가 갖춰졌다. 강 대표가 하는 일은 농업과 거리가 멀었다. 일찌감치 상경해 공부하고 가정을 꾸렸다. 강 대표는 감정평가사무소에서 근무했고, 그의 아내 신수오 씨(51)는 은행에서 일했다. 갑작스레 아버지가 돌아가시고 혼자 힘겹게 농사를 짓게 되신 어머니를 돕기 위해 그는 농부가 되기로 마음을 굳혔다고 한다.

아무런 준비도 없이 무턱대고 귀농한 건 아니었다. 1991년부터 틈날 때마다 서울과 창원을 오가며 4년에 걸쳐 귀농을 준비했다. 막상 고향으로 돌아왔지만 전업농의 생활은 그리 호락호락하지 않았다. 귀농한 첫해에 거둔 소득은 고작 300만 원. 그마저 시장에 내놓을 상품이 아니었다. 위기감이 들었다.

그는 절박한 심정으로 농업인 교육과정을 닥치는 대로 찾아서 들으면서 공부를 계속했다. 1년 과정의 똑같은 농업인 교육 프로그램을 무려 14년이나 반복해서 들었다고 하니 그의 남다른 집념을 느낄 수 있다. 경남농업기술원의 단감연구소를 찾아가서 단감 재배법도 공부했다. 강 대표는 "확실히 이론적으로 체계가 잡히고 다른 농부들의 재배 노하우를 내 방식으로 개선하면서 농사에 적용하니 품질이 좋아졌다"

고 말했다.

처음에는 수확한 단감을 트럭에 싣고 무작정 서울로 향했다. 강남 일대 아파트를 돌며 직거래를 시작했다. 농부 혼자서 판로를 개척하기가 쉬운 일이 아니라는 걸 절감하는 순간이었다. 계절이 바뀌도록 아침저녁으로 공들여 가꾼 단감이었지만 소득은 늘 인건비를 건지는 수준에 그쳤다. 그렇게 창원에서 단감을 재배하고 늦가을에 서울로 싣고 가 판매하길 반복하던 어느 날 그의 눈을 번쩍 뜨이게 하는 일이 있었다. 2002년 백화점과 마트에 시장조사를 나갔다가 자기가 재배한 것보다 품질이 떨어지는 상품이 더 비싸게 팔리고 있다는 걸 알게 된 것이다.

다감농원이 있는 빗돌배기 마을은 계절마다 다양한 체험프로그램으로 한 해에 3만 명 이상의 관광객을 모은다. 초등학생들이 벼 베기 체험을 하고 있다.

강 대표는 그날 이후 직접 재배한 단감을 들고 무작정 서울의 유명 백화점 본사를 찾아갔다. 하지만 구매 담당자들이 시골 농부를 무턱대고 만나줄 리 만무했다. 창원에서 서울까지 KTX를 타고 찾아가길 스물두 번. 길바닥에서 쓴 밥값과 차비만 해도 수백만 원에 이를 정도로 적지 않았다. 끈질긴 구애 끝에 마침내 백화점 담당자와 면담이 성사됐다. 하지만 달랑 5분이었다.

그는 자신의 상품을 소개할 기회를 얻었다는 것을 위안으로 삼을 정도였다. 하지만 다행히 고품질 농산물을 합리적인 가격으로 공급하려고 농가와 직거래를 추진하는 현대백화점의 영업 방침과 맞아 떨어져 2004년 드디어 백화점 입점이 성사됐다. 백화점에 입점한 뒤로 매출이 급격히 상승했다. 예상치 못한 반응에 백화점 측은 1주일 만에 서울의 다른 지점으로 매장을 늘려줬다. 2005년부터 서울 시내 7개 전 지점에 납품이 이뤄졌고, 이듬해에는 같은 백화점이 거느린 전국의 친환경매장에 입성했다.

다감농원은 2007년 농촌진흥청 탑프루트 단감부문 대상을 수상했다. 2009년에는 경상남도의 명품 농산물 브랜드 '이로로' 대표 농가로 지정돼 명품 단감의 반열에 올랐다. 강 대표가 재배한 단감은 크기가 어른 주먹보다 크고 표면이 매끈한 게 잘 익은 고운 빛깔을 지닌 것이 특징이다. 당도도 뛰어나다. 품질 좋은 단감을 얻게 된 데에는 그만의 남다른 재배 노하우가 있다. 그는 "욕심을 버리는 게 첫째 원칙"이라고 했다.

다감농원의 감나무는 모양이 특이하다. 높이가 약 2m 정도로 여느 감나무에 비해 무척 짧다. 대신 가지가 옆으로 길게 펼쳐져 있다. 곧게 뻗은 가지들이 낮게 펼쳐진 모습이 마치 소나무 분재와 모양이 비슷하다. 이런 모양을 유지하는 게 다감농장이 최고급 품질의 단감을 재배하는 비결이다. 강 대표는 "통풍과 충분한 햇빛, 건강한 토양 관리가 단감 맛의 비법"이라고 말했다.

일반 감 농장에선 약 3m가 넘는 감나무를 빽빽하게 심는다. 이렇게 나무를 심으면 통풍도 잘 안 되고 충분한 햇빛을 보지 못해 나무도 건강하지 않을 뿐 아니라 과일의 크기가 작고 당도가 떨어진다고 한다. 가지끼리 부딪치고 광합성이 부족해 자연 낙과가 많이 발생하고 품질도 떨어진다.

다감농원의 나무 한 그루당 과일 개수는 400~500개만 유지한다. '정지(整枝)'와 '일지일과(一枝一菓)'. 강 대표의 노하우가 바로 이 두 가지 원칙에 있다. 기본 환경을 잘 유지하고 가지치기와 꽃 솎기, 과일 솎기를 통해 품질과 크기를 최고로 유지하는 것이다.

생산과 판매에서 어느 정도 성공을 거뒀지만 단감 하나만으로는 소비자를 끌어들이는 데 한계가 있다고 느꼈다. 그래서 시작한 게 단감을 이용한 가공품이다. 감잎차, 단감와인, 감식초, 단감파이 등을 개발해 상품을 다양화했다. 매출이 오르는 건 당연했다. 내친김에 체험형 교육농장으로 눈길을 돌렸다. "소비자가 단감이 재배되는 현장을 직접 보고 체험하면 신뢰가 깊어질 것"이란 판단에서다. 마침 팜스테이, 체험농장 등 교육과 관광이 결합된 모델이 농촌의 위기를 극복할 대안으로 떠오르고 있었다.

그는 "농사꾼 개인의 수완에 따라 소득이 천차만별인 농촌의 현실을 극복할 대안으로 공동체 조성, 즉 '마을'에 정체성을 불어넣는 일에 노력을 쏟았다.

　삼성테크윈, 신세계백화점, 현대모비스 등 주요 대기업들과 마을 차원에서 도농교류 협약을 맺었다. 농촌체험관광, 즉 6차 산업(1차 생산 × 2차 가공 × 3차 체험관광을 결합한 차세대 농촌모델)이 본격적으로 시작된 것이다. 다감농원을 찾는 관광객들이 늘면서 마을의 다른 농장들도 덩달아 소득이 늘었다. 이런 성공에 힘입어 2008년에 마을단위 사업을 시작했다.

　창원시의 지원을 받아 공동체험관을 건립하고 다양한 체험프로그램을 개발했다. 16개 농가가 참여해 감, 수박, 멜론, 딸기 등을 활용한 체험프로그램을 선보였다. 강 대표는 "처음 3년 동안은 적자가 계속돼 사비로 프로그램 운영을 충당해야 했다"고 말했다. 흑자로 돌아선 건 그로부터 5년째 접어들면서부터다. 2010년 전국마을가꾸기대회에서 2등을 차지한 데 이어 2012년에는 마을경진대회에서 전국 1등을 차지했다.
　마을사업을 시작한 이래 7천만 원이 넘는 돈을 홀몸노인과 다문화가정, 지역 내 학교의 장학금과 마을발전기금 등으로 쾌척했다.

　강 대표의 실험은 국내에 머물지 않았다. 2010년에 우프 호스트 농장으로 지정되며 외국인 관광객 유치를 시작했다. 우프(WWOOF)란 '전 세계 유기농가 체험(World Wide Opportunities On Organic Farms)'의 약자로, 여행객이 유기농 농가에서 일손을 돕고 숙식을 제공받는 프로그램이다.
　영국에서 시작돼 미국에는 1천여 곳, 일본 400여 곳이 있고, 국내에는 60여 곳뿐이다. 2011년에는 UN 람사르 총회 필드트립에 이어 베트남 정부기관 관계자 직무 연수도 마을로 유치했다. 팜스쿨 사업자로 선정되고 국제청소년교류 프로그램(IFYE)을 도입해 외국인 교류를 확대했다.

말레이시아의 국립대인 UPM(University Putra Malaysia)과 해외인턴십 제도를 운영하게 된 것도 그런 이유에서였다. 우연히 UPM의 농대생 4명이 농업 인턴십 과정을 통해 다감농원을 찾았다가 한국 농업에 매료돼 학교에 교환학생 프로그램을 건의한 게 계기였다.

대부분 부유한 사회 지도층 자녀들이어서 한국에 대한 대외 이미지를 높이는 데에도 기여한다. 강 대표는 "말레이시아는 최대 단감 수입국"이라며 "말레이시아 대학생들이 한국의 농업현장을 체험하고 돌아가 사회지도층이 되었을 때 우리가 얻게 될 인적 자산은 가치를 따질 수 없을 것"이라고 말했다.

강 대표의 이런 활약이 알려지면서 그는 일약 스타 농업경영인으로 떠올랐다. 1천 평으로 시작한 과수원은 2만 평에 이를 정도로 성장했다. 2013년에 농림부로부터 제1회 농업 마이스터 자격을 얻는 동시에 그의 농장이 농림부 WPL교육장으로 지정돼 전국 농업인과 예비농업인들의 주목을 받았다. WPL교육장은 독일의 마이스터 제도를 벤치마킹해 농업인들이 품목별로 실습과 체험을 병행할 수 있는 현장교실이다. 그의 성공 노하우를 배우려고 전국 각지에서 신참내기 농사꾼들이 앞다퉈 그의 농장을 찾아왔다.

그의 교육은 일대일 도제식으로 이뤄진다. 적어도 1년 이상 교육을 받아야 자신의 비전을 공유하는 '동지'가 될 수 있다는 지론이다. 지금까지 9명의 제자를 배출했다. 그중 한 제자는 교육을 받기 전 연 매출이 3천만 원에 불과했지만 교육 후 3억 원으로 10배나 성장했다. 또 다른 제자는 연 매출 8천만 원에서 무려 15억 원으로 20배 가까운 성과를 내기도 했다.

강 대표는 국내 농업에 기여한 공로로 2015년 철탑산업훈장을 수상했다. 농업인으로서는 드문 영예다. 농촌 공동체를 되살리고 6차 산업의 성공사례를 통해 우리 농업의 비전을 제시했다는 평가를 받았다.

"농사를 두려워하지 말아야 합니다. 하지만 우습게 봐서도 안 됩니다. 자기만의 노하우를 얻기까지 당연히 겪어야 할 시행착오 때문에 절망할 필요는 없어요. 농사는 하루 이틀에 승부를 낼 수 있는 게 아닙니다. 1년 단위로 돌아가는 농사꾼의 시간에 익숙해질 때까지 끊임없이 목표를 점검하고 스스로를 다잡는다면 어느새 풍요로운 결실이 맺혀 있을 겁니다."

그와 같은 이가 있으니 우리 농촌의 미래가 더없이 밝아 보인다.

(월간 중앙 2015.10월호에서 /글 유길용, 사진 전민규 기자)

· · · · · ·

도움 정보

1) 과수원 매입 시 주요 고려사항

① 지형과 기상조건 : 전문가들이 항상 언급하는 적지적재(適地適栽)가 중요. 즉, 작물이 잘 자랄 수 있는 지역을 택하는 것이다.

② 배수 : 적어도 뿌리 깊이의 1.5배까지는 배수가 양호하여야 성장과 결실이 순조롭다. 뿌리 깊이보다 얕게 지하수가 흐르거나 암반층이 있다면 부적합한 땅이다.

실패 사례) 주위 논보다 높게 마사토로 복토를 하고 묘목을 심었는데 6개월 후부터 잎이 검게 타들어 가고 한그루씩 고사를 하기에 검증을 의뢰한 결과 뿌리 깊이보다 얕게 점토층이 형성되어 있어서 전혀 배수가 되지 않았던 것이 원인으로 규명되었다. 결국 묘목비에다 복토비와 토양개량비 등등 막대한 개원준비비만 날리고 폐원을 하게 됐다.

③ 토양 : 몇십 년을 이어갈 과수원이라면 사전에 퇴비랑 석회 등을 많이 넣어 보양시켜야 매년 안정적인 수확을 할 수 있다. 나무가 뿌리를 내리면 재차 땅을 헤집어 밑거름을 넣는 것은 사실상 어렵거니와 표토에 넣는 것은 유실이 많기 때문.

성공 사례) 한 귀농자는 3년간 여러 귀농 과정을 밟으면서 지식을 익히는 동안 토양개량에만 정성을 쏟은 결과 개원을 한 이후에는 여느 농사꾼 못지않은 수확을 이어가고 있다. 수단그라스를 재배해서 퇴비로 쓰고 기타 필요한 밑거름(우분)도 넣고 한 결과다.

④ 관수 : 점적관수가 효율적이고 관리도 편리하다.

⑤ 수형 및 전정 : 이의 근본 취지는 햇빛이 잘 들고 과실이 알맞게 달리도록 하는 것. 기본 원칙은 a.주간과 지간의 굵기 차별 b.지간의 간격 및 방향 c.수형에 따른 모양 d.노쇄가지 대체

그리고 수형은 점진적으로 관리를 해야 한다. 묘목은 1~2년 정도 가식을 하면서 수형도 잡고 뿌리도 튼튼하게 한 후 정식을 하면 좋다.

2) 국내 지역별 과일 재배 현황

어느 지역에 어떤 과일을 재배하는 것이 좋을까? 우리나라의 지역별 과일 재배 현황을 살펴보면 답을 얻을 수 있을 것 같다. 물론 평균적인 결론이긴 하다.

2010년도 현재 우리나라에서 재배되고 있는 과실의 종류와 지역별 생산량과 과수의 면적을 통계청 조사결과에서 나온 것을 보면 몇 가지 사실을 확인할 수 있다.

우선 가장 생산량이 많은 과일 감귤의 경우, 총생산량 63만여 톤 중 제주도가 99%로 단연 1위이다. 남쪽 지역 경남과 전남에서 소량 생산되고 있다.

사과의 경우, 총 47만여 톤 중, 경북이 27만여 톤으로 57%, 충북, 경남이 각각 13.8%, 11%를 기록하고 있다.

총생산량 46만 톤인 배의 경우, 전남이 12.7만 톤으로 27%를 차지하고 그 뒤를 이어 충남, 경기가 각각 19%, 18%를 차지하고 있다.

감의 경우, 총생산량 43만 톤 가운데, 가장 소출이 많은 지역은 경남과 경북으로 각각 32%, 31.8%를 차지하여 경상도가 감 생산의 적

지인 것으로 보인다.

포도의 경우, 가장 많이 생산하고 있는 지역은 경북으로 총생산량 약 33만 톤 가운데, 47%를 점하고 있다. 그 뒤를 이어 충북 16.7%, 경기 14.9% 순이다.

복숭아는 약 19만 톤의 총생산 중 경북이 가장 많아 8.1톤으로 42.6%를 차지하고 있다. 그 뒤를 이어 충북이 23%, 경기가 9.5%를 점하고 있다.

그 밖에 자두의 경우는 경북이 단연 앞서서 6.7만 톤 중 5.7만 톤을 생산하여 총생산량의 85%를 차지하고 있다.

우리나라 과수의 재배면적은 153,703ha로 우리나라 국토의 면적의 17%이며, 이는 전체 농경지 면적의 8.7%에 해당한다. 여기에서 약 2,687,763톤의 과실을 생산하고 있다. 특이한 점은 1994년도에는 재배면적은 더 컸으나 생산량은 1,929,610톤이었던 것에 비해, 지금은 재배면적은 작지만 생산량이 많은 것으로 보아 농업기술의 발전에 기인한 것으로 보인다.

3) 과일 종류별, 지역별 생산량

구분	종류별 생산량(ton)								계	재배면적 (ha)
	사과	배	복숭아	포도	감귤	감	자두	기타		
서울	0	1,052	0	53	0	0	0	16	1,121	51
부산	0	933	0	0	0	2,222	0	237	3,392	284
대구	1,974	177	3,468	5,088	0	3,831	1,106	660	16,304	1,380
인천	0	1,793	218	2,301	0	414	0	17	4,743	468
광주	0	1,036	203	1,782	0	3,048	41	399	6,509	588
대전	624	4,570	263	2,654	0	985	212	184	9,492	685
울산	29	22,541	0	0	0	6,247	0	82	28,899	1,570
경기	4,773	83,035	18,482	49,112	0	728	835	1,491	158,456	8,165
강원	1,638	7,589	8,456	5,895	0	1,650	426	543	26,197	1,937
충북	65,577	21,609	43,976	55,379	0	21,103	2,706	1,854	212,204	13,589
충남	33,149	88,460	9,983	26,698	0	8,922	569	612	168,393	1,522
전북	29,375	19,080	10,996	15,676	0	18,782	306	7,831	102,046	6,279
전남	4,440	127,188	6,898	5,616	217	84,162	735	38,939	268,195	17,168
경북	276,888	55,511	81,525	155,982	0	137,592	57,277	21,976	786,751	53,171
경남	52,399	25,536	4,596	7,360	166	139,465	2,535	20,399	252,456	18,707
제주	0	633	0	0	636,030	1,400	0	4,542	642,605	22,139
생산량 합계	470,866	460,743	189,064	333,596	636,413	430,551	66,748	99,782	2,687,763	
재배면적	30,006	18,277	12,638	18,240	21,229	30,669	5,778	16,866		153,703

- 출처 : 농림수산통계연보, 우리나라 주요 과실의 2010년도 종류별 및 지역별 생산량과 과수의 재배면적

9장

인문학 시대, 강연 시장이 뜬다

코미디언 하다 명심보감 명강사가 된 김병조 이야기

〈한학자로 거듭난 원조 개그맨 김병조, 이건 개그가 아니에요〉

"아니, 저 사람 배추머리 김병조 맞아? 사람이 아주 달라졌네."
"그러게요. 요즘 잘 살고 있나봐. 마치 인품 좋은 학자 같은 얼굴을 하고 있네…."

최근 TV 채널을 돌리다 언뜻 지나치면서 본 그를 놓고 우리 식구들이 무심코 한 대화 내용이다. 오래전 사람들의 시야에서 사라졌던 그가 별안간 왜 나온 거지? 다시 채널을 돌려 그에게 고정시켰다. 아니나 다를까, 그가 한학자로 180도 변신한 것이다. 그렇게 얼굴 표정은 한 사람의 인생을 비추는 거울인 것을 다시 확인하는 순간이었다.

지난 80년대, 한 시대를 진하게 웃기고 울렸던 '최고의 개그맨'이 무슨 연고로 영 딴 세상인 한학자가 돼 나타났단 말인가. 도대체 맞지 않는 조합인 것이다.

게다가 지난해 말 동양 인문학의 진수인 '청주판 명심보감'을 직접 해석하고 풀어쓴 『김병조의 마음공부 상·하권(평역)』까지 출판했다니 '단순 개그'가 아닌 것이다.

그의 행보가 궁금해졌다. 묵직한 그의 책을 들여다보자니 그의 공부가 보통 사람이 상상하는 정도를 벗어나 상당한 경지에 이르렀음이 한눈에 느껴졌다. 그는 진정 한학자로 거듭난 터였다.

"상대를 사랑하는데도 친밀해지지 않거든 자기의 사랑이 부족하지 않았는지 돌아보고(愛人不親 反其仁), 많은 이를 다스리는데도 잘 다스려지지 않거든 본인의 지혜에 문제가 있지 않았는지를 돌아보고(治人不治 反其智), 상대를 예로 모셨는데도 응답이 없거든 상대를 공경함에 부족함이 없었는지 돌아보라(禮人不答 反其敬)고 얘기합니다. 이 얼마나 주옥같은 얘기입니까. 명심보감의 진가가 드러나는 대목 아닌가요?"

"왜 하필 명심보감인가?"라고 물었더니 그가 거침없이 전한 첫마디였다. 그는 질문이 떨어지기 무섭게 펜을 들어 순식간에 위의 문장을 일필휘지해 상대를 감탄시켰다.

쭉쭉 써 내려간 필체가 막힘이 없고 유려해 뚝딱 멋진 서예작품 하나가 탄생하는 기분이 들었다. 몇 년 전부터 누군가에게 새롭게 배워서, 달달 외워서 전하는 게 아니었다. 그의 체내에 명심보감이 완전히 녹아든 상태에서 줄줄 흘러넘치는 것처럼 보였다.

지난달 말, 서울 월계동의 한 아파트, 자택에서 만난 그는 분명 80년대 TV에서 본 '웃기는 배추머리 김병조'가 아니었다. 몸도 마음도 완전히 변신해 있었다. 올해 나이 67세. 38세에 개그계를 떠났으니 거의 30년에 가까운 세월 속에 그는 전혀 다른 사람이 되어있었다.

인기를 누렸던 당시보다 15kg이 빠진 몸은 가벼워 보였고 살이 빠진 얼굴은 단단, 아니 단아해 보였다. 희끗한 머리는 단정하게 빗겨져 예전의 곱슬머리가 아니었고 언뜻언뜻 '훈장'의 풍모가 느껴졌다.

그는 지금 전라남도 광주 소재 조선대학교 교육대학원 초빙교수면서 이 대학 평생교육원 교수로 일주일에 하루를 꼬박 다른 사람을 가르치는 데 쓰고 있다. 성인교육기관인 평생교육원 학생들은 전직이 교장, 교수, 박사 등 뒤늦게 명심보감을 통독하겠다는 열혈 지식인들로 채워져 그를 긴장시킨다.

그가 명심보감과 연을 맺은 것은 어린 시절 부친의 가르침 덕분이다. 평생을 한학자로 살며 전남 장성에서 서당 훈장을 했던 아버지(吉齋公)의 엄한 가르침이 초석이 됐다.

명심보감은 원래 중국 명나라 때 절강성 항주 출신의 범립본이란 학자가 동양에서 회자됐던 주옥같은 격언들을 취합해 집대성한 것. 우리나라에서는 조선 시대 단종 때 몇몇 학자가 뜻을 모아 청주에서 이를 출간했으나 그들이 파직됨과 동시에 곧 자취를 감추고 말았다는 것.

그 후 500여 년이 지난 1974년, 이우성 교수가 경상북도의 한 오래된 가옥에서 발견해 다시 민간에 빛을 보게 되었고 많은 이들이 즐겨 보고 배우는 인생지침서가 되어왔다.

1980년대에 '최고 개그맨'으로 인기를 구가했던 '배추머리' 김병조.
30년이 지난 지금 그는 공부하고 가르치는 한학자로 변신했다.

이번에 김 교수가 출간한 『김병조의 마음공부』는 '청주판 명심보감'을 새롭게 재해석해 내놓은 것. 명심보감은 원래 〈효행편〉, 〈자녀

교육편〉, 〈부녀자의 덕목편〉 등 19가지의 주제에 대해 동양 성현들의 고견과 지혜를 모은 책이다.

그는 매주 수요일은 광주에서 산다. 종일 조선대에서 강의 일정이 잡혀있다. 오전에는 평생교육원에서 성인들을 대상으로 한 명심보감 강독을, 오후에는 학부생과 교육대학원생을 대상으로 해서 '현대생활과 인성교육'을 주제로 강의한다. 학부생 수업에는 수강자가 넘쳐 두 시간대로 나눠 3백 명씩 가르친다. 딱딱한 한자어 속에 감추어진 내용을 위트가 담긴 입담으로 자신의 경험담을 섞어 쉽게 풀어내니 입소문이 금방 퍼져나갔다.

강의를 시작한 지 어느새 15년, 이제는 전국에서 쇄도하는 강의 요청이 하루도 빠질 날이 없다. 어떤 때는 두 번, 세 번 해야 할 때도 있다.

전국을 돌며 257개 지자체에서 강의했고 일반기업은 물론 정부 각 부처에서부터 경찰, 군부대, 각급 학교에 이르기까지 강의 일정이 빼곡하게 이어진다. 한국전력 기술원에서는 1년 동안 매주 화요일 직원들에게 '공직자의 자세'를 주제로 가르쳤다.

최근 국회의정연수원이 사무처 직원교육을 위해 연 강의에서는 주최측으로부터 김 교수의 강의가 교육프로그램 실시 이후 "가장 감동적이고 유익한 강의였다"는 평가를 받았다며 즐거워했다.

그의 매니저 겸 운전기사 역할을 도맡아 하는 아내, 김현숙 씨는 "요즘 남편이 좋아하는 삶을 살아가는 것 같아 옆에서 보기에도 행복하다. 먼 곳의 강의도 여행 삼아 함께 다니는 경우가 많으니 요즘 부부 사이에 정이 더 깊어진 것 같다"며 남편이 강의에 전념하게 된 것은 하늘이 내려준 축복이라고 힘주어 말했다. 지금이 더할 나위 없이 행복하다는 것이다.

그녀가 함께 남편의 책에 대해, 강의에 대해 지켜보아 온 소감을 얘기하면서 남편의 등을 천천히 토닥였다. 한때의 어려움을 잘 이겨내다시 한학자로서 새 인생을 잘 살아내고 있는 남편에 대한 고마움의 표시가 자신도 모르게 이렇게 표출된다고 했다.

한때 인기 정상 가도를 달렸던 최고의 개그맨을 지금의 한학자요, 교수로 만든 것은 그에게 어느 날 청천벽력처럼 다가온 시련이었다.
당시 시청률 60%를 자랑하며 인기가 치솟던 MBC의 '일요일 밤의 대행진'을 진행하던 1987년, 당시 여당인 민정당의 전당대회 개최일인 어느 날, 그가 내뱉은 개그의 한 대사가 문제의 발단이 됐다.

전당대회 뒤풀이 행사로 마련된 오락프로에서 정당 측이 써준 각본에 있던 것을 "아무 생각 없이" 그대로 읊조린 것이 화근이 된 것이다.
'민정당은 정을 주는 당이고, 통민당은 고통을 주는 당'이라는 문구였다. 운 나쁘게도 당시 이 대회에 참석했던 한 신문의 정치부 기자가 1단짜리 가십난에 그의 발언을 기사화한 것이 야당에 반격의 빌미를 안겨준 셈이 됐다.

아무 생각 없이? 그게 당시 최고의 개그맨이었던 사람이 할 무책임한 발언인가? 물었다. 그가 말했다.

"아니죠. 저도 고민했습니다. 안 하겠다는 얘기도 했지요. 그쪽에서는 '알아서 하라'는 반응이었습니다. 당시 최고로 잘 나가던 그리고 앞길이 창창한 38세 방송인이었던 제가 왜 고민이 없었겠어요. 그냥 그 위치를 누리고 싶어 정당 측의 요구를 그대로 받아들인 거죠. 그런 발언은 전당대회 오락프로에서 한 것인 만큼 그 자리에서 웃고 넘길 거라고 생각한 거죠. 가수들도 노래하는 일종의 여흥 프로였으니까."

하지만 판단 미숙이었다. 그 기사는 일파만파의 후폭풍을 불러왔다. 그에게 위협성 항의 전화가 빗발쳤다. 아이들도 가만두지 않겠다는 협박전화에 가족은 도피생활을 해야 했다.

그 이전의 7년 동안 코미디 소재로 없어져야 할 악습이나 대상에 일침을 가한 바른 소리를 거침없이 해왔던 그에게 반대로 질타가 끊임없이 쏟아진 것이다. '지구를 떠나거라', '먼저 인간이 되어라'라고 했던 그의 유행어가 곧 그 자신에게 부메랑이 되어 꽂혀 일부 사람들에게 놀림감이 됐다.

악몽처럼 그를 괴롭혔다. 평생 술 담배도 안 하고 야간업소도 나가지 않으면서 반듯하게 살아왔다고 자부했는데 그런 비난에 시달리다 보니 혈압이 올라 안구의 혈관도 터졌다. 그 결과 지금 오른쪽 눈이 실명 상태다. 그 이듬해에는 아들의 거취에 노심초사했던 아버지가 뇌암으로 세상을 떴다. 아버지는 집안의 장손인 김병조가 곤경을 이겨내지 못하고 자칫 목숨을 버릴까 애를 태우다 결국 병마에 무릎을

꿇게 된 것이다.

결국 자의 반 타의 반으로 방송을 떠나야 했다.
"저를 일으켜 세운 건 어머니의 말씀입니다. 어머니는 명심보감에 있는 격언을 전하며 저를 위로하며 꿋꿋하게 다시 설 것을 주문하셨습니다."

그에게 인생의 반전을 가져다준 것은 고향인 광주에 개국한 광주민방(KBC)에서 한 프로를 맡아서 하면서부터. 여기서 한 그의 발언 내용에 주목한 조선대가 그에게 평생교육원에서의 강의를 제안하면서부터. 학교 측은 방송 내용이 아주 유익한 데다 유명인을 교수로 채용하면 평생교육원 홍보 효과가 있을 것이라 여겼다는 것이다.

그는 대뜸 명심보감을 가르쳐보겠노라고 했다.
"개그맨이 무슨 성현의 말씀을…."
학교 측 담당자는 당혹스러운 표정과 함께 처음 그런 반응을 보였단다.

"처음에는 저와 제 강의를 우습게 보는 기운이 역력해요. 그러다 3회 정도 강의가 진행되면 저를 보는 눈빛도 진지해지고 남몰래 저를 무시했던 게 부끄러워서 그런지 저를 잘 쳐다보지 못하더라구요."
그가 유쾌하게, 예전의 익살스런 모습을 언뜻언뜻 드러내며 크게 웃었다.

그의 강의는 해를 거듭할수록 찾는 이가 많아져 요즘은 강의로 눈 코 뜰 새 없는 바쁜 나날을 보내고 있다. 기업체, 지자체, 학교, 군부대 등에서 강의가 밀려들고 있는 것이다. 전국이 그의 무대다.

김 교수는 "조선대 평생교육원에서 매달 87만 원씩 받으며 1주일에 1번씩 강의를 나가지만, 집으로 돌아오면 8억7000만 원을 번 느낌"이라고 밝혔다.

대학의 강사료로 생활이 되냐는 질문도 자주 받고 수십 년을 살아온 월계동의 조촐한 아파트를 보며 어렵지 않으냐는 질문도 자주 받는다는 그의 아내 김현숙 씨.

그녀는 "충분히 살만하고 저축까지 한다. 사실 인기 개그맨 시절의 수입 정도는 된다"며 환하게 웃었다. 기실 기업체가 유명강사에게 전하는 강사료는 대학이 주는 시간당 강사료의 수십 배에 달하기도 하니까 맞는 말일 것이다.

조선대 교육대학원 초빙교수인 그는 평생교육원에서도 자신의 경험과 유머를 곁들인 '명심보감 강독'을 가르친다. 김 교수는 최근에 청주판 명심보감을 재해석하고 정리해 『김병조의 마음공부(상·하)』를 펴냈다.

종합편성채널이 여기저기 생기면서 그에게 출연요청이 없었던 건 아니다. 그가 사양했다.

충분히 먹고살 만하니까 사랑하는 일을 하고 살자는 생각에 주저하게 되더라고 했다. 아내 김 씨는 "이제 사람에 시달리는 일은 가급적 그만하자"며 남편을 설득했다고 전한다.

"어떻게 즐겁고 보람있게 사느냐가 문제지요. 돈이야 부족하지 않게 먹고살 만하면 되는 거잖아요. 우리는 충분히 행복합니다. 지금은 제 인생을 바꾼, 얼굴도 모르는 그 신문기자께 감사하고 있어요. 이렇게 나날이 설레고 즐거우니까요. 운전을 해주고 일정 관리도 해주는 아내도 교실에서 남편이 하는 강의를 들으면서 저를 돕는 일이 그렇게 행복할 수가 없다네요."

부부가 마주 보며 크게 웃었다. 그들의 웃음소리가 환하게 집안을 밝혔다.

그는 시간이 나는 대로 자주 마라톤으로 체력을 보강한다. 10Km 단축 마라토너다. 명심보감을 더 잘 가르치기 위해 그 말씀들의 시대적 배경까지 알려고 사서삼경, 논어, 서경 등을 끊임없이 공부하며 실력을 연마한다고 했다.

인터뷰를 끝내고 돌아가는 길에 보니 '遠親不如近隣(먼 친척이 가까운 이웃만 못하다)'이라고 쓴 그의 멋진 서체가 아파트 초입 커다란 돌에 새겨져 눈길을 잡았다. 오가는 주민들끼리 서로 가깝게 지내자는 그의 요청이며 인사이리라. 아파트 주민회가 그에게 요청해서 써준 것이다.

그는 가족들에게도 삶의 지표가 될 수 있는 호(號)를 하나씩 지어 선사했다. 그 자신은 응봉(鷹峰, 선산봉우리란 의미)이고 아내는 위이당(爲而堂, ~할 뿐)이다.

미국 대학원에서 박사 공부 중인 장녀 지현에게는 여원(如圓, 원만한 삶을 살자), 직장인인 아들 형주에게는 대로(大路, 바른 길을 가다), 며느리에게는 이위당(而爲堂, 그럼에도 불구하고)이라 지어주었다.

어떤 시련 속에서도 '그럼에도 불구하고, 최선을 다할 뿐"이라 되뇌면서 산다면 "원만하게 바른 길을 가면서 살지 않겠는가'하는 생각이 들게 하는 호들의 집합 아니런가.
그 속에 한학자로 살아가고 있는 그의 생각과 자세가 고스란히 집약돼 읽혀졌다.

〈인터뷰 by 고혜련〉

· · · · · ·

도움 정보

1) 강사 시장 현황

기업이나 정부기관들이 기존 내부교육 외에 외부 저명 강사를 초청한 교육에 열을 올리고 있다. 우수 인재 그리고 창의와 혁신성이 중요하게 거론되면서 나타나고 있는 현상이다.

특히 고급 지식과 정보의 융합이 기업의 생존조건이라는 인식이 확산되면서 외부 강사 초빙을 통한 교육이 더욱 힘을 받고 있다.

특히 기업들은 최근 우수 강사를 찾기 위해 안간힘이다. 말 그대로 '강사 전성시대'를 맞고 있는 셈이다. 관련 시장이 커지면서 유명강사들도 많이 늘어나고 있다. 강사 초빙 간담회 문화가 퍼지면서 강사들도 강연 기회가 늘어나고 그 여파로 인정받는 강사들이 증가하고 있는 것. 특히 일부는 사내강사로 활동하다가 주목을 받으며, 강사로 전업하는 사례도 늘고 있다.

국내 강연 시장 규모에 대한 공신력 있는 통계자료는 없지만 현재 활동하고 있는 강사는 대략 1만여 명에 달하는 것으로 추산된다.
기업체, 정부기관 등에서 직장인을 대상으로 커뮤니케이션 · 리더십 · 고객만족 등을 강의하는 전문 강사의 수요가 급증하고 있으며 이에 따른 시장도 커지고 있다.

2000년 전후에는 자신의 성공 스토리를 바탕으로 변화와 혁신을 설파하는 스토리텔링형 강사가 인기였으나 요즘은 기업체에서의 실무경험을 바탕으로 탄탄한 전문 분야를 갖고 있는 전문 강사가 뜨는 추세이다.

2) 강사의 성공 요인

청중을 많이 모은다거나 강사료를 많이 받는다고 반드시 명강사는 아니다.

교육인적자원부 산하 사단법인 한국강사협회는 강연의 21세기에 적합한 명강사의 조건으로 '3C'를 꼽는다.

즉, 청중으로부터 존경받을 수 있는 인격(Character), 청중에게 감동을 주는 강연 실력(Competence) 그리고 사회와 국가발전을 위한 헌신(Commitment)을 두루 갖춘 사람이야말로 명강사라는 것.

현실적으로는 프레젠테이션 기술, 화법, 제스처 등 '라이프 퍼포먼스'에 필요한 재능과 훈련을 겸비하는 것도 명강사의 조건이다.

전공 분야가 아무리 관심을 끌고, 직위가 아무리 높더라도 청중에게 제대로 전달하지 못하면 책장에 꽂힌 채 아무도 읽지 않는 어려운 원서 신세나 다를 것이 없다. 이 때문에 일부 강사는 명강사가 되기 위해 전공 분야는 물론 신문 스크랩은 기본이고 강의 기술 자체를 연마한다.

3C를 갖춘 명강사가 대중적인 인기를 끌려면 다음과 같은 요인도 함께 어우러져야 가능하다.

(1) 지명도(Brand)

미국의 유명한 흑인 방송인 오프라 윈프리(Oprah Gail Winfrey)는 말 그대로 인지도가 높기 때문에 어디에 모습을 드러내든 세상의 주목을 받는다. 우리는 대부분 유명인들의 삶을 보고 우리 삶의 가치를 평가하는데 익숙하다.

(2) 강의기술(Speech, Body Language, Humor)

버락 오바마(Barack Obama)가 인종의 벽을 넘고 수많은 장애물을 극복하며 미국 제44대 대통령으로 당선될 수 있었던 가장 큰 요인은 스피치 능력 때문이었다고 전문가들이 이구동성으로 말한다.

보디랭귀지를 효과적으로 사용하면 의미를 명확히 할 수 있을 뿐만 아니라 강의를 활기차게 하고 학습자들이 강사에게 더욱 깊은 관심을 보이도록 할 수 있다.

유머는 마음을 즐겁게 하거나 웃음을 일으키는 의사소통, 익살, 농담, 해학이라고 한다. 강의에서 유머 사용은 학습자들에게 호감을 주며, 강의에 대하여 우호적이어서 학습자들을 설득하는데 유리할 수 있기 때문이다.

(3) 강의내용(Contents)

　타성에 젖어 있는 강의는 그 생명력이 매우 짧으며 횟수가 거듭될수록 신비로움이 사라지면서 강의의 가치는 떨어지게 된다. 명강사들은 자기만의 경험이나 지식을 기반으로 정한 큰 주제 아래에서 다양한 강의환경과 다양한 청중 앞에서 항상 새로운 콘텐츠로 무장하여 맞춤형 강의를 진행하고 있다.

10장

조림산업, 돈 되는 나무 시장

책 만들다 나무 사업가가 된 나남출판 회장 조상호 이야기

"들판에 이름없는 꽃은 없어요. 우리가 모를 뿐이죠. 영원히 함께 살아야 할 자연의 친구들과 더 친해지려면 지금부터라도 그들의 이름을 자주 불러주어야지요. 가을 한복판에서 벌판을 누비는 이 친구는 벌개미취, 이렇게 꽃필 때면 줄기가 아홉 마디가 되는 이 녀석은 구절초, 이건 꽃송이가 1~2cm로 작은 노란색 산국, 꽃필 무렵이면 이렇게 약간 쓰러지는 요 녀석은 쑥부쟁이…."

경기도 포천시 내촌면 산골, 그의 거처에 당도했을 때 더러는 연보라 빛으로, 또 한켠에는 하얗고 노란빛으로 지천에 만개한 들국화 군락들을 보며 "오호 들국화!"를 연발하는 일행들에게 안타까운 듯 그가 들국화 식구들의 이름을 일일이 가르쳐주기 시작했다.

그는 나무와 들풀에 심취해 나머지 생을 이들과 '동무'하기로 작정한 조상호 나남출판 회장(64세)이다. 평생을 출판인으로 2천여 권의 책을 출간하며 외길을 달렸던 그는 이제 한 그루 나무로 거듭나길 소망하고 있다.

"달리는 자전거를 멈추면 쓰러지죠. 가는 길이 힘들더라도 절대 멈추지 말고 천천히라도 가야 하는 게 숙명인 거죠. 그러나 가끔은 정말 그대로 멈춰 쉬고 싶었어요. 하지만 쉬는 방법도 몰랐고 미지에 대한 정체 모를 불안감이 있었던 겁니다."

결국 그가 쉼터로 택한 곳이 이 산골.

"나만이 숨 쉴 수 있는 공간을 확보하려는 마음으로 나무 가꾸는 일에 열정을 쏟게 됐지요."

그리고 이제 그 방법이 온갖 세파와 유혹에서 자신을 지킬 수 있었던 '출구'였음을 시인하게 됐다는 것.

그가 미친 듯이 나무를 심는 일에 빠져든 계기는 의외로 단순했다. 파주 금촌에 나남출판의 책 창고를 신축할 때 은행 대출을 받으면서 우연히 은행의 부실채권인 파주 적성의 임야 1만5천 평을 떠맡게 되었고 그냥 내팽개쳐두기도 뭐해 3년 동안 느티나무 꽃사과 메타세콰이어 등의 묘목을 번갈아 심게 됐다고. 그러나 생전 '책쟁이'로만 살았던 그의 어설픈 시도를 비웃듯 나무들이 모두 죽어버렸던 것. 물이 너무 많은 토양임도 모르는 백면서생의 교만한 도전에 나무들이 일제히 경종을 울린 때문이었다.

"그 찬란하고 소중한 생명을 죽인 죄책감이 컸어요. 곧 산림조합원이 되어 조합의 지도도 받고 독학으로 시행착오를 겪으며 집사람과 아이들까지 끌고 와 나무 심는 일을 여러 해 반복했지요."

그의 노력은 차츰 결실을 맺어 산림조합의 가르침을 받아 심은 자작나무 1천 그루는 "벌써 20년생의 작은 거목으로 성장해 잘 자라고 있어 기쁘다"고 자랑했다.

그의 나무 사랑은 오래다. 지금은 장성해 어느덧 36세가 된 아들(조지훈, 미국 미시간대 대학원 박사과정)의 초등학교 입학기념으로 옛집 아파트 입구에 거금을 들여 커다란 느티나무를 심었을 정도. 30년의 세월이 흐른 지금, 그 나무도 이제 거목으로 자라 가끔 그곳을 지나치면 반갑게 인사하고 웃음 짓게 된다고.

"나무를 심는 일은 세월에 대한 정직한 보상이고 생명에 대한 애착입니다. 만약 지금 30년생 거목을 비싼 값에 산다면 그건 기실 나뭇값이 아니고 그 세월에 대해 값을 지불한 것으로 봐야지요. 되돌릴 수 없는 시간을 돈 주고 살 수는 없기에 더욱 값진 일이라는 깨달음이 왔어요. 햇살을 온몸으로 받고 눈부시게 반짝이는 나무를 보면 비록 제자리에 붙박이로 서 있지만 마치 크게 소리치며 기쁘게 뛰어다니듯 환호작약하는 느낌을 건네받아요."

그렇게 나무와의 열애는 갈수록 깊어가고 있다는 게 그의 고백이다.

그는 우선 20여 년 전 포천시 내촌면 광릉수목원 뒤편에 자리한, 친구 시골집 옆에 사두었던 포도밭과 천수답, 임대받은 일부 국유림에 나무를 심기 시작했다. 또 거처 겸 출판사 연수원으로도 쓸 생각으로 70평 남짓한 집을 짓고 주말이면 농부가 되어갔다. 당시 서초동에 있는 출판사 사옥 앞에서 아스팔트 공해에 찌들었던 나무들도 해방시켜주기 위해 이곳으로 옮겼다. 말 없는 나무가 침묵 중인 사람처럼 느껴지기 시작한 것이었다.

주말이면 이곳에 달려와 해가 뜨면 일하고 해가 지면 곯아떨어졌다. 주중에 회사에서 일하다가도 때론 가뭄과 추위에 견디는 나무가 안쓰러워 어느덧 자동차 머리를 그쪽으로 돌리는 자신을 발견하곤 했다.

아내가 건강을 염려할 정도로 몸을 혹사했지만 온통 푸르름 속에 묻힌 무념무상의 시간들은 오히려 치유의 손길을 건넸다.

10여 년이 흐른 지금 잘 자란 50여 그루의 매실나무, 앵두나무, 밤나무, 감나무 등의 열매가 무르익는 때면 친구들이 찾아든다. 40년 지기인 아내 황옥순 씨(60세)가 가꾸는 집 뒷켠 텃밭에는 잔뜩 벌레 먹은 김장용 배추와 무가 튼실하게 자라고 있다.

"나무들이 햇볕을 놓고 다투지 말라고 옮겨 심다 보면 흙 속에 지렁이가 잔뜩 진을 치고 있음을 봅니다. 나무는 햇볕과 물, 바람만 있으면 되는 줄 알았는데 지렁이가 표층 밑에서 잔뿌리와 노닐면서 나무를 키우고 있었던 거죠. 생명의 신비에 숙연해져요. 사람들 역시 보이지 않는 모든 이들의 노력과 도움에 힘입어 살아가는 것이겠지요."

그의 집 주변 숲 속으로는 그처럼 자연의 신비에 심취한 친구들이 은퇴 후 한두 명씩 모여들어 이제는 9명이나 됐다. 각기 개성이 넘치는 이들은 숲 속에 안겨 저마다의 모습으로 살아가고 있지만 가끔 만나 '함께하는 유쾌함'을 누리기도 한다고.

"이제 60세 주변의 장년인 내게 준비된 일은 나무 가꾸는 일일 수밖에 없다"고 선언한 그는 요즘 '뜻이 있으면 길이 있다'는 좌우명에 기대어 거대한 도전에 나섰다. 도전의 시작은 오래전 떠안았던 파주 적성의 나무 농장을 반분하는 도로신설계획서가 날아들면서부터.

졸지에 10년 넘게 가꾼 나무들이 갈 곳을 잃게 되자 그는 누구에게라도 빼앗기지 않을 깊숙한 산중의 땅이 필요했다. 2년여를 정신없이 가평, 연천, 포천, 파주 등 경기 북부의 산들을 찾아 헤맸다. 그렇게 헤맨 후 2008년, 집에서 30분 거리인 포천 신북면에 20만 평의 임야를 마련했다.

자금 염출을 위해 은행의 도움을 받고 가진 것을 모두 쓸어 넣는 등 '군사작전을 방불케 하는 일'이 벌어졌다. 너무 큰 땅이어서 숨이 찼다. 하지만 가파르지 않은 포근한 산림에 땅 가운데를 가로지르는 1km 정도의 맑은 실개천이 마음에 들었다. 또 1백 년 가까운 산뽕나무, 팥배나무, 산벚나무, 북방한계선에 선 쪽 동백나무는 '태고의 음향을 간직한 듯'해 그는 이 산속으로 빨려 들어왔다.

때마침 그곳이 포천시의 사회적 일자리 창출 사업장으로 선정되어

간벌과 가지치기의 공공산림 가꾸기 사업도 마쳤다. 그리고 산림경영 계획을 허가받은 후 수종교체를 위해 참나무가 대부분인 잡목을 벌채했다. 파주 적성에 버려진 나무들을 이식하고 전국 여기저기에 땅을 임대해 심어두었던 모과나무 등도 제 살 곳을 찾게 되었다.

'ㄱ'자형으로 길게 늘어선 살림집은 출판사 연수원으로도 쓸 요량으로 지어졌다.
내부 공간배치가 단순하면서도 시원해 여느 가정집과 다른 모습이다.

도전은 본격화됐고 본격적인 나무 공부에 돌입했다. 거제도 외도에서부터 용인 한택식물원, 연천의 허브 빌리지, 오대산 자생 식물원 등 전국의 수목원을 찾아 나섰고 회사 일로 외국에 나갈 때도 마찬가지였다. 본업인 출판업이 흔들리지 않을 정도의 시간과 재원을 투입하겠다는 각오로 출판사 운영은 얼마 전 전문 경영인에게 맡겼다.

나무와 숲을 향한 그의 대장정은 이제 본 궤도에 진입해 보인다. 소요산의 한 줄기인 그곳에 '나남 수목원'이라는 이름이 주어졌다. '나'와 '남'이 함께 어울리는 지식의 저수지를 만들겠다는 포부로 시작한 나남출판에서 이름을 따왔다.

"처음엔 사철 푸른 소나무들이 좋았어요. 시간이 지나면서 겨울에 나뭇잎을 떨어뜨린 채 나목으로 엄동설한을 지켜내다 봄이면 말없이 새싹을 틔우는 낙엽송에 경외심이 솟아요. 그 생명력을 보면서 살아 있음에 감사함을 느끼게 되니까요. 우주에서 지구에 잠시 소풍 나온 인생이니 소풍 나온 기념으로 수목원을 가꿉니다."

그간의 아마추어 조경사 경험을 바탕으로 헛개나무, 밤나무, 느티나무, 자작나무의 묘목장을 튼튼하게 만들고 벌개미취, 분홍 바늘꽃이 광활하게 춤추는 야생화 동산도 마련 중이다.

삶의 시간이 허락하는 한 나무들이 골고루 햇볕을 나누어 가질 수 있도록 간벌과 옮겨심기를 계속하면서 거목으로 성장할 수 있도록 도울 것이다.

그에 더해 그는 요즘 또 다른 꿈을 꾸고 있다. '꿈꾸는 사람이 창조한다'는 말을 굳게 믿으면서. 그 꿈은 머지않아 현실로 이루어질 태세다.

그는 이 수목원의 원시림 속에서 생각과 삶이 아름다운 벗들과 산책하며 이야기를 나누고 몇 날 며칠을 밤샘하며 토론할 수 있기를 꿈꾼다. 평생 생의 철학과 우정을 나눴던 그들을 위해 산간 도서관을 지어 퇴직 교수나 언론인, 문인들이 자신의 서고를 꾸며 집필하고 사색할 수 있는 공간을 마련 중이다. 이미 수목원 내 자그마한 호숫가에는

1백여 평의 도서관이 지어졌고 현재 2백여 평을 더 작업 중이다.

가을이 깊어가는 경기도 포천시 내촌면 산촌 마을에 자리한 자택에서 조상호 나남출판 회장과 부인 황옥순 씨가 외손자 강민 군과 함께 휴일 한낮의 여유로움을 즐기고 있다.

그들의 손자들은 개울가에서 가재를 잡고 물장구를 칠 것이고 부인네들은 꽃밭과 채마밭을 가꾸면서 지천으로 널린 산채를 따서 이들을 위한 맛있는 음식을 준비할 것이다.

이곳에 뜻 맞는 한의사를 모셔 약초밭을 운영하면서 틈틈이 허브치료로 몸과 마음을 북돋을 계획이란다.

그보다 더 큰 뜻은 수목원 중턱 깊은 곳에 숨어있었다. 그가 안내해 도달한 언덕배기에는 3천 그루의 아름다운 반송이 산허리를 타고 늘어서 있었다. 장관이었다. 현재 둥글고 우아한 모습으로 형태를 잡아가는 반송은 천천히 자라지만 옹골차고 아름답게 자라는 모습이 좋아서 지난 몇 년간 그가 수백 그루씩 맞아들였다.

그가 '우리 사회를 위해 큰일을 하신 분들을 찾아내 영면의 자리로 모시기 위해' 조성 중인 곳이다. 일행 중 누군가 "조 회장이 프랑스 파리의 몽파르나스를 닮은 묘원을 만들고 싶어한다"는 귀띔을 해줬다. 많은 세계인들에게 영감을 주고 때론 고뇌하고 행복했던 저명한 예술가들과 명사들이 잠든 그곳 묘지에는 프랑스의 철학자 장 폴 사르트르와 시몬느 드 보봐르, 시인 샤를 보들레르, 극작가 사무엘 베케트, 소설가 기드 모파상 등이 잠들어있다. 관광명소로도 유명한 이곳은 숲 속 산책코스로도 사랑을 받고 있다.

"가까운 미래의 젊은이들에게 귀감이 되는 현장이기도 하겠지만 그분들을 함께 모시면 귀천 후라도 그분들이 덜 외로우실 것 같은 일념에서"라고 그가 덧붙였다.

"책에 파묻혀 사는 30년 동안 언론인이나 문인, 학자들의 원고를 읽는 최초의 독자로서 기쁨이 컸고 그 책을 읽어준 많은 독자들의 소리 없는 환호성도 느껴온 세월이니 행복했습니다.

어느 것이 더 의미 있는 일인지에 대한 셈법은 사람들의 것일 뿐 나무는 그 푸름 외에는 말이 없지요. '굽은 나무가 선산을 지킨다'는 속담처럼 모든 나무들이 제 역할을 묵묵히 수행하고 있음을 배울 뿐입니다."

그를 오랫동안 지켜봐 이제 얼굴까지 닮아있는 아내 황 씨는 "평생 한뜻을 갖고 한 우물을 판 사람이 하는 일이니 충분히 의미 있다며 따르고 있어요. 우리는 행복한 사람들이지요. 아름다운 자연의 순리를 깨달으며 죽는 그날까지 미래를 위한 주춧돌을 놓는 그 꿈을 위해 나아갈 터이니. 또 우리의 일에 동참하겠다는 사람들도 있으니 더 이상 무얼 바라겠어요."

이들 부부와 때마침 놀러 온 딸 완희 씨(33세, 제일기획 해외광고마케팅팀)와 사위 김태헌 씨(38세, 나남출판 기획실장) 부부, 외손자 강민 군(3세), 우리 일행들의 웃음이 가을 산촌 마을에 쨍하게 울려 퍼졌다. 다들 유쾌해 보였다.

〈인터뷰 by 고혜련〉

· · · · · ·

도움 정보

1) 산림청 조림지원사업

산림청에서 시행하고 있는 조림사업이란 국토의 65%를 차지하는 산림을 보다 가치 있는 자원으로 만드는 나무심기사업이다. 이용가치가 적은 불량림을 경제림으로 조성하고 산불피해지 녹화, 아름다운 경관림 조성하는 것 등이 목적이라고 할 수 있다.

산을 소유하고 있는 경우에 정부의 조림사업에 참여하면 조림비용의 자기부담비율 10%만 부담하면 된다. 경제림조성사업의 경우, 1ha당 479만 원의 조림비용의 10%인 47만9천 원만 부담하면 된다. 다만, 식재 종류나 벌채의 경우 당국에 허가를 받아야 한다.

2) 산림청의 조림사업 종류

	사업개요	대상지	식재기준	조림비용	보조율
경제림 조성	양질의 목재를 지속적으로 생산공급.	경제림육성단지, 불량림, 수종갱신지 등	소나무, 잣나무, 낙엽송, 편백 등 3,000본/ha	479 만원/ha	국고 60%, 지방비 30%, 자부담 10%
큰나무 공익조림	경관조성 등 산림의 공익적 가치제고	주요도로변, 관광지 및 생활권 주변 등	경관수종(h 1.0~1.5m) 350본/ha	1,167 만원/ha	국고 50%, 지방비 50%
산림재해 방지조림	산불 병해충 피해지, 태풍피해지 등 재해복구	재해 피해지 및 위험지	대표(분뜨기묘) 1,500본/ha	887 만원/ha	국고 50%, 지방비 50%

유휴토지 조림	과거에 산을 개간한 다락밭 등 한계농지에 특용수, 유실수 등	한계농지, 마을 공한지 등 자투리땅 등 식생복구대상지	특약용수 800본/ha	479 만원/ha	국고 60%, 지방비 30%, 자부담 10%
금강 안면 소나무 육성	문화재용 특수재, 고급 대경재 생산을 위한 금강안면소나무림 보전관리	강원, 경북지역 금강소나무 및 충남 안면소나무림	천연하종갱신, 용기묘 인공조림 500본/ha 밀도조절 등	350 만원/ha	국고 70%, 지방비 30%
섬 지역 산림 가꾸기	강한 해풍, 척박한 토양 등 열악한 자연환경 섬 지역 산림 녹화	도서지역 산림 훼손지	큰나무 350본/ha, 객토 및 유기질 비료 등.	2,012 만원/ha	국고 70%, 지방비 30%
바이오 순환조성	짧은 기간(20~35년)에 목재 수확으로 목재펠릿 등 산림바이오패스와 산업용재 공급	토지생산성이 높은 지역 집단화, 단지화 조성 가능지역 등	백합나무 등		

– 출처 : 산림청 홈페이지에서 발췌.

3) 조림사업 신청 및 지원절차

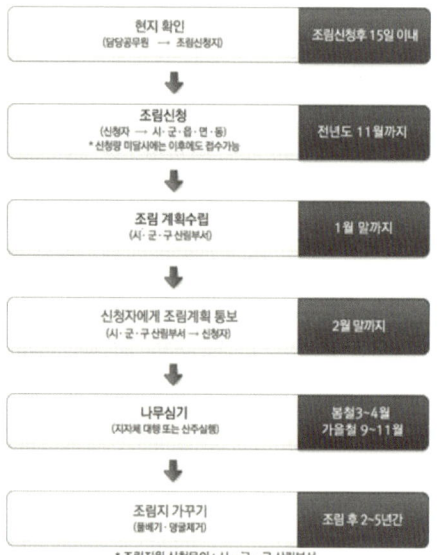

* 조림지원 신청문의 : 시 · 군 · 구 산림부서

4) 농지은행 이용은 어떻게?

수익성이 있는 조림사업이나 과수원, 농작물 재배를 하려면 넓은 땅이 필요하다. 내 땅이 없어도 유휴지를 이용해 얼마든지 농사와 재배를 할 수 있다. 농지 임대 수탁사업을 하는 농어촌공사 산하의 농지은행을 이용하면 싼값에 유휴농지를 빌려 쓸 수 있다.

이 은행의 설립목적은 효율적인 농지이용과 농업구조개선을 통해 농업 경쟁력 제고를 뒷받침하고, 농지시장의 불안정에 대응하기 위한 것으로 임대, 임차인 모두에게 좋은 방법이다.

농지은행은 임대차가 허용된 농지와 노동력 부족·고령화로 직접 농사짓기 어려운 농민들의 땅이나 농지에 부속한 농업용 시설을 임대수탁받아 전업농 중심으로 임대함으로써 이 땅을 효율적이고 안정적으로 관리할 수 있는 것이다.

농지소유자가 임대위탁을 신청하면 공사는 현지조사와 공고 등을 거쳐 임차인 선정임차인이 선정되면 위탁자와 공사 간에는 임대수위탁 계약을, 공사와 임차인 간에 임대차 계약을 체결.

(1) 임대 방법

① 농지소유자가 임대위탁을 신청하면 공사는 현지조사와 공고 등을 거쳐 임차인을 선정한다.

② 임차인이 선정되면 위탁자와 공사 간에는 임대수탁·위탁계약을, 공사와 임차인 간에 임대차 계약을 체결. 임대위탁 신청장소는 한국농어촌공사 '본사', '지역본부', '지사'이다.

(2) 임대위탁 신청서류

농지 임대(사용대)위탁신청서/주민등록표등본 또는 신분증 사본/등기부등본 또는 인터넷 열람용 등기부등본/토지대장등본 또는 인터넷 열람용 토지대장등본/토지이용계획확인원 또는 인터넷 열람용 토지이용계획확인원(인터넷열람이 가능한 경우 생략)

※ 농지은행사업 신청서식은 농지은행포탈(www.fbo.or.kr) 공지사항에 게재

(3) 임대수탁·위탁 협의 (임대차료의 결정 등)

공사는 현지조사 및 임차인과 협의한 결과를 근거로 임대차료, 임대차 절차, 수수료 등 수탁조건을 위탁 신청자에 제시하고 위탁 의사를 확인

5) 농지 임대 위탁계약의 체결

- 계약 시기 : 다음의 조건이 모두 충족되었을 때 계약체결
① 임차인의 선정
② 위탁신청자가 공사의 수탁 및 임대조건에 동의
- 계약 기간 : 5년 이상
- 최초의 계약 기간 만료 후 동일 임차인과 재계약하는 경우 3년 이상
- 계약 체결 : 공사와 위탁자는 관련 지침에 따른 계약서 양식으로 약정을 체결하고 계약 기간 동안의 임대차료 지급약정서를 첨부
- 위탁 농지의 인도 : 위탁자는 임대수위탁 계약 체결과 동시에 위탁 농지 등을 공사에 인도하여 임대하게 하여야 함
- 수탁수수료의 기준
① 농지 임대 위탁 시 : 5%의 수수료율을 해당 농지 연간 임대차료에 적용하여 매년 부과
② 사용대 위탁 시 : 건당 100천원으로 계약 시 1회에 한하여 부과
10년 이상 위탁 시 산출된 수수료의 25%가 감면 부과되며, 위탁자 귀책사유 또는 일방적 계약해지로 중도해지하는 경우 해지 시 감면된 수수료를 납부해야 함
- 농지 임대 대상자 : 자기의 농업경영에 이용하고자 하는 농업인 및 농업법인 농지 임대 공고 및 홍보
- 임대차료의 지급 : 공사는 임차인으로부터 수납한 연간 임대차료에서 수탁수수료를 공제하고 잔액을 위탁자에게 지급약정일에 계좌입금. 공사는 임차인이 지급약정일까지 임차료를 납부하지 아니할 경우 공사에서 위탁자에게 대위지급함

6) 산촌 미리 살아보기 캠프

한국임업진흥원에서 매년 산촌 미리 살아보기 캠프를 진행한다. 귀산촌(희망)의 안정적 정착지원 및 산촌 마을의 활성화를 도모하기 위한 많은 유형별 프로그램을 준비하고 있다. 매년 진행되므로 이 진흥원의 홈페이지(www.kofpi.or.kr)를 필요할 때 살펴보면 유익하다. (문의 1600-3248)

참고로 2015년 진행했던 유형별 프로그램을 소개한다.

내용	귀산촌관심반	임업기술반	산촌사업반
캠프일정	1차 10.14~16 2차 10.21~23	10.17~20	10.15~18
캠프장소	강원도 화천 귀농현장학교	창원 산촌생태마을	담양 운수대통마을
캠프내용	귀농귀산촌의 철학적 이해, 산림농업의 이해 및 현장견학, 귀산촌 길라잡이, 산촌 6차 산업의 이해	임산물수확 및 가공실습, 산림복합경영교육, 산촌 6차 산업 활성화 교육	산촌사업의 이해, 산촌체험교육실습, 리더십 함양교육, 지역특성화 6차 산업
교육인원	30명 2회	20명	20명
참가비	3만 원/ 숙식제공	4만 원 /숙식제공	4만 원 /숙식제공

합숙교육인 이 프로그램은 적은 비용으로 매우 알찬 경험과 지식을 얻을 수 있다는 게 참가경험자들의 전언이다. 전문가와 임업인, 마을 사람들이 한데 어우러져서 가르치고 배우는 현장은 아주 유익하며 함께 간 취향과 목적이 비슷한 사람들과 친분도 쌓을 수 있어 좋다. 숙박을 하는 장소도 산촌에 위치한 통나무 집 등이라 별이 쏟아지는 산

촌의 밤도 만끽하는 재미가 쏠쏠하다는 것. 더덕이나 산양삼 등 산촌 마을에서 나는 임산물 등을 함께 수확해보는 재미도 이 프로그램이 가진 장점이다

또 이 진흥원 교육센터나 현장에서 진행하는 각종 교육프로그램도 아주 다양하다.

귀산촌 설명회는 물론 젊은 임업 CEO창업교육생 교육, 신양삼 재배기술 및 품질관리제도 교육, 고품질 두릅나무 재배 및 병충해방제, 고품질 표고생산을 위한 재배관리 기술 등이다.

또 자료실에서 임업귀촌인들의 성공스토리, 귀산촌 정보 및 나무와 임산물에 관한 정보, 임업 관련 법령에 관한 것, 임업 관련 단체 연락처 등을 매우 자세하게 얻을 수 있다.

② 농공상융합형중소기업 지원사업

정부는 농공상융합형중소기업 육성을 위해 정책자금 지원과 함께, 컨설팅 지원 등의 사업을 실시하고 있다.

농식품부는 2013년 372억 원, 2014년 172억 원의 재원을 확보하여 융자 지원하였으며, 2015년에도 172억 원의 재원을 확보하여 지원하고 있다. 한국농수산식품유통공사(aT)는 농공상융합형중소기업의 경영·기술·수출 분야 컨설팅을 지원해오고 있으며, 2015년도에도 4억의 재원을 확보하여 지원하고 있다.

또한 중소기업청 등은 기존 중소기업 및 식품산업 관련 지원사업에 농공상융합형중소기업을 추가하여 지원하고 있음. 중기청은 2015년도 중소기업융복합 기술개발자금(센터연계형 R&D)을 지원함에 농공상융합형중소기업에 가점 2점을 부여하여 연구개발 자금을 우대하여

지원하고 있다.

aT는 중소식품기업협력지원사업, 고부가가치식품기술개발사업, 수출확대전문가컨설팅사업, 유가공식품인증컨설팅사업 등을 지원한다.

중소기업진흥공단은 중소기업정책자금 융자, 중소기업건강관리시스템 및 중소기업컨설팅사업 등을 통해 지원하고 있다.

기술보증기금은 기술력을 보유하고 있으나 담보력이 미약한 중소기업의 사업성·기술성 등을 평가하여 농공상융합형중소기업에 대하여 우대 보증을 실시하고 있다.

중소기업중앙회는 중소기업 PL(제조물책임) 지원 등을 통해 농공상융합형중소기업에 대한 지원을 실시 중이다.

11장

유기농 시골 카페, 예술과 농업이 어우러지는 실험무대

농부가 된 '순악질 여사', 김미화 이야기

오래전, 야구방망이를 들고 억척스레 남편을 호통하던 그녀는 어디 갔을까?

천지에 봄을 재촉하는 햇살이 화사하게 쏟아져 내리는 초봄의 주말, 그녀는 매스미디어의 무대가 아닌 새로운 일상에서 '순악질 여사'의 기억을 지펴내고 있었다. 한동안 TV에서 방망이를 휘두르며 목소리를 드높여 장난기와 심술로 시청자들을 웃음 짓게 했던 개그맨 김미화 씨(52세)의 일상은 요즘 농촌이다.

서울을 벗어나 영동고속도로 양지 인터체인지에서 내려, 갖가지 시골풍경이 파노라마처럼 펼쳐진 좁은 산길 15km를 달려 당도한 용인시 원삼면 목신리 구봉산 끝자락쯤에 자리한 예농(藝農) 카페, '호미'.

고라니와 반딧불이가 오가는 그곳에서 평소 운동화에 청바지, 방울

털모자를 쓰고 화장기 없는 얼굴로 손님에게 피자와 스파게티를 서빙하는 주인장, 요즘의 생활이 좋은 듯 볼살이 오르고 중년의 몸집도 한결 여유로워졌다.

컨테이너를 개조해 만든 '농사와 예술이 있는 카페' 호미 앞에서
김미화·윤승호 씨 부부가 함께 포즈를 잡았다.
그들이 열정을 갖고 경기도 용인에 새로운 문화를 만들어가고 있는 카페 호미는
두 사람의 이름 한 자씩을 조합해서 만든 이름이다.

그녀는 무대 위의 그 옛날을 잊은 듯, 시간의 한 모퉁이를 돌아 열기를 식히고 다시 돌아와 앉은 듯 담담함을 담아내고 있었다. 하지만 '오래된 미래'로 향하는 농부, 그녀의 말은 단호했고 어느새 단단한 표정이 살아났다.

"창밖의 저 배추밭 좀 보세요. 지난 가을 내내 힘들게 농사지은 것들을 수확도 못 한 채 내버려 썩힌 농부들의 마음이 오죽했을까요. 이전 같으면 배춧값이 싸져 좋다며 신이 났겠지요. 배추가격 폭락사태를 보면서 다른 한편에선 아파하는 사람들도 있음을 깨달았으니 이곳 농촌

과 자연이 또 다른 스승이요 학교이니 고마운 거죠."

김씨가 배추밭 안쪽에 컨테이너형 카페를 세운 것은 1년 반 전인 2013년 여름. '언젠가 그때'를 생각해 8년 전 사두었던 그 땅 외에도 주변의 땅과 논 1천8백 평도 임대해 마을 농부들의 도움으로 농사도 함께 시작했다. 부부와 아이들이 사는 집도 근처 인가가 드문 곳에 자리하고 있다.

"새로운 시도를 하되 성취감이 있고 즐거운 일을 하자는 게 우선 목표였어요. 이제 농부님들과 어울리면서 제가 하고 싶은 일은 고생하는 농부들이 정당한 대가를 받는 사회를 만드는데 조금이나마 보탬이 되고 싶다는 거에요."

혹자는 '순악질 여사'라는 옛 브랜드를 팔아 돈을 벌겠다는 방편이라 얘기하지만 그건 '방송에서 뜰 때나 적합한 얘기'라며 고개를 가로 젓는다.

카페 한켠에서 손님인 듯 악보와 기타, 노트북을 켜 놓고 악상을 고르던 그의 남편 윤승호 교수(57세, 성균관대 스포츠과학부)가 아내의 말을 거든다.

"무역자유화협정을 통해 당장은 싼값에 농작물을 수입해 먹고 있지만 나중에는 아마 식량 주권을 잃고 우리 후세들은 저급한 것을 비싼 값에 사 먹는 날이 오지 않을까요? 우리 부부는 이 땅의 연로한 어르신들이 힘들게 짓는 농산물들을 제값에 팔아 농부가 갑으로 대접받는 사회를 만드는데 기여하고 싶어요."

 그런 노력의 일환으로 썩은 배추밭이 눈앞에서 경종을 울려주는 이 카페 안 피아노 옆에는 근처 농부들이 지은 각종 농산물들이 전시돼 함께 판매되고 있다.

카페 호미 한쪽에는 근처 농부들이 판매를 의뢰한 각종 농산물이 전시되어있다.
판매대금은 고스란히 농부들에게 되돌아간다.

 김 씨 부부가 직접 생산한 검은 찹쌀과 인근 농부들이 생산한 유정란과 초란, 서리태와 무말랭이, 단호박, 된장 등이다. 그녀는 작년에 검은쌀 15가마를 수확했다고 대견해 한다. 볍씨를 뿌리고 이앙기로 모를 심고 트랙터로 밭을 가는 일들은 근처 농부들의 도움을 받았으니 '협업의 즐거움과 가치'도 만끽했단다. 호미란 이름은 농기구를 의미하면서 이 부부의 이름에서 한자씩 따온 것.

 어렵게 키운 작물을 대접한다는 의미로 최대한 예쁜 나무 상자에 담아놓아 카페 손님들의 구미도 당기고 그들이 실험 중인 '농사와 예술이 있는 카페'임을 한눈에 전해주니 일석이조다. 알록달록하고 먹음직한 농산물들은 실내 분위기를 부드럽고 정감있게 만드는 소도구의 장식 역할을 단단히 해내고 있었다.

이곳에서 판매되는 것은 농협에서 친환경 HACCP(식품위해요소 중점관리기준) 인증을 받은 단지를 경작하는 근처 작목반 농부들이 키워낸 작물들이다. '과연 얼마나 팔려 도움이 될까?', '전시효과에 그치는 건 아닌가?' 때론 의구심의 눈초리를 보내는 이들도 있지만 대답은 예상 밖이다.

"날씨가 따뜻해지면 이 구석진 곳에 매달 2천여 명의 도시인들이 들려 갑니다. 카페 안팎으로 가득 쌓인 농산물이 무섭게 팔려나가요. 농촌을 중심으로 이런 장소들이 곳곳에 생긴다면 제값을 받는 일이 그리 어려운 것도 아니겠지요."

이들이 시도하는 농부 벼룩시장(FFM=Farmer's Flea Market)이 농산물값을 후려치는 대형슈퍼(SSM=Super Super Market)에 대항해 제값을 받을 수 있다는 얘기렷다.

날씨가 풀리면서 이 외진 곳에 농부들과 카페 손님들이 발걸음이 잦아지고 있었다. 따뜻해지면 주말마다 열리는 재즈 콘서트 등의 공연이 외부인들을 빨아들인다고. 오래전 그녀를 아직 기억하는 중년층들이 주류를 이룬다.

주변이 조용하고 아직 목가적인 분위기가 살아있는 이곳, 아직 을 씨년스러운 배추밭을 끼고 돌면 컨테이너의 뒷모습이자 카페의 출입구가 나타난다. 삭막한 금속질의 컨테이너와 달리 그 안의 풍경은 사뭇 예상 밖이다. 카페임을 알리는 상호와 조형물을 부착한 컨테이너의 벽면은 카페를 알리는 큰 안내 광고판이나 다름없었다. 이곳은 '순악질 여사'가 하는 곳이고 '농산물카페'이니 편하게 들어오라는 손짓이었다.

그 안은 여느 전원카페와 크게 다르지 않았다. 손님들이 커피나 피자, 스파게티를 들면서 안쪽의 대형 유리창 밖으로, 혹은 나무 데크의 테이블에 나 앉아 자연을 즐길 수 있는 소박하면서 정감있는 장소다. 설치미술가인 친구의 도움을 받아 폐선박이나 폐건물의 낡은 파이프, 부서진 문짝 등을 인테리어 공사에 투입해 '오래된 기분'을 자아내려고 했다.

김 씨가 요즘 하루를 온전하게 바치는 이 카페는 지난해 봄부터 주말마다 다양한 종류의 음악콘서트를 열어왔다. 문화행사 쪽은 남편 윤 씨가 기획을 담당하고 있다. 대학에선 전혀 다른 분야를 가르치는 교수이면서 재즈 음악가인 그가 이끄는 호세윤밴드의 공연 외에도 홍서범, 조항조, 임형주, 웅산, 김한국 등의 연예인들이 무대에 섰다.

개그쇼도, 인도전통무용과 브라질 뮤직, 아카펠라 그룹의 노래도 마련됐다.

청년 시절부터 음악 활동을 한 남편 윤 씨는 재즈의 본고장으로 알려진 뉴올리언즈에서 박사 공부를 하면서 재즈에 대한 공부도 병행하는 기회를 얻었단다. 색소폰과 기타 연주 솜씨도 선보인다.

 그 외에도 귀농·귀촌 및 인문학에 대한 강의, 색소폰 동호회 모임 등 이곳을 열린 문화 공간으로 개방하고 있다.
 지난 세월, '쓰리랑부부', '개그콘서트', '세계는 그리고 우리는' 등의 방송 프로에서 개그맨 또는 방송사회자로 바쁘게 살아온 김 씨가 느닷없이 농촌 카페를 연 것은 그녀에게 찾아온 '아픈 휴지기'가 계기가 된 듯하다.

 코미디언이면서 라디오 시사프로인 '세계는 그리고 우리는'만을 8년여 맡았고 각종 사회단체의 홍보대사, 사회자로 활동하던 그녀의 언사가 다분히 정치적 목적을 깔고 있다는 구설에 휘말리면서부터. 일부 언론, 논객들과의 공방전과 명예회복을 위한 갖가지 송사에 얽히면서 자의 반 타의 반으로 한동안 방송활동을 접게 된 것.

 19세의 어린 나이에 KBS 공채 2기 코미디언으로 발탁돼 30년간 억척스럽게 방송활동을 해온 그녀에게는 뼈아픈 시련이었다. 남편 윤 씨는 집안에 박혀 방황하는 아내의 방송활동 재개를 호소하는 글을 한때 온라인에 올려 눈길을 끌기도 했다. 또 용인 집 근처에 사둔 땅에 농산물 카페를 열어 새로운 길을 모색해보자고 제안했다. 마흔이 넘어 대학을 졸업(사회복지학)하고 석사(언론정보학) 공부를 한 그녀에게 더 공부할 것을 권했다. 그녀는 지금 사람과 자연의 이치를 깨닫게 하는 '동양철학' 박사 과정 중이다. 사람의 마음을 15초 만에 낚아채야 하는 코미디와 통하는 구석이 많단다.

절박한 시간의 어느 한 모퉁이를 돌아 나온 시련의 담금질이 그녀에게서 느껴졌다. 시련은 그를 더 성숙하게 하고 이제 그 아픔을 감사함으로 치환하며 어둠의 터널을 벗어나고 있는 듯했다.

"농부님들이 제값에 자신의 농산물이 서울사람들에 팔리는 것을 보고 자부심도 느끼고 아주 힘이 나 합니다. 우리 부부는 이분들의 가르침으로 농사를 지으면서 기쁨과 보람도 얻고요. 또 농부들이 쉽게 찾아들어 와 즐기는 문화공간에서 많은 사람들을 만나 하던 일을 펼쳐 보이고 멋진 공연으로 모두의 마음을 울리니 이만하면 얼마나 행복한 건가요."

농사 수입은 없다고 했다. 농부들이 가져다 놓은 것은 수수료 없이 판매대행만 하고 있지만 카페를 통해 종업원들과 아르바이트 인건비를 주고 억울하지 않을 정도의 급여가 부부 손에 떨어진다고 전했다.

아담한 체구, 수더분한 옷차림, 차분한 목소리와 표정이 생활인인 그녀의 현주소를 말해준다. 남편 역시 안팎으로 그녀를 돕고 있다. 식사준비나 설거지 등 집안일은 남녀를 따지지 않고 시간이 나는 사람이 하고 있다.

가수 홍서범 씨 부부가 다리를 놓은 후 같은 캠퍼스에서 학생과 교수로 자주 부닥치면서 친숙해져 뒤늦은 나이에 다시 부부로서의 연을 맺어 올해로 10년째다. 부부 사이의 아이들은 모두 넷.

"시청자, 청취자들로부터 오랜 사랑을 받았는데 이제 시골에 와서도 농부님들과 손님들이 사랑을 해주시니 감사할 따름이죠. 살면서 열심히 갚겠습니다."

한참 농사철에는 이곳에 농부들과 작물들이 수시로 드나들어 진짜 농부가 된 기분도 들고 자연이 주는 신선하고 풋풋한 치유의 선물을 즐길 수 있으니 더없이 좋다고. 처음에는 거리감이 있었으나 혼연일체가 돼 농사를 지으면서 이제는 서로 마음을 열어 동네 대소사에 불려다닐 정도로 가까워졌다고.

지난 10여 년간 벌어졌던 파란만장한 일상사를 자전적 저서 『웃기고 자빠졌어』에 담아 펴내기도 했던 김 씨의 장래 자신의 묘비명 역시 그것이라니 촌철살인의 기지가 엿보인다.

그는 지금 '좌전우답(左田右畓)'을 거느리고 '오래된 미래'를 향해 비상하고 있다. 그가 어디까지 비상해 농촌에 밝은 웃음을 선사할지 기대해 볼 일이다. 예농 문화의 새 물결이 온 천지에 일렁이는 그날을!

〈인터뷰 by 고혜련〉

• • • • • •

도움 정보

1) 농업도 이젠 6차 산업이다

21세기의 농업은 1차 산업에서 가공, 체험관광 등 2차, 3차 산업과 융복합 과정을 거치면서 높은 부가가치를 가진 6차 산업으로 떠오르고 있다.

창조경제를 기치로 세운 박근혜 정부는 일찌감치 농업의 6차 산업화를 국정 핵심 과제로 정했다. 최근 농식품부가 전국 17개 창조경제혁신센터 안에 창농센터를 만들겠다고 밝힌 것도 그 연장선이다.

6차 산업은 1차 산업의 농림수산업, 2차 산업의 제조·가공업, 3차 산업의 서비스업을 복합한 산업으로, 농산물을 생산만 하던 농가가 고부가가치 상품을 가공하고 향토 자원을 이용해 체험프로그램 등 서비스업으로 확대시켜 높은 부가가치를 발생시키는 산업을 말한다.

2005년까지 연간 1,000가구에 불과했던 귀농·귀촌 인구는 지난해 4만4586가구로 늘었다. 무엇보다 30대 이하 청년 귀농이 2008년 359가구에서 2013년 5,060가구로 급증한 것은 고무적이다. 이들이 단순 귀농을 넘어 '창농 최고경영자(CEO) 10만 명'의 모체가 된다면 고용창출은 물론이고 노인들만 많던 시골 마을도 활기 넘치는 지역공동체로 되살아날 것이다.

농업인구가 한국의 4%에 불과하지만 농업수출은 우리의 73%나 되는 이스라엘이 우리의 모델이다. 스마트팜과 창농으로 생산성을 높인다면 농업도 훌륭한 벤처사업이 될 수 있다. 중국의 중산층과 고소득

층을 겨냥한 친환경 농산물 수출은 무궁한 발전 가능성이 있다. 농촌, 농업의 판을 바꾸면 경제 체질의 변화도 가능하다. 창농이 곧 혁신이자 일자리 창출의 블루오션이다. (동아일보 14.11.20일 기사에서 발췌)

사실, 6차 산업화라는 개념은 1998년 일본의 농업경제학자가 처음 사용한 용어로, '농업이 1차 산업에만 머물러 있지 않고 2차 산업(제조업)과 3차 산업(서비스업)까지 영역을 확장하여 농촌에서 새로운 가치를 창출한다는 전략'이다. 즉, 1차와 2차, 3차 산업을 복합(1차+2차+3차)하거나, 융합(1차×2차×3차)하여 6차 산업화한다는 것이다.

〈좋은 사례〉

충남 당진의 백석올미영농조합이 농업 6차 산업화 우수사례 대상을 차지했다. 농림축산식품부는 지난해 제2회 6차 산업화 우수사례 경진대회에서 백석올미영농조합 등 10개 우수사례를 선정했다.

대상을 차지한 백석올미영농조합법인은 마을 부녀회가 중심이 돼 한과와 고추장, 체험프로그램 운영 등을 통해 마을의 수익원을 창출한 점이 좋은 평가를 받았다.

이어 경남 합천 하남양떡메마을, 전남 보성의 보향다원이 금상을, 경북 문경의 오미자밸리영농조합, 전남 고흥의 에덴식품영농조합, 전북 고창의 베리팜영농조합이 은상을, 전남 나주의 명하햇골, 경북 여천의 초산정, 경기 용인의 학일마을영농조합, 충북 청원의 청원자연치즈청원목장이 동상을 각각 수상했다.

2) 6차 산업 지원정책 현황

2015년 8월에 산업연구원(KIET)은 '6차 산업화 정책의 추진실태와 발전과제'라는 제목으로 발표하였다. 여기서는 이를 바탕으로 정부가 추진하고 있는 6차 산업 지원 정책을 발췌 소개한다.

(1) 6차 산업화 정책 전반

정부와 유관 기관은 6차 산업화 지원을 위해 금융, 컨설팅, 교육, 수출, R&D, 체험관광 등 10개 분야에서 219개 지원사업을 추진하는 것으로 조사됐다. 산업연구원이 정리한 자료에 의하면 농림축산식품부, 중소기업청, 한국농수산식품유통공사 등 17개 기관과 지방자치단체(9개)에서 사업을 추진 중이다.

지정 연도	전략적 제휴형	농어업인 경영형	공동 출자형	합계	분야 기관명	금융	컨설팅	교육	수출	R&D	인증 등
농림축산부	1	2				8	5	2	3	5	24
농촌진흥청							4		2		6
산림청		1	1			2	3	1			8
한국농수산식품유통공사	4	11	1	15		1	13	2			47
한국농어촌공사				1				1	3		5
농림수산식품교육문화정보원				1				1			2
농림수산식품기술기획평가원					4						4
한국식품연구원		1			1						2
한국식품산업협회				2							2

농협중앙회	2						3	3			8
산림조합중앙회	1		1								2
한국마사회			1	1				1			3
농업기술실용화재단		2	1		5	5		1			12
농업정책자금관리단	1										1
중소기업청	4	4	3		11	1		1			24
식품의약품안전처						1					1
전국지식재단센터					3	2	5				10
지방자치단체(시도)	4	2		7	1	3	21	14	5	1	58
합계	17	23	9	26	25	18	38	39	20	4	219

- 출처 : 농림축산식품부, 6차 산업화지원정책메뉴얼, 2014년

(2) 농공상융합형중소기업 지원 정책

정부는 6차 산업화 정책의 일환으로 2010년부터 농공상융합형중소기업 지원사업을 추진해오고 있다. 현황 및 지원제도를 살펴보면 다음과 같다.

① 농공상융합형중소기업 현황

농림축산식품부와 중소기업청은 2010년 7월 비상경제대책회의에 '농공상융합형중소기업 육성전략'을 상정하여 '농공상융합형중소기업 지정'과 함께, 해당 중소기업에 정책자금 융자 및 R&D 자금 지원, 판로개척 등을 지원할 수 있도록 하고 있다.

2014년 말 기준, 농식품부와 중기청이 공동으로 300개의 농공상융합형중소기업을 지정하여 운영하고 있다. 농공상융합형중소기업의

지정 유효기간은 2년(기간 만료 후 평가를 통해 최대 3회까지 지정 가능)으로 설정하고 있다. 300개 농공상융합형중소기업을 유형별로 살펴보면, 전략적 제휴형이 215개(71.7%)로 대부분을 차지하고, 농어업인 경영형이 81개(27.0%), 공동 출자형이 4개(1.3%)로 구성되어 있다.

사업분야별로는 식품기업이 271개(90.3%)로 대다수를 차지한 반면, 화장품은 10개(3.3%), 사료 및 의약품은 6개(2.0%), 기타 13개(4.4%)로 이루어져 있다.

〈6차 산업 관련 농가 및 법인 수 현황(2014)〉

지정 연도	업체유형별 지정현황			
	전략적 제휴형	농어업인 경영형	공동 출자형	합계
2013	90	23	2	115
2014	125	58	2	185
계	215	81	4	300

– 출처 : 농림축산식품부 중소기업청

〈사업분야별 농공상융합형중소기업 현황(2014)〉

분야	식품	화장품	사료	의약품	기타	합계
업체 수 (비중, %)	271 (90.3)	10 (3.3.)	3 (1.0)	3 (1.0)	13 (4.4)	300 (100.0)

– 출처 : 농림축산식품부, 중소기업청

② 농공상융합형중소기업 지원사업

정부는 농공상융합형중소기업 육성을 위해 정책자금 지원과 함께, 컨설팅 지원 등의 사업을 실시하고 있다.

농식품부는 2013년 372억 원, 2014년 172억 원의 재원을 확보하여 융자 지원하였으며, 2015년에도 172억 원의 재원을 확보하여 지원하고 있다. 한국농수산식품유통공사(aT)는 농공상융합형중소기업의 경영·기술·수출 분야 컨설팅을 지원해오고 있으며, 2015년도에도 4억의 재원을 확보하여 지원하고 있다.

또한 중소기업청 등은 기존 중소기업 및 식품산업 관련 지원사업에 농공상융합형중소기업을 추가하여 지원하고 있음. 중기청은 2015년도 중소기업융복합 기술개발자금(센터연계형 R&D)을 지원함에 농공상융합형중소기업에 가점 2점을 부여하여 연구개발 자금을 우대하여 지원하고 있다.

aT는 중소식품기업협력지원사업, 고부가가치식품기술개발사업, 수출확대전문가컨설팅사업, 유가공식품인증컨설팅사업 등을 지원한다.
중소기업진흥공단은 중소기업정책자금 융자, 중소기업건강관리시스템 및 중소기업컨설팅사업 등을 통해 지원하고 있다.

기술보증기금은 기술력을 보유하고 있으나 담보력이 미약한 중소기업의 사업성·기술성 등을 평가하여 농공상융합형중소기업에 대하여 우대 보증을 실시하고 있다.

중소기업중앙회는 중소기업 PL(제조물책임) 지원 등을 통해 농공상융합형중소기업에 대한 지원을 실시 중이다.

12장

1인 + 자비출판, 책도 내고 소자본으로 기회도 잡고

대기업 임원에서 역사 기행작가로 변신, 연이어 출간하는 이기성 이야기

"참 팔자 좋은 사람이야."

퇴직 후 햇수로 9년째, 그간의 일상이 온통 여행과 공부, 글쓰기로 이루어진다고 하면 누구나 그를 향해 서슴없이 한마디씩 던지는 얘기다.

하지만 당사자인 이기성 씨(62세)는 이런 반응에 좀 의아하다는 표정이다.

"돈이 있다고 하고 싶은 일을 할 수 있는 건 아닙니다. 그리고 돈은 누구에게나 항상 부족해요. 또 어디에 가치를 두느냐에 따라 그 쓰임이 달라지는 거죠."

혹한이 서울을 덮친 12월 중순, 서울 종로구 관철동 그의 집필실은 냉기가 싸하게 코끝을 감쌌다. 발이 시려 코트로 발을 감싸야 했을 정도.

"설마 난방비를 아끼느라고 이러시는 건 아니죠?"라고 물었다. 그는 절약이 당연하다는 듯 답했다.

"이 난방비 자체는 얼마 아니겠지만 모든 씀씀이가 그런 거죠."
그냥 절약하는 삶의 자세가 몸에 밴 탓이라는 얘기다. 돈이 남아돌아 요즘 같은 그의 일상이 이루어지는 게 아니라는 걸 말해주는 듯했다.

그는 27년간의 월급쟁이 생활을 접고 이제 역사 기행작가가 됐다. 이미 『장안 그리고 서안』을 시작으로 스페인 여행 경험을 토대로 한 『자신의 반쪽을 지워버린 사람들』과 지난해 말 『발칸 유럽 역사 산책』 등 세 권을 연이어 펴냈다. 치열하게 여행하고 자료를 찾고 몰입해 글 쓰는 일로 퇴직 후의 시간을 송두리째 바친 셈이다.

이 씨는 지난 1979년 연세대 경영학과를 졸업하고 곧바로 두산산업에 입사한 이후 SK에너지(당시 회사명은 유공)를 거쳐 충청에너지의 경영지원본부장(전무)을 끝으로 회사원 생활을 마감했다.

"여태까지의 삶 중 3분의 1은 남들처럼 학교를, 3분의 1은 남들처럼 직장에 다녔습니다. 이제 나머지 삶이야말로 오롯이 내가 하고 싶은 일을 할 수 있으니 정작 가장 중요한 일을 하고 있는 게 아닌가요? 그러니 하루하루가 소중하고 나날이 가슴이 설렙니다."

그가 새삼 기행작가를 목표로 해서 다니던 회사를 그만둔 건 아니었다. 그의 말 대로 '나가라고 하니까' 밀려 나왔다. 퇴사 1년 전부터 위기의식 속에 무엇을 할까 고민하다 평소 관심 있었던 역사 공부를 하리라고 마음먹었다.

은퇴한 회사 선배들은 "막상 자유로워져 무엇이든 할 것 같지만 더 막막하기만 하다"는 말을 숱하게 들려줬다. 대학 시절 밥벌이를 위해 경영학을 전공했지만 당시 정작 공부하고 싶었던 것은 서양사학이었던 만큼 '바로 그거야'란 생각으로 앞길을 잡았다는 것이다.

퇴직하자마자 6개월간 문화센터에 가서 글쓰기 강의도 듣고 열심히 습작했다. 어디로 가서 무엇을 보아야 할지 방향을 잡기 위해 세계 곳곳의 역사를 공부했다. 중국어 학원에도 등록해 손바닥만 한 의자에 앉아 어린 학생들과 함께 배웠다. 그러면서 틈틈이 퇴직한 동료 친구들과도 어울렸다. 그러나 점차 시간이 가면서 당분간 익숙했던 서울을 어서 떠나야겠다는 생각이 들었단다.

"은퇴한 사람들과 자주 만나 주로 옛 회사에서 겪었던 일을 되풀이해 얘깃거리로 삼으면서 지나간 시간에 함몰된 나 자신에서 탈피하고 싶었다"는 것이다.

그가 처음 행선지로 선택한 곳은 중국의 시안(西安, 옛 長安)이다. 2007년 아내, 대학생과 직장인 남매는 물론 애완견도 데리고 온 가족이 떠났다. 목동의 아파트는 그냥 비워두었다.

그가 시안을 택한 것은 이곳이 중국 13개의 왕조, 73명의 황제가 1062년 동안 수도로 삼았던 세계 4대 문명의 발원지인 고도(古都)였기 때문.

독일여행

　중국과 한국, 장안과 한양, 시안과 서울의 모습을 견주면서 어떤 요인이 과거로부터 현재에 이르는 결과를 낳았으며 앞으로는 어떤 변화가 오게 될지 매우 궁금했다는 것이다.

　가자마자 대학생인 아들과 함께 시안외국어대에서 마련한 중국어 강의를 들었다. 1년을 꼬박 배웠다. 틈이 나는 대로 시안 인근의 유적지를 돌아다녔다. 옛 유적지는 빈터만 쓸쓸하게 남아있는 곳도 많았고 남은 유적도 대부분 명, 청나라 시대에 중수되어 본래의 모습이 사라져 아쉬웠지만 현장에 스며있는 깊은 역사의 향기를 느낄 수 있어 좋았다고.

　1년 동안 외부와의 소식을 두절하고 지내면서 역사, 중국어 공부에 몰입했다. 당시 국내에서 대통령 선거가 있었지만 한동안 누가 당선

됐는지도 몰랐다는 것.

깐수(甘肅)·칭하이(靑海)·신장(新疆) 등 중국 서북지역도 여행하면서 중국 고대국가였던 진(秦), 한(漢), 수(隋), 당(唐)나라의 흥망성쇠를 가져온 강성요인과 몰락요인들을 짚어 내려갔다.

또 시안에 족적을 남긴 사기(史記)의 저자이며 중국 최고의 역사가로 꼽혔던 사마천, 중국 삼국시대 촉한의 전략가였던 제갈량, 당나라 현종의 애첩이며 경국지색으로 소문났던 양귀비 등의 발자취도 따라가 보았다. 여기에 현지인과 토론했던 체험을 버무려 역사 기행 에세이 『장안 그리고 시안』을 펴내게 됐다.

처음에는 난생처음 책을 쓴다는 것이 두려웠지만 여행을 다니면서 메모한 내용들과 사진들이 혼자 보기엔 너무 아까워 점차 공유하고 싶어져 용기를 냈다는 것.

"그들은 동족이 아닌 사람도 같은 말과 문화를 받아들일 의사를 보일 경우 포용하는 경향이 강해요. 용광로 같은 자세로 국가의 저력을 키운다는 생각이었던 거죠. 순혈주의가 너무 강해 이질적인 것은 배척하는 우리나라 사람들과는 많이 다르죠. 그래서 우리 정치인들도 상대진영이 제시하는 건 무조건 반대하고 보는 게 아닐까요. 상대가 옳으면 국익을 위해 진영논리도 접고 다양성도 인정해야 하는데…."

그는 밖으로 나가니 자신이 담겨 있던 사회와 나라가 객관적으로 보이기 시작했다고 덧붙였다.

"주위 사람들은 1년씩 집을 비워둔 채 온 식구가 나가 있었다고 하면 무슨 큰돈을 들인 거로 생각하지만 실제는 그게 아니에요."

시안은 방 3개짜리 아파트가 연간 5백만 원 정도, 어차피 서울에서도 드는 식비는 훨씬 적게 들고 중국어 학비 역시 한 학기당 50만 원 정도 하니 과소비가 아니라는 것. 오히려 서울 생활보다 훨씬 씀씀이가 적었다는 것.

이탈리아 여행

그래도 "여행하고 책을 쓰며 산다"고 하면 사람들의 반응은 "무슨 돈으로?", "팔자 좋은 소리한다"는 게 대부분. "그럼 그게 아니냐?"고 되묻자 익숙한 질문이라는 듯 서슴없이 대답한다.

지방에서 근무할 때 회사 사택에 살면서 주거비를 절약할 수 있던 게 종잣돈이 됐다는 것. 그 돈을 모아 지방에 사 놓은 땅에 원룸 10개짜리 건물을 지어 월 5백여만 원의 고정 수입이 있다고 털어놓는다.

또 퇴직금 등 일정액의 목돈으로 주식투자도 하고 있다고 덧붙인다.
 그런 돈을 절약해 쓰면서 경제적인 여건이 허락하는 선에서 여행과 집필 계획을 잡는다는 것. 여행은 현지인의 민박업소를 이용하는 등 젊은이들의 배낭여행 수준으로 하고 있다고.

 초보자답지 않게 내용이 알차고 자신이 찍은 수십 장의 사진은 물로 참고문헌과 각종 도표까지 곁들인 3백20여 페이지 분량의 꽤 두꺼운 책이 좀 팔렸느냐고 물었다.

 초판으로 1천 부를 찍었는데 2천 부 이상 나갔으니 성공이 아니냐고 답했다. 자비출판 비용을 충당하고 좀 남았으니 그만하면 족하다며 유쾌하게 웃었다. 마침 '아마추어 작가'인 그의 용기를 높이 평가한 일부 신문들이 서평과 인터뷰 기사를 내보낸 덕분이라며.

 "출판사나 주위 사람들이 주요 독자층이 20~30대 여성이니 그에 맞추라고 하더군요. 문장도 바꾸고 글도 더 감각적으로 하라고…. 하지만 그냥 밀고 나갔습니다."
 어차피 자비로 출간했으니 그런 압력(?)에 별 부담이 없어 좋았다면서.

 "흔히들 책을 출간하면 한 달 동안 행복하다는데 저는 그 이후 아직까지 행복합니다. 책이 한두 권 팔릴 때마다 출판사로부터 자동 연락 메시지를 받는데 매일 아주 흥미진진해요."
 평소 별 표정이 없는 그의 얼굴에 화색이 돌았다.

이런 행복감이 동력이 되어 연이어 여행하고 책을 쓰는 일이 직업처럼 되어버렸다. 그는 이제 여행에서 돌아와 있는 날들 대부분을 집필실에 아침 10시에 출근해 오후 5시 정시에 퇴근하는 전업작가가 된 셈이다. 당장 많이 팔리지 않는다 해도 '언젠가 그날을 위한 투자를 하고 있는 셈'. 여행을 위한 체력을 다지기 위해 운동 하는 시간도 중요한 일상의 하나다.

그사이 퇴직한 동료들이 전기기능사 자격증도 따고 취업담당관으로 직업학교에도 근무하는가 하면 숲 해설사로도 나서 잠시 마음이 흔들리기도 했지만 이젠 그 마음을 한곳에 정진하자며 단단히 잡아매었다.

첫 책을 낸 지 3년 후인 2011년에 두 번째 책을 냈다. 한때 세계 역사 속에서 최강국으로 떠올랐다 불과 백 년도 되지 않아 신기루처럼 홀연히 사라져버린 '거짓말 같은 제국의 나라' 스페인의 여행 경험과 역사를 담은 『자신의 반쪽을 지워버린 사람들』을 펴낸 것.

"지난 역사 속 모든 강대국들이 흥망성쇠의 순환고리를 탔지만 어느 날 마치 하늘에서 떨어지듯 최강국이 됐고 무지개처럼 사라져버린 그 제국, 필연적인 이유가 있을 거란 생각에 찾아 나섰습니다."

하지만 스페인어도 모르고 스페인 관련 서적도 많지 않은 데다 국내 책은 기독교 중심의 일방적인 기술이 많아 문제였다. 결국 인터넷 검색을 통해 사방에 흩어져 있는 지식과 정보를 고구마 줄기 캐내듯이, 때론 퍼즐 맞추듯이 추적해가면서 "한 사회나 국가가 특정 이념에 함몰될 때 빠지기 쉬운 위험에 대해 경고하는데 의미를 뒀다"고 전했다.

두 번째 여행에는 식구 아무도 따라나서지 않았다. 평소 성당을 열심히 다니는 아내는 그쪽에서 자신의 할 일을 찾아 나섰다.

대신 여행에 뜻이 있는 지인과 40여 일을 함께 했지만 애초 의도한 대로의 여행을 하는 데 어려움이 있었다. 동행인과 목적한 바가 다르니 행선지나 시간 배정, 먹고 자는 장소 등에 이견을 보여 향후 여행은 철저히 혼자 하기로 마음을 굳히는 계기가 됐다는 것.

지난해 말 펴낸 세 번째 여행기 『발칸 유럽 역사 산책』에는 동방정교회, 가톨릭, 이슬람이 만나는 대표적 문명 충돌의 장(場)인 발칸반도의 부침을 녹여냈다. 터키 이스탄불에서 체코 프라하까지 훑고 다닌 50여 일간의 여정을 토대로 그 나라들의 지난 역사 이야기와 한국인으로 이 땅에서 배운 역사지식과 경험 및 소회 등을 버무려 더 이해하기 쉽게 풀어나갔다.

"이제 발칸에 대해서도 서구 중심의 역사관을 벗어나 당사자들의 목소리를 들을 때가 되었어요. 서구 주류사회는 그들을 '폭력적이다, 야만적이다' 등으로 비하하고 있지만 비잔틴제국과 오스만제국, 신성로마제국 등이 지배했던 발칸반도에 대한 양자의 시각을 서로 비교하며 편향된 시각을 바로 잡고 싶었어요."

그의 목소리에 힘이 들어갔다.

다음 책은 '프랑크 왕국의 후예들'에 관한 것이다. 프랑크 왕국(AD481-843)은 서유럽 최초의 그리스도교적 게르만 통일국가로서 그리스도교 문화 및 중세 여러 제도의 모체(母體)가 된 나라여서 주제로 선택했다. 한때 서유럽의 정치적 문화적 통일을 실현했던 프랑크 왕국의 분열, 붕괴과정에서 탄생한 국가들의 취재를 위해 이미 한동안 독일과 이탈리아를 다녀왔고 신년 초에는 프랑스를 45일 정도 여행한다. 이와 별도로 인도에 가서도 잠시 생각을 정리할 계획이다.

"제가 책을 쓴다고 했을 때 식구들은 의아한 표정을 지었어요. 늘 하던 일이 기업의 인사, 기획, 경영지원에 관한 것이었으니 무리가 아니죠. 처음에는 제가 펴낸 책을 대충 보더니 이제는 아주 세심하게 읽고 재미있다고 격려해줍니다. 남편과 아버지를 보는 식구들의 눈이 달라졌어요. TV를 보면서 국제 뉴스를 접하는 아내의 역사 인식도 많이 달라진 것 같아 흐뭇합니다. 이전에는 역사에 별 관심이 없었거든요. 바야흐로 세계적 사건의 뒤안을 입체적으로 보기 시작했다고나 할까요?"

그는 특히 "은퇴한 아버지도 저렇게 열심히 사시는데 우리도 더 열심히 해야겠다"는 자녀들의 표정과 각오를 읽을 때 자부심이 생긴다고 했다. 또 은퇴한 친구들도 자극을 받는다고 하니 그저 즐겁고 고맙다고 전했다.

또 그가 낸 책이 그냥 아마추어가 재미삼아 낸 책이 아니라는 인식이 조금씩 생겨서인지 자발적 독자가 늘어나고 있으니 더 없이 희망적이라고 했다.

그는 『로마인 이야기』, 『바다의 도시 이야기』, 『나의 친구 마키아벨리』 등의 세계적인 베스트셀러들을 출간한 일본의 작가, 시오노 나나미를 늘 기억하고 힘을 얻는다고 했다. 그녀가 쓴 책의 깊은 매력이 우선이겠으나 무엇보다 그녀 역시 역사에 대한 공식적인 교육, 경력 없이 혼자 이탈리아를 여행하고 읽고 생각하면서 문학과 역사를 넘나드는 도전적인 작품들을 발표해온 점이 닮았기 때문이리라.

"정보의 홍수 시대지만 독자들이 언젠가는 제 책의 진가를 알아줄 겁니다. 솔직히 책의 내용 면으로는 좀 자신이 있거든요."
학교에서 따로 역사 공부를 한 적은 없지만 해외 역사 여행을 위해 공부도 많이 했고 각국의 현실을 직접 겪으면서 나름의 깊이 있는 통찰을 했다고 자부하기 때문이다.

"다른 나라들은 어떻게 갈등을 해결해나가는지 알려주면 국론이 많이 분열된 우리에게도 도움이 되지 않을까 생각해요. 강대국이나 약소국이 그냥 된 게 아니고 다 이유가 있습니다. 그 이유를 찾아내 교훈으로 삼는 것이 곧 선조들의 역사가 후손에게 주는 선물 아닐까요?"
이를 바르게 전달하는 메신저 역할을 하고 싶다고 했다.

그는 앞으로도 3~4년에 한 번씩 역사 기행서를 낼 계획이다. 우선 다섯 권을 목표로 잡았다. 그는 퇴직 후 곧바로 뭔가를 해야 한다는 조바심을 버리라고 전한다. 여생을 보내고 싶을 정도로 좋아하는 일을 찾고, 그걸 이루기 위한 계획을 먼저 세우라는 것이다.

 인생 2라운드를 '진지하게 공부하는 작가'로 살기로 작정한 그의 책들은 갈수록 두꺼워지고 있다. 내용도 더 알차고 편해졌으며 참고 목록의 수준도 높아지고 있다는 게 주위의 평.
 역사 여행을 끝내면 그다음은 자연을 찾아 떠나는 여행을 할 계획이란다.
 그의 인생이모작 여행이 언제 어떻게 어디로 이어질지 자못 궁금해진다.

〈인터뷰 by 고혜련〉

・・・・・・

도움 정보

1) 출판 시장의 변화와 출판 과정 및 비용

(1) 출판시장의 변화

개인이 자신의 비용으로 자서전, 소설, 시집, 여행기, 칼럼집 등을 출판하는 예가 빈번해지고 있다. 덩달아 자비출판, 1인출판 시장이 활황을 맞고 있다.

이름도 알려져 있지 않고 어떤 특정 영역의 전문가도 아닌 개인들이 원하는 서적을 출간해주는 소규모 자비출판 업체들이 속속 생겨나고 있는 것. 또 개개인이 출판사를 거치지 않고 책을 쓰고 온라인에서 판매하는 전자책을 만드는 나 홀로 전자출판(혹은 1인 출판)이 가능해진 것이다.

기존에는 책을 쓴다는 것이 연구의 깊이가 있는 소수 엘리트 집단이나 글쓰기 전문가들의 영역이었으나 이제는 콘텐츠를 생산하고 유통, 소비하는 방식의 변화가 다른 양상을 초래하고 있는 것.

일반인이 책을 출판해보려는 의도의 그 근저에는 자기표현 욕구 증대와 함께 경제적 여유, 콘텐츠 유통의 변화가 크게 기여하고 있다. 특히 요즘은 다양한 소셜 미디어들의 출현으로 정보 획득에 부족함이 없고 전 지구촌을 망라한 생생하고 멋진 체험들을 그런 채널을 통해 축적하고 타인의 글과 정보도 공유하면서 출판이 용이해진 것이다.

평소 블로그나 카페, 페이스북 등을 통해 집필의 경험을 쌓아온 일반인들은 이미 쌓아온 자신만의 콘텐츠를 바탕으로 온·오프라인의 책을 만들어 보다 널리 알림으로써 자신만의 브랜드를 구축하고 독자를 확보하려는 의도가 충만하기 때문이다.

때로는 비전문가인 개인이 관심 분야를 연구해, 전문가 수준의 실용서들을 내기도 하고 의외의 반향을 불러일으키기도 한다. 특히 해외여행자가 늘면서 정보와 경험을 공유하려는 출판 욕구가 급상승하고 있는 것이다. 또 콘텐츠의 주요 내용인 사진도 쉽게 마련할 수 있어 더욱 그런 변화를 촉진하고 있다. 이동하는 곳마다 스마트폰으로 사진을 용이하게 찍어 폰이나 컴퓨터에 보관, 재가공 및 처리할 수 있어 이런 흐름에 기여하고 있다.

또 다른 원인은 인쇄 시장의 변화. 디지털 인쇄 기술의 발달과 변화로 필요한 때 필요한 양만큼의 소량생산이 가능해졌기 때문이다. 기존에는 옵셋 인쇄를 통해 최소한 2천~3천부를 찍어야 했던 것과는 다른 양상이다. 2백~3백 권의 책도 짧은 시간 안에 찍어낼 수 있고 필요하면 금방 재출판이 가능한 데다 품질도 옵셋 인쇄물에 못지않다는 것.

그런 만큼 비전문가의 미숙한 글쓰기를 위해 수천 권의 책을 출간했다가 보는 금전적 손실이나 책의 장기간 보관이나 관리 등에 따르는 문제점이 줄어들어 일반인의 출판이 저자 개인은 물론 출판업자들에게도 용이해 졌다는 점이다. 따라서 소자본, 한두 사람으로 출발하는 1인출판 업체, 자비출판 업체들이 속속 자리를 잡아가고 있다.

때로는 무명의 저자이면서도 그 내용이 출중해 소위 '대박'을 터뜨리는 행운을 얻기도 한다. 이래저래 소자본으로 금전과 명예 등의 기회를 잡아보려는 자비출판, 1인출판의 행렬이 이어질 것으로 보인다.

(2) 출판 과정과 비용

이들 소규모 출판사들은 출간을 의뢰하면 다음과 같은 순서로 작업을 진행한다. A출판사의 예이지만 과정과 비용 등이 대동소이하다.

① 계약금(출간비의 40%)과 최종 원고가 들어오면 목차를 정리하고 본문을 교정하여 교정본을 저자에게 송고.
② 교정본의 수정을 거쳐 원고가 확정되면 본문 편집 및 디자인, 표지 디자인한 PDF 파일을 저자에게 다시 송부하여 디자인을 확인.
③ 본문과 표지를 확정하고 잔금이 정산되면 인쇄 제작하여 신간등록을 진행하여 서점에 배포.
④ 상세내용 :
*책 크기와 출간비 : 흑백 1도 250페이지 기준. 제작비용은 300부를 낼 때 240만 원/판형 : 신국판(152*225mm). 이 경우는 본인이 지인에게 돌릴 목적으로 만들 경우의 최소한 비용. 국내 각 서점에서의 판매를 의뢰할 때는 부수 발행량부터 달라진다. 또한 디자인의 수준, 컬러 사용 여부, 표지 엠보싱 처리, 원고를 다듬는 정도 등에 따라 많이

달라진다.

*표지 : 스노우 250g/컬러 4도/무광코팅/날개있음
*제본 : 무선제본
*내지 : 미색모조지 100g
*면지 : 밍크지 120g 앞뒤 각 두 장
*편집 : 교정, 본문 편집과 디자인, 표지 디자인, 표지글 작성
*저작권 사용료(인세) : 8~10%
*인세 정산 : 매 분기(3, 6, 9, 12월)
*납본 : ISBN 부여, 국립중앙도서관, 국회도서관
*전자책 : 무료제작.
전자책 인세 : 30%
*계약 기간 : 2년(쌍방의 이의가 없는 경우, 2년 이후에도 서점 주문에 맞추어 배본하고 인세를 정산)

2) 출판 아카데미를 이용하자

한국출판문화진흥원은 출판사 신입 직원 및 출판사 창업 1년 내외 초기 단계 운영자를 대상으로 '출판 A-Z' 제하의 프로그램을 운영한다.
책 만들기 과정은 물론 책의 유통과 마케팅, 홍보 등에 관해 상세히 안내한다.
홈페이지(http://kppa.or.kr)에 그 일정과 내용들이 공개된다. 수강료는 무료. 수업은 서울 마포구 상암도 DMC문화콘텐츠센터 9층에서 실시된다. (문의 02-3103-2794)

〈2016년 출판아카데미 수강생 모집 공고〉

1. 모집 개요
   ▷교육일정 : 2016.4.4.(월)~11.15(화)
   ▷교육장소 : 서울시 마포구 월드컵북로 400 문화콘텐츠센터 903호
     (출판아카데미 교육장)
     전라북도 전주시 덕진구 중동로 63(지역 출판 입문 과정)
   ▷지원자격 : 국가인적자원개발 컨소시엄 협약사(社) 재직자(고용보험 가입 필수)

2. 교육 과정

과정명	총 훈련시간	대상	정원	횟수
출판 경영 환경의 이해	21시간(야)	편집장, 마케팅 부서장 등 전략 담당자	25명	2회
전자출판 트렌드의 이해	27시간(야)	전자출판 콘텐츠 기획 담당자	25명	2회
출판마케팅 전략 기획 과정	21시간(야)	출판 마케팅 기획 역량이 필요한 3~5년차 대리/과장급 마케터 및 기획자	30명	2회
지역 출판 입문 과정	20시간(주)	지역 출판사 편집자(3년 이내)/ 지역 기관의 출판 담당자	20명	1회
출판 A to Z - 기획과 편집	20시간(주)	출판사 신입 직원/경력 3년 이내 편집자	25명	2회
출판 A to Z - 디자인과 제작	20시간(주)	출판사 신입 직원 및 디자인/ 제작 관련 업무 담당자	25명	2회
출판 A to Z - 유통과 마케팅	16시간(주)	출판 유통과 마케팅 담당자	25명	2회
SNS 출판 마케팅	16시간(주)	출판사 신입 직원 및 SNS 마케팅 초보자	20명	3회
편집자를 위한 전자책 퍼블리싱	18시간(야)	출판사 편집자 등 전자책 제작 초보자	20명	2회
(신규) 출판 저작권과 계약서	16시간(주)	출판디자이너, 출판기획자/ 전자출판 담당자, 편집자, 저작권 담당자	25명	2회

(신규) 서점 비즈니스 트렌드의 이해	20시간(주)	서점 운영 직원 및 출판사 재직자	25명	2회
(신규) 출판 기획자를 위한 경영학	16시간(야)	출판사 및 서점의 기획자	30명	1회

3. 접수 : E-Mail : kpipa_edu@naver.com / 팩스 : 02-3153-2790

13장

외식산업, 개인 브랜드가 먹힌다

외판사원에서 '서민 갑부'가 된 '샌드위치 달인' 정주백 이야기

"목적지에 도착했습니다."

자동차 내비게이션이 화살표로 목적지를 짚으면서 벌써 여러 번 외쳤는데… 도대체 어디 있는 거지?

서울 목동 한복판에서 내비를 켜고도 인터뷰이의 사무실을 못 찾다니 이게 무슨 망신인가. 내비가 가르치는 좁은 골목 안을 서너 차례 뱅뱅 돌면서 결국은 부동산 중개업자의 도움을 받아야 했다. 세상에! 이곳이 '샌드위치 대부' 정주백 씨(57세, SLB Korea 대표이사)의 사무실이라고?

주소만 달랑 준 그에게 전화를 걸어 도대체 거기가 어디냐고 물을 수가 없었다. 온갖 고생을 무릅쓰고 이제 성공해 '서민 갑부'라 불리는 그에게 차마 주소를 못 찾는다고 물어보기는 창피해서였다. 하지만 그의 사무실을 보고 든 생각은 '그러면 그렇지, 이러니 찾을 수가 있나'였다. 그의 사무실은 목동 재래시장 입구 한켠, 그러니까 아래층이 아주 작은 이불 가게인, 허름하고 납작한 가옥의 2층에 자리 잡고 있었다.

오래된 떡 방앗간과 각종 풀뿌리들을 달여주는 건강원과 붙어있었다. 웃음이 났다. 마치 서민적인 동네를 연출, 촬영하기 위해 일부러 세트장을 만들어놓은 착각이 일게 하는 곳이었다. 목동에 이런 곳이 있었단 말인가….

그래, 항상 선입견이 문제인 거다. 그래도 '갑부'라는데 대로변 번듯한 건물에 그럴싸한 사무실을 차렸겠지 하는 지레짐작이 장소를 찾는 데 걸림돌이 된 것이었다. "최근 업데이트를 하지 않았더니 멍텅구리가 됐구나"하며 애꿎은 내비 탓만 한 거였다.

한 사람도 올라가기 어려운 비좁은 계단을 몇 개 올라가 신발 여러 개가 어지러이 놓인 계단 중간쯤에 달린 회사 문패를 보고서야, 열어 놓은 안을 들여다보니 초로의 살집 좋은 아저씨가 나타났다. 길거리에는 아무 표시도 없었다.

프리미엄 샌드위치 전문 브랜드인 '멜랑제'의 사장이니 갑부니 하는 직함과는 어울릴 것 같지 않은 그가 안내한 곳은 방바닥에 앉아 먹는 허름한 직원식당이었다. 그렇게 그와 밥상에 마주 앉았다.

그의 누나가 옆 부엌에서 직원들의 점심식사 메뉴로 달걀부침과 상추쌈을 혼자 준비하고 있었다. 지금 '멜랑제'는 하루 6천 개의 샌드위치를 만들고 백화점과 단독 매장 4곳에 고가의 샌드위치를 공급하고 있다. 연간 매출액이 70억 원, '멜랑제'는 가장 서민적인 모습으로 '프리미엄 고객'들을 공격하고 있었다. 그가 지은 브랜드명 '멜랑제'는 새로운 맛을 창조하기 위해 여러 가지를 '섞어 만든다'는 의미의 불어란다.

정 대표가 서울 서초동 등에 자리한 멜랑제 직영점에 나와
매장상황을 둘러보고 있다.

연간 시장이 1조 원대에 달한다는 샌드위치 시장은 편의점에 공급하는 1천5백 원대의 저가 샌드위치가 90% 이상을 장악하고 있으며 기타 중견기업에서 하는 프랜차이즈 업소가 나머지를 거의 담당하고 있는 형편이다. 그가 만드는 햄 모짜렐라치즈 빠니니, 불고기 치아바타 등의 샌드위치는 개당 가격이 7천여 원에서 1만 2천 원정도로 일부 최고급 호텔에도 공급되고 있다.

"겸손해야 돼요. 인생 자체가 배움의 과정인데 겸손하지 않으면 알 턱이 없어요. 막연히 뭔가 되겠지 하는 안이한 생각을 버려야 해요. 헛똑똑이는 디테일한 똑똑함에 지게 되어있습니다."

겉모습에 신경 쓸 때가 아니라는 듯, 정작 중요한 것은 다른 데 있다는 듯 그가 말했다. 그가 그걸 깨닫는데 오랜 세월이 걸렸다는 듯 그간의 실패담을 담담하게, 성공담처럼 들려준다.

한때 잘 나가는 H 화장품 회사 영업사원이었던 그는 한동안 실패한 낙오자로 이 세상의 끝을 향해 자신을 몰아가고 있었던 빈털터리 신용불량자였다.

볼품없는 말단 영업사원에서 불과 짧은 기간 중 실적 1위인 실력 있는 마당발로 등극한 그가 회사를 떠난 것은 '이 정도면 뭐든지 할 수 있겠다'는 자만심 때문이었다.

영업사원으로 거래처에 술 접대를 하면서 겪는 일상에 지쳐버린 그가 '을의 구차함'을 내팽개쳐 버리고 30대 중반에 '당당한 갑'을 선언하면서부터다. 주변의 만류도 호기롭게 뿌리쳤다.

회사의 그늘을 나오니 날아갈 듯했으나 곧 막막해졌다. 도대체 아는 게 없었다. 퇴사 후 3일 만에 후회가 밀려왔다. 그러나 이미 때는 늦었고 자존심이 걸린 문제였다. 무엇을 해야 하는지 사업 아이템도 모르겠고 돈도, 노하우도 없는 그냥 백수건달의 생활이 이어졌다.

고민 끝에 퇴직금으로 중고차를 사 과일 행상을 시작했다. 화장품 회사 영업사원 시절 거래처 술접대로 알았던 룸살롱의 인맥이 과일 공급처를 늘리는데 큰 무기가 됐다. 매 업소마다 독점적으로 월 1천만 원에 달하는 양의 과일을 외상으로 대주면서 공급처가 늘어나니 신이 났다.

그러나 기쁨은 오래가지 못했다. 외상으로 대준 술집의 영업 상무들이 직장을 수시로 떠나면서 과일값을 달라 할 사람도, 하소연할 상대도 동시에 사라졌던 것이다.

그렇게 해서 그는 그동안 아내와 맞벌이로 마련한 거여동의 집 한 칸을 날렸고 잦은 부부싸움 끝에 상심한 아내와 헤어졌다. 그의 손에 남겨진 것은 아직 엄마 손이 필요한 코흘리개 두 아들과 빚뿐이었다. 불운은 혼자 오지 않는다 했던가. 부모님도 연이어 돌아가셨고 액운이 잇따랐다.

당장 먹고 살기 위해 시장 한켠 거리에서 빵도 팔아보고 김밥도 말아 대학 구내식당으로 들고 다녔다. 액세서리 납땜도 해서 돈을 마련하려 했으나 입에 풀칠하기도 힘든 상태가 됐다.

남의 공장 지하에서 아이들과 먹고 자면서 재기를 다짐했으나 번번이 실패로 끝났다. 지인의 도움으로 거의 공짜로 썼던 빵 가게에서도 밀려나 결국 갈 곳이 없는 신세가 됐다. 엎친 데 덮친 격으로 빚을 걸머진 신용불량자가 돼 재기의 희망도 사라져 갔다. 그의 나이 45세였다.

그래도 생을 포기할 수는 없었다. 아직 10대인 두 아들이 자신을 지켜보고 있는데 차마 그럴 수는 없는 일이었다. 빵을 다시 만들기로 했다. 어느 잡지엔가 소개된 '샌드위치의 달인'을 찾아 나섰다. 빵 장사 경험이 있으니 그래도 샌드위치로 승부를 걸자는 생각에서였다.

목포에 사는 '달인'의 가르침을 받기 위해 온갖 사정 끝에 그를 서울에 있는 집 근처 여관에 모셨다. 한 달간 집중적으로 시간을 쪼개 공부해 50여 가지 샌드위치의 노하우를 터득했다. 여관비를 내고 빵의 재료를 사기 위해 연습으로 만든 빵을 들고 거리로 나가서 팔고 다시 그 돈으로 재료를 사는 식으로 아슬아슬하게 위기를 넘기고 있었다.

결국 약속했던 강사료를 제때에 지급하지 못해 한겨울 얼어붙은 부평시장 바닥에 무릎 꿇고 빌어야 하는 서러움을 겪어야 했다고. 물론 나중에 누이에게 돈을 꿔 간신히 지불할 수 있었단다.

공장에서 사원들과 함께 포즈를 취한 정 씨.
그는 늘 위생관리의 중요성을 강조한다. (왼쪽)
정 대표가 직접 샌드위치 만드는 법을 선보이고 있다. (오른쪽)

그는 '살아내야 한다'는 생각에 궁여지책으로 평소 뜸했으나 부자로 소문난 4촌형 집을 찾아가 손을 벌렸으나 문전박대를 당해야 했다. 혼자 먹으라고 시켜준 자장면을 남겨두고 눈물로 뛰쳐나왔다. 강남의 역삼동에서 아이들이 잠든 어느 공장 지하가 있는 화곡동까지 돌아갈 버스비가 없어 한밤중에 걷기 시작해 새벽에 도착해야 했다. 더 이상 비참할 수 없었다.

'이만 생을 끝내버리자'는 유혹이 머리를 떠나지 않았단다. 그런데 이상하게도 마지막 순간 오기가 발동해 '이왕 죽을 바에는 제대로 된 샌드위치나 만들어보고 죽자'는 생각이 들더라고. 그는 그간 재료를 조금씩 사서 안면을 튼 식재료 가게들을 찾아 나섰다. 한 번만 기회를 달라고 통사정을 했다. 궁하면 통한다고 했던가.

그동안 갈고닦은 실력과 정성을 다해 만든 각종 샌드위치를 들고 대학 구내식당을 찾아 나섰다. 생면부지의 초라한 그에게 납품을 허락할 리 없었다. 게다가 15년 전인 당시 국밥 한 그릇에 1천5백 원인데 2천5백 원짜리 샌드위치라니…. 당연히 그의 말이 먹힐 리 없었다.

하지만 그는 과거 잘 나가던 영업사원의 열정과 끈기, 노하우를 살려 결국 물건을 식당에 들이는데 성공했다. 조건은 외상으로 납품하고 남은 샌드위치는 군소리 없이 되가져가 폐기한다는 거였다.
그런데 웬걸, 학교 식당에 내놓은 것이 모두 팔렸다며 다음날 바로 추가 주문을 해왔다. 드디어 호순환의 시발점이 됐다. 이런 사실을 다른 학교 구내식당에도 알리니 주문이 보다 순조롭게 진행됐다. 서울 전 지역의 대학을 가나다순으로 공략해나갔다. 모두 오케이였다. 이런 실적이 바탕이 돼 편의점에 삼각 샌드위치도 내게 됐고 직원은 점차 늘어갔다.

드디어 희망의 서광이 비치게 된 것이었다. 가슴이 터질 듯했단다. 그렇게 1~2년을 정신없이 뛰었다. 그리곤 다시 자신을 다잡았다. 현재의 매출에 만족하지 말고 당초 약속했던 프리미엄급 샌드위치를 만들자는 생각에 편의점과 대학 구내식당에서 물건을 철수했다는 것.

그게 계기가 된 것은 서울 소공동 한 고급 호텔에서 그에게 연락하면서부터. 조리사 출신의 그 호텔 상무가 어디선가 그가 한 샌드위치를 맛보고 납품을 해줄 것을 제안하면서다. 정 씨는 호텔의 부름을 거절하다 일곱 번 만에 응했다고 전한다. 그 이유는 자칫 요리법만 뺏길 것 같다는 걱정에서였다.

만나자마자 그 호텔 조리원들이 만든 샌드위치와의 비교 평가회가 열렸고 결국 그에게 즉석에서 주문 계약이 체결됐다. 그는 함께 간 아줌마 직원들과 낡은 봉고차를 타고 돌아오면서 느꼈던 희열과 기쁨을 지금도 주체할 수 없다는 듯 잠시 흥분된 표정을 지었다.

"순간 한 분야에서 10년은 해야 진정한 전문가가 될 수 있고 어떤 것이든 맥을 잡아갈 수 있다는 생각이 들었어요. 문리가 트인다는 말이 있잖아요. 그때까지 조급한 마음에 이 일 저 일 7~8번 바꿔가며 매번 쉽게 포기했었던 게 문제였음을 그때 깨달았다고나 할까요."

특급호텔에의 납품 경력은 순풍에 돛단 격이 되었다. 사방에서 주문이 밀려들었다.
지금은 서울 서초동과 수원 롯데백화점, 광명 프리미엄 아울렛 등

4곳에 직영점을 열고 있고 대기업 직영 커피 전문점인 아티제에도 납품하고 있다. 올해 매출 목표치는 70억 원, 무난히 달성할 거라고 얘기했다.

"샌드위치는 신선한 재료를 쓰는 것이 물론 첫째지만 빵과 배합물이 어우러지는 맛이 중요합니다. 단지 속에 토핑을 넣는 것이 아니라 다양한 요리를 접목시킨 것이니 이 사업이 외식이 아닌 패션 사업이라는 생각으로 임해요."

하지만 그는 요즘도 외형상으로는 그 '옛날의 초라함'을 그대로 유지하고 있다. 두 아들이 함께 사는 집부터 개비할 것 같은데 사무실이 있는 시장통 그 어느 허름한 방 두 개짜리 17평 빌라에 살고 있다. 두 방을 아들에게 내주고 자신은 거실에서 거주하고 있다.

그런 '호사'를 한 것도 불과 1년여 전. 그런데도 방에는 웬만한 가구도 집기도 없다. 이제는 장성한 아들 둘(28세, 25세) 포함해 남자 셋이 밥도 사무실 식당에서 해결하니 더더욱 필요한 게 없다는 것이다. 더구나 온종일 밖에 나와 사니 집은 단지 잠을 자는 곳이기에 더욱 그렇단다.

"그래도 그렇지 돈을 버는 목적이 무엇이냐?"고 묻자 아직은 호사할 때가 아니란다. 아니, 이미 물질적인 호사에는 관심이 떠나버렸단다. 10평짜리 집에서 사나 100평짜리 집에 사나 별 다를 바가 없어서란다. 집에 대한 치장도 아무 욕심이 나지 않는다는 것이다.

자고 쉴 공간이면 됐지 더 이상의 의미가 없다는 얘기다. 이제 사업을 잘 이루고자 하는 게 생의 줄기고 나머지는 모두 곁가지라는 말이다. 그러니 '목표를 위해 살자'는데 세 식구가 일로매진하고 있다는 말이렷다.

그는 자신의 포부를 명함에 박아놓고 산다. 첫째 세계를 지향하는 국내 최고의 샌드위치를 만드는 사람, 둘째 성공적인 창업을 꿈꾸는 사람들을 돕고 일자리 창출을 도모하는 사람, 셋째 안전한 먹거리를 만들기 위해 부단히 노력하는 사람이 되는 것이란다.

그래서 이제 신나게 돌아가고 있는 샌드위치 공장과 함께 그의 하루도 그렇게 움직인다. 여전히 새벽 4시쯤 일어나 하루의 일과를 계획한다. 우선 창업동아리 밴드에 들어가 창업을 위해 뛰고 있는 멤버 수백 명들이 쏟아내는 질문에 생생한 조언을 해주는 것으로 하루를 연다.

집 근처의 사무실과 거기서 1분 거리인 아파트 지하 공장에 들러 직원들의 업무를 챙긴다. 가끔 시장에 직접 나가 식품재료를, 두 아들이 맡고 있는 직영점에 나가 매장을 점검하기도 한다. 80여 명의 직원도 그의 세밀한 눈초리를 벗어나지 못한다.

"요즘 젊은이들은 무엇을 제대로 알기 전에 무조건 사람을 부릴 생각부터 해요. 인생은 처음부터 배우면서 사는 과정인데 겸손한 마음이 없으면 알 턱이 없게 되지요. 스스로 바보라고 생각하고 처음부터 배운다는 자세로 임해야 책이건, 사람이건 자신의 멘토가 되어줍니다."

역시 좁고 허름한 그의 샌드위치 공장은 마치 실험실에 들어가듯 통제된 구역에 소독한 가운과 모자를 착용한 직원들이 마스크를 한 채 일에 집중하고 있었다.

그 문밖에 위해요소 중점관리기준(HACCP) 적용업소, 기술보증기금의 기술평가 보증기업, 벤처기업 확인서 등이 샌드위치에 승부를 건 그의 노력 일단을 말없이 보여준다.

그는 요즘 꿈에 부풀어있다. 내년에 기흥에 2천5백 평짜리 공장을 지으면서 샌드위치 프랜차이즈 사업에 본격적으로 뛰어드는 계획에 몸도 마음도 바쁘다. 이미 태스크포스팀을 구성해 70% 정도 일을 성사시켰고 조만간 가맹점 모집도 할 예정이다. 우선은 1백 곳을 목표로 하고 있다.

"어떤 점주를 모시는가가 중요합니다. 한때 신용불량자로 극한의 어려움을 겪은 제가 중요하게 생각하는 것은 스티브 잡스가 'stay hungry, stay foolish'라고 말했듯이 헝그리 정신이 있어야 한다는 겁니다. 그리고 무엇이든 배울 수 있는 겸손함이 필수인데 그런 분들을 점주로 모실 겁니다."

그간의 노력이 하나둘 결실을 맺어가면서 그를 청하는 주위 사람들이 많아졌다. 우선 그의 성공 노하우를 들으려는 사람들의 강의 요청이 줄을 잇고 있단다. 대학이나 구청의 창업 관련 강의에 연사로 나서기도 한다. 국문과 출신(단국대)답게 틈틈이 글도 기고해 서울시의 실패사례 공모전에서 장려상도 받은 경력이 있다.

또 그의 성공은 각종 모임의 직함이 넌지시 말해주고 있다.
성남고등학교 총 동창회장, 회원 수 1만여 명인 서울시 통상산업진흥원 창업학교 동문회장, 서울대 식품영양산업 최고 경영자 총 교우회 사무총장 등을 맡고 있다.

그는 "사람들과 더불어 살면서 서로 도움을 주고 정을 나누는 것이 삶의 재미와 의미인 듯하다"고 힘주어 말했다. 또 '끝까지 열심히 노력하는 게 삶의 가치'라는 것을 뒤늦게 깨달았다는 그는 "한때 포기할까도 생각했지만 인생은 살만한 가치가 있는 거더군요. 이제 전 세계인이 즐겨 먹는 샌드위치 전문기업을 만들어 세계로 진출하는 것이 제 목표입니다. 저 역시 열심히 공부하렵니다."

"제가 그동안 고생한 것은 부모님께 효도를 하지 않아서라고 생각돼요. 벌을 받은 거죠. 효도해야 합니다."
그가 인터뷰 도중 묻지도 않는 말을 끼워 넣었다. 성공하고 나니 이제는 봐줄 수 없는 부모님 생각이 간절하고 그리워진 것이라는 생각이 스쳤다. 사죄하고 싶다는 마음과 함께.

〈인터뷰 by 고혜련〉

· · · · · ·

> **도움 정보**

1) 외식산업의 특징

(1) 소자본으로 쉽게 접근할 수 있는 산업이다

우리나라의 경우 약 70만 개의 외식업체가 운영 중이며 최소의 자본 및 소자본으로도 창업이 가능한 산업이다.

(2) 체인화가 용이한 산업이다

체인화 사업은 가맹점에게 메뉴 개발, 인테리어, 점포입지 등에 따른 제반 업무를 지원하여 운영하도록 함으로써 막대한 이익을 창출할 수 있다.

(3) 독점적 기업이 탄생하지 않는 산업이다

외식산업은 남녀노소를 비롯한 모든 사람을 대상으로 하는 사업으로 다양한 기호 및 취향이 반영되는 업이다. 따라서 모든 사람의 개성을 맞출 수 있는 독점적 기업이 존재할 수 없는 산업이다. 특히 어떠한 외식기업도 시장의 5% 이상을 점유하고 있지 않다.

(4) 다품종 소량의 주문판매 산업이다

한두 가지 음식만을 전문으로 취급하는 곳도 있지만, 대부분 여러 종류의 음식을 주문에 의하여 그때그때 생산하여 판매한다.

(5) 노동집약형 서비스 산업이다

외식산업은 서비스 산업의 한 부분으로서 고객에 대한 서비스의 의존도가 높은 산업이다.

(6) 입지의 중요성이 높은 산업이다

외식산업에서의 입지선정은 사업자가 결정해야 할 가장 중요한 의사결정 과정이며, 입지는 출점전략과도 연관성이 크지만 수익성 및 매출과 직결되기 때문에 입지 의존적 사업이라고 한다.

(7) 수요 예측이 어려운 산업이다

외식산업은 서비스의 생산과 소비가 동시에 이루어지는 성격을 가지고 있기 때문에 시각적 · 장소적 제약이 존재하며, 사건과 사고, 행사, 계절, 일기 변화 등등 사회적인 영향을 많이 받는 사업으로 정확한 고객 수를 예측하여 영업하기가 어려운 산업이다.

- 출처 : 윤세한, 한국외식산업 경영관리에 대한 연구(치킨사업을 중심으로), (삼성경제연구소 벤치마킹DB 중에서), 2012년

2) 상가점포 체크 포인트(좋은 상권인지 아닌지를 파악할 때 사용하자)

① 해당 지역의 핵심 상권에서 얼마나 떨어져 있는가?
② 점포 호감도가 높은 이유가 무엇인가?
③ 전면의 길이는 얼마나 되는가?
④ 상가의 노후 정도는 어떠한가?
⑤ 점심, 저녁 시간의 상가 앞 유동량은 얼마나 되는가?
⑥ 유동량이 활성화되는 시간대는 주로 어느 시점인가?
⑦ 유동 인구의 연령대 및 직업군은 어떠한가?
⑧ 상가 주변에 노점은 얼마나 있는가?
⑨ 상가 주변에 어떤 업종이 있는가?
⑩ 상가 앞 도로 사정은 어떠한가?
⑪ 돌출 간판의 가시성은 어떠한가?
⑫ 평균 임대료는 얼마인가? 평균 임대료는 '보증금+(월세*100)'
⑬ 정화조 용량은 충분한가?
⑭ 권리금 수준은 어떠한가?
⑮ 전기 인입 용량(20평 기준으로 5Kw)은 얼마인가?
⑯ 도시가스가 설치되어 있는가?
⑰ 주방 닥트 외부 설치면은 어떠한가?
⑱ 화장실은 어떻게 사용하는가?
⑲ 전면 앞을 사용할 수 있는 공간은 얼마인가?
⑳ 뒷공간을 활용할 수 있는가?
㉑ 매물이 나온 기간은 얼마나 되었는가?
㉒ 지하 및 2층 이상일 경우 소방법 저촉 여부는 없는가?

3) 성공창업 10가지 키워드

(1) 주 고객층을 명확히 설정하고 시작하라

사업은 끈질긴 생명력을 필요로 한다. 만일 단기간에 승부를 내겠다는 생각이라면 이는 비즈니스의 기본 개념인 '투자'가 아니라 '투기'인 셈이다. 이런 사람은 '창업'보다는 '주식' 시장을 엿보는 게 좋다. 긴 호흡으로 사업을 오래 가져가고 싶으면 한순간 빛을 발했다가 일순간 꺼져버리는 '반짝 장사'는 쳐다보지 않는 게 상책이다. 차라리 구닥다리처럼 느껴지는 업종을 시작하는 게 더 안전하다. 사회적 유행과는 무관하게 소비자들의 실수요와 안정적 시장을 갖고 있는 사업이 좋다.

(2) 창업자는 과학자형보다 엔지니어형이 성공한다

상품 개발에 있어 가장 중요한 키워드는 '개성'과 '특화'일 것이다. 개성이 있다는 말은 소비자의 수요가 다양하다는 말과 일맥상통한다. 사업은 이들을 대상으로 하는 만큼 계층을 특화시켜 그들의 수요에 부합되는 마케팅을 해야만 집중적인 영업 전략과 전문성을 가질 수 있기 때문이다. 비슷한 업종이라도 전 계층이 소비층인 '구멍가게'보다는 젊은 층이 주 손님대인 '편의점'이 보다 수익성 높은 사업임을 명심하라.

(3) 정보는 귀로 듣기보다 뛰어서 체화시켜야 한다

예비 창업자는 모든 정보를 귀로 얻지 말고 눈으로 확인하고 발로 뛰어다니며 체화시켜야 성공 가능성도 커진다. 자기의 모든 것을 들여 시작한 사업에서 창업자의 지상 과제는 당연히 '성공'하는 것. 여러 번의 시행착오에도 한 번의 성공으로 전부 만회할 수 있는 사업은 소자본 창업자의 귀감이 아니다.

(4) 성장기에 성숙기로 접어든 업종이 가장 안전하다

소규모 점포 창업의 경우 업종별로 서로 다른 성장 사이클을 그리고 있다. 초보 사업자가 성숙기 업종을 시작한다면 이미 요지를 다 차지하고 있는 노련한 고참(기존 사업자)들에 의해 압사당하고 말 것이다. 너무 앞서가는 것 역시 위험하다. 현실은 '불행한 천재'를 받아주지 않는 경우가 많다. 이제 막 꽃이 피고 있는 도입기 업종에서 성공사례가 잇따르는 성장기로 진입하고 있는 업종이 수익성이나 안정성 면에서 투자가치가 높은 셈이다.

(5) 부가 사업을 병행할 준비를 하라

최소한의 재투자로 수익을 배가시키는 노력이 절실하다. 평생 '이 장사만 하겠다'는 것은 어리석은 사람이다. 현실에 맞게 수익성 배가 전략이 필요하다. 가령 정보제공업으로 시작한 많은 업체들이 홈페이지 구축사업이나 인터넷 비즈니스에 쉽게 뛰어든 사례가 대표적이다. 장사가 잘 되다가 3개월 이상 연달아 매출액이 떨어진다면 바로 그때는 업종 전환도 염두에 둘 때다. 미련한 고집쟁이보다는 날렵한 장사

꾼이 성공하는 시대다.

(6) 전문가 지위 확보가 가능한 업종이 좋다

21세기는 전문가 시대다. 어떤 사업을 오래 했다면 최소한 그 분야에선 전문가로서의 지위를 확보할 수 있어야만 성공할 수 있다는 뜻이다. 일례로 PC 통신에 '대중가요 정보'를 제공했다면 몇 년 후에는 대중가요 평론가로 나설 수 있어야 하며 '세계 상품 구매대행업'을 했다면 무역중개인으로서의 지위를 가질 수 있어야 한다. 부단한 자기계발이야말로 향후 성공의 척도가 되는 것이다.

(7) 항상 여웃돈을 준비해두라

아무리 좋은 아이템이라도 사업 초창기에는 '뜨지' 않을 수도 있기 때문이다. 한 번 날리면 되돌이킬 수 없는 게 사업이다. 자리를 한번 옮기는 것으로 실수를 보상하는 직장이 아니란 사실을 명심해야 한다. 예상했던 총 자본금의 20%는 반드시 예비비로 남겨둬야 한다. 한 번 쓰러져도 '재기'할 수 있는 여지를 남겨두라는 충고다.

(8) 잘 알고 있는 분야에서 창업하거나 경험이 풍부한 체인 본사를 선택하라

알아야 면장도 하는 법이다. 소위 '잘 나가는' 업종이라도 창업자에게 맞지 않으면 말짱 헛일이다. 가맹점으로 창업할 경우에는 직영점 경력이 풍부한 업체를 택해야 안전하다. 자칫 노하우가 없는 업종을 선택했다 동종업소의 난립으로 매출이 급감하거나 문을 닫아야 하는 일이 생길 수 있기 때문이다.

(9) 초기 투자비를 최대한 낮춰라

사업 초보자의 경우 초기 시설비를 과대 투자하는 것은 뙤약볕 아래에서 낚시를 하는 것과 같다. 언제 낚일지 모르는 상황에서 땀을 흘리며 기다려야 하기 때문이다. 초보 사업자라면 1억 원을 넘기는 사업은 시작하지 않는 게 좋다. 인테리어나 간판 등 점포 투자에 한 푼이라도 덜 들여 시작하는 게 투자금 회수는 물론 투자 수익성 제고에도 유리하다.

(10) 가족의 동의는 필수다

가화만사성은 변하지 않는 진리다. 소점포 창업일 경우 대개 부부 동업형이 많다. 창업은 남편이나 아내와 깊은 상의 끝에 의기투합한 결과여야 한다. 의외로 남편이나 아내 동의 없이 시작했다가 이혼까지 경험하는 자영업자들도 많다는 것을 알아두길 바란다.

— 출처 : 레포트월드, 소자본 외식창업시장분석 상권분석 성공키워드찾기

14장

자연 속 친환경 집도 짓고
사업도 하고

출판업 하다가 전원주택 사업에 나선 김경래 이야기

"자연은 이렇게 아름다운 것이다. 그 산야에 깃든 그 찬란함이 얼마나 대단한지 내가 한번 보여주마."

강원도 횡성에서 원주 신림면 치악산 상원사로 내닫는 주천강변길을 굽이굽이 달리다 보면 마치 조물주의 이런 외침이 들리는 듯하다. 좁은 산골길에 도열한 새빨간 복자기나무들이 불을 댕겨놓은 듯 마구 불타오르고 있었다.

치악산 자락에 울긋불긋, 때로는 황금빛으로 그려놓은 조물주의 치열한 예술혼을 접하면서 '생명이 조락하면서도 이렇게 아름다울 수가 있구나' 하는 생각이 절로 든다. 그래서인지 이곳 지명도 '신이 사는 숲'이라는 의미에서 신림(神林)면이 됐을 정도란다.

'요만큼에서 살다 죽어도 좋겠다고, 그런 생각을 왜 이제야 할까? 지금 난 너무 행복하다.'

그 산자락에 깃들어 살고 있는 김경래 씨(53세, OK시골 대표)가 자신의 스케치북에 써 놓은 짧은 시. 그 시 옆에 아내 안인숙 씨(51세)가 말려두었던 보랏빛 야생화를 장식해 방안 벽에 걸어놓은 것을 보면 김씨 부부가 자연 속에서 느끼는 소회가 어떠한지 단적으로 보여준다.

그들은 낯선 이를 만나자마자 자신의 산골 집 주변을 둘러싸고 있는 '대자연의 향연'을 보았느냐고, 느꼈느냐고 들뜬 어조로 말을 건네 왔다.

국립공원 치악산 자락이 빙 둘러쳐진 그의 거처 옆에는 천연기념물(제93호)로 지정될 정도로 빼어난 아름다움을 자랑하는 성황림과 습지공원이 맞붙어있어 탄성을 자아냈다. 습지 주변에 나부끼는 하얀 갈대숲과 돼지감자 노란꽃, 구절초, 붉은 복자기가 '겨울-2015'를 앞두고 곧 사라질 현란함을 그렇게 숨 가쁜 듯 뽐내고 있었다.

"원래 촌놈으로 태어나 천성적으로 자연에 심취해 있는 것 같아요. 자연 속에 있으면 마음속 깊은 곳에서부터 행복감이 물밀 듯이 몰려오니까요." 그는 강원도 정선 부근 임계면 화전민 부락에서 태어났고 중학교 때까지 그곳에서 살았다. 강릉에서 고교를 나오고 역시 그 주변 대학에서 농화학을 전공한 그는 부모님이 등을 떠밀어 서울로 밀려났다.

"대학까지 나온 놈이 산골에서 살다니 부끄럽지도 않냐. 어서 서울로 가라"는 성화에 자연 속에 묻히기를 소망했지만 할 수 없이 도시생활을 시작했다.

서울 근교 아파트에서 시작된 삶은 온통 어수선하고 메마른 직장생활은 자연에 대한 허기를 불러일으켰다. 간간이 숲이나 들에 나서면 온몸이 되살아나는 듯 생기가 돌았고 행복감이 밀려왔다. 아내는 그를 '시골병자'라고 불렀다. 그런 기분들은 시가 되어 마구 쏟아져 나왔다. 그가 도취해서 쓴 시들은 자연스럽다. 간결하면서도 진솔해 울림이 크다.

'시골살이 전도사' 김경래 · 안인숙 씨 부부가 낡은 농가를 사서 직접 개조한 '청노루'. '신이 사는 숲'으로 불릴 정도로 아름다운 신림면 치악산 자락에 자리 잡았다.

늘 자연과 접하는 시간을 늘릴 궁리에 빠졌다. 그가 결국 생각해낸 것이 도시인들에게 자연 속의 삶을 전하고 실천하게 하는 일을 도모하자는 것.

그래서 30대 중반 나이인 90년대 후반에 시작한 것이 '전원 속의 내 집', '전원주택 라이프' 등의 잡지 창간. 직접 발로 전국의 산야를 누비며 취재해 기사화하니 딱 제격이었다. 생업이 아니라 즐거움 그 자체였다.

때마침 도시인들의 귀농, 귀촌 행렬이 이어지면서 재미를 봤다. 성공이었다. 요즘 서점가에 쏟아지는 전원 관련 잡지들의 '원조'격인 셈. 독자들의 문의도 쇄도했고 내친김에 전원생활 교육에도 본격적으로 뛰어들었다.

당시 농림부의 지원을 받아 최초로 귀농 교육프로그램을 만들고 운영한 셈. 그는 귀농, 귀촌 관련 강의를 들어본 이들에게는 익숙한 사람이 됐고 요즘 서울시 농업기술센터나 각 지자체의 단골 강사다. 그 자신도 시골에 살 명분이 생겨 치악산 자락에 둥지를 튼 것은 6년 전.

우리나라 산사 중 가장 높은 곳에 자리 잡았다는 천년고찰, 상원사로 들어가는 길목, 햇살이 눈부시게 쏟아져 내리는 곳에 텃밭 150여 평과 낡은 집 60평을 1억5천만 원에 사들였다.

어려서부터 어른들의 집짓기 작업등을 수차례 보아온 터라 낡은 집을 개조하는 일은 심심풀이 삼아 할 수 있을 정도로 재미있는 작업이었다.

그의 거처인 '청노루'도 마찬가지. 빼어난 풍광에 반해 그가 사들인 집은 허름하고 볼품이 없었지만 그의 손을 타자 분위기 있는 집으로 변신했다.

천연기념물로 지정될 정도로 경관이 뛰어난 성황림 바로 옆에 6년 전부터 살아온
김 씨 부부는 최근 집 바깥채를 찻집 겸 카페로 꾸몄다.

우선 집 전면에 붉은 벽돌을 붙였다. 그 위에 다시 나무를 덧대 놓은 데다 출입문 등을 파스텔계 연녹색과 초록페인트로 마감하자 졸지에 분위기 있는 시골집으로 탈바꿈했다.

집을 둘러싸고 사시사철 온갖 야생화가 만개했다. 요즘 같은 늦가을에는 마른 꽃들과 풀잎들을 엮어 집 벽면 여기저기를 장식했다. 또 앞뜰에 구절초, 벌개미취 등의 들국화들이 처연한 모습으로 사위어가고 있으니 젊은이들도 좋아하는 '빈티지 룩'을 한 집이 되어버렸다.

시인인 김 씨가 이름 붙인 '청노루'는 오래전 고인이 된 박목월 시인의 시에서 빌려온 이름. 뜰 한쪽으로 온갖 나무와 채소를 심어놓고 나무 탁자와 의자를 두니 누군가의 방문을 기다리는 집처럼 되었다. 한낮에도 노루, 고라니, 소쩍새의 울음소리가 들리고 밤에는 반딧불이가 반짝거리는 청정지역으로 평화로움이 집 주변에 가득하게 일렁이는 곳이 됐다.

이렇게 되니 그곳을 드라이브하던 외지 사람들이 차에서 내려 이 집 주변을 기웃거렸다. 집 뒤뜰에서 내려다보면 천연기념물로 보호할 정도로 멋진 숲이 자리하고 습지에 갈대가 은빛 물결을 이루니 사진 찍기에 제격이었던 셈. 그들이 제안했다. 이 길에, 이 집에 아예 찻집 하나 내라고.

그래서 2014년 5월 집 한켠을 비워 아내가 찻집 겸 카페를 냈다. 오랫동안 소망으로 간직했던 일이었다. 누구든 이 집 뜰에 들어와 주변을 감상하다 마음 내키면 2층으로 올라가 파노라마처럼 펼쳐진 치악산을 둘러보며 차 한잔을 할 수 있다. 메뉴도 가격표도 눈에 띄지 않는다. 경치에 취해 시간을 보내다 혹 음식을 시키면 아내 안 씨는 정중하게 거절한다.

"애당초 밥장사를 하려던 게 아니니까요. 이 좋은 곳에서 돈 버느라 쫓기고 싶지는 않아요. 놀러 오는 그들이 유유자적한 삶을 누리듯 저도 즐거운 마음으로 천천히 마음을 다해 손님을 접대하고 싶어요. 미리 예약하면 뒤뜰에서 가꾼 것들을 넣은 산채나물밥이나 더덕구이, 된장찌개, 감자전 등은 정성스레 맛을 낼 수 있지요."

아내 안 씨가 예정된 손님을 위해 차려낸 밥상은 정갈하고 깨끗한 맛이 속을 편하게 매만졌다. 감 등 천연소재로 갈색 물감을 들여 만든 옷과 두건을 쓴 안 씨의 매무새도 늦가을 자연 빛과 혼연일체가 됐다.

남편 김 씨가 일하러 나가 집을 비운 사이 아내는 종일 이곳을 지킨다. 뒤뜰에 나가 쨍쨍한 햇살이 더 시들기 전에 호박, 가지 등을 말려놓는다.

각종 열매를 따서 차의 재료로 손질한다. 겨우살이를 대비하는 것이다. '청노루'의 오디오에서는 고단한 삶을 노래로 위무했던 가수 홍민, 최헌, 최백호 등의 애잔한 목소리가 낮게 깔려 밖으로 흘렀다.

집 마당 한구석 부뚜막에 하얀 연기와 구수한 장작 냄새가 파란 하늘로 퍼져나갔다. 흘러가 버린 것, 오래된 것의 향수(鄕愁)를 불러일으키는 고향 마을의 향수(香水) 내음인 것이다.

남편 김 씨는 시간이 나면 이 집에서 책도 읽고 시도 쓰고 강연 준비도 한다.

그의 강의를 듣는 사람들은 오로지 자연 속의 얘기만으로도 즐거워했고 행복해했다. 그의 얘기와 강의를 필요로 하는 곳이 늘자 그것만으로도 이제 너끈히 살림을 꾸릴 수 있게 됐다.

바깥채 격인 청노루 2층으로 오르는 계단과 2층 방에는 온통 그림과 시로 가득하다. 시는 김 시인이 시상이 솟구칠 때마다 직접 벽에다 적어놓은 것이고 그림은 미술학도인 딸(20세)과 책갈피에 야생화를 말려놓곤 하는 아내 안 씨의 합작품이다. 벽 한 면을 차지한 자작나무

숲 그림엔 '온 식구가 자작나무 숲에서 살고 싶다'는 소망을 담았다고 했다.

"치악재를 넘어 이곳에 사는 것만으로도 행복해요. 설렘이라는 것, 그게 바로 행복이죠. 과연 무슨 일을 하면 지속적으로 설렐 수 있나요? 아무리 좋은 일이 생겨도 금방 예전처럼 무감각해지죠. 그런데 자연 속의 삶은 달라요."

살림집인 안채 일부는 황토방으로 만들고 한지를 발랐다. 벽은 피톤치드가 많이 나오는 편백나무로 둘렀다. 나머지 빈방들도 곧 손을 보아 나그네들이 청하면 하룻밤 묵게 할 예정이란다.

남편 김 씨는 그동안 6권의 전원생활 관련 책을 낸 작가고 본격적인 삶을 살면서 전원생활 정보제공 및 컨설팅 업체인 ㈜OK시골(www.oksigol.com)도 운영 중이다.

또 있다. 전원주택 사업도 하게 됐다. 예비 귀농자들의 요구에 응해 이리저리 엮어주다 보니 전문가가 다 됐다. 이제 건축, 홍보, 마케팅까지 모두 그가 하고 있다. 그의 작업장은 그의 집에서 차로 30여 분 떨어진 횡성군 안흥면에 자리 잡고 있다. 작업장으로 달리는 시골길은 감탄사가 연이을 정도로 사시사철 장관이다.

"자연은 말 없는 스승이에요. 온갖 번뇌가 얼마나 부질없고 하찮은 일인가를 깨우쳐주지요. 그저 감사하다는 생각에 머리를 숙이게 됩니다."

집짓기 작업장에는 그가 진두지휘하는 몇 채의 소박한 집이 이미 모습을 드러냈고 또 다른 집들이 점차 모양을 잡아가고 있다. 요즘엔 닷새는 도시에서, 이틀은 시골에서 지내는 '5도(都) 2촌(村)'의 삶을 꿈꾸는 사람들이 급격히 늘어 잠만 잘 수 있게 컨테이너를 보다 예쁘게 개조한 캠핑형 '아치 하우스' 제조도 하고 있다. 어느덧 '시골살이 전도사'라는 별명이 붙은 그가 조언했다.

"도시의 욕심을 버리지 못한 채 그대로 시골로 내려오는 사람들이 많아요.

남들이 보면 멋진 집을 짓고 산다는 소릴 들어야 한다는 욕심에 집을 크게 하는 게 대표적인 사례지요. 이런 경우 결국 집에 치이고 욕심에 흔들려 시골 생활에 실패하고 다시 서울로 돌아가는 경우가 많아요."

그는 최근 과시형의 멋진 전원주택보다 부담이 덜하고 실속 있는 에너지 절약형 주택에 대한 관심이 증가하고 있다고 전했다. 작고 관리가 쉬운 집을 마련하는 것이 고령화 시대에 맞는 장기적 차원의 선택이며 시골 삶을 오래 즐길 수 있는 요령이라는 것.

그가 살고 있는 성황림 주변 마을 70가구 중 절반이 '인생 이모작'을 위해 도시에서 온 사람들이다. 그는 주택지로 면이나 읍 소재지가 멀지 않은 곳, 고속도로 인터체인지에서 많이 떨어지지 않은 곳 중 자연이 살아있는 곳을 권했다. 자연경관이 제아무리 뛰어나도 너무 외딴곳은 생활에도 불편하고 이웃과도 단절돼 곧 재미를 잃게 된다는 것.

또 무조건 집과 땅부터 구입하고 농사를 서두르기보다 작은 집과 땅을 임대해 적응할 수 있는지 시험해 보고 결정하라고 덧붙인다. 농림축산식품부에서는 귀농·귀촌을 희망하는 사람들에게 토지와 주택 구입, 농업창업을 위해 상당액을 저리로 융자해주고 있고 각종 귀농, 귀촌 교육 프로그램을 활용한다면 은퇴 후의 삶이 버겁지만은 않을 것이라고 조언했다.

"은퇴 후에도 30~40년을 살아내야 하는 이때, 위기감을 호소하는 사람들이 많지요. 용기를 내 새로운 삶을 시도해보는 것도 방법입니다. 도시를 벗어나 소탈하게 살면 생활비를 최대 40%까지 줄일 수 있어요. 그리고 자연은 먹고 살 수 있고 오래도록 할 수 있는 일거리를 안겨줍니다. 나이 들어서도 여전히 소유의 경쟁 속에 내몰리는 건 생을 허비하는 것 아닌가요."

김 씨 부부는 욕심내지 않고 "보다 철저하게 자연인으로 살겠노라"고 다짐했다. 한때 혼자 피었다가 소리 없이 사라져 가는 주변의 꽃이든 사람이든 자신의 삶이든 이제 좀 천천히 느끼고 지켜보면서.

〈인터뷰 by 고혜련〉

· · · · · ·

도움 정보

1) 집짓기 과정

집짓기의 첫 번째 과정은 대지를 포함한 예산이다. 아무리 산을 끼고 강이 보인다 해도 예산에 벗어나면 그저 공염불이다. 많은 이들이 즐거운 집짓기로 시작해 10년 늙는듯한 스트레스를 경험하는 건 예상 비용이 예산을 훨씬 초과하기 때문이다. 가용할 '예산'을 처음부터 정확하게 체크하면 어느 정도 사전 예측이 가능하다. 각 진행 사안마다 비용을 조정할 수도 있다. 그러려면 현재 보유한 부동산 가치와 자산 규모를 파악하고 대출 가능 범위까지 차근차근 조사해야 한다.

수익성 부동산을 원한다면 전문가의 컨설팅도 방법 중 하나다. 사업성에 영향을 끼치는 세대수, 수요자에 맞춘 상품의 구성, 금융구조, 사업기간 등 자산 포트폴리오를 제공받을 수 있다. '시기별 예산 체크 리스트'를 참고해 구체적인 체크리스트를 작성해보자.

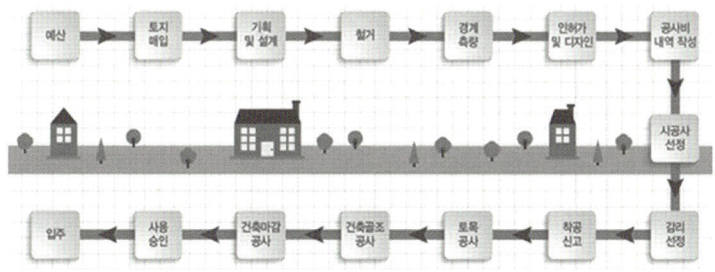

– 출처 : 매일경제, 예산부터 입주까지 집짓기 A to Z, 2014.06.02.

> 〈건축 작업과정〉
>
> 바닥철근공사 → 기초공사 → 벽체세우기 → 지붕골조공사 → 외벽공사 → 설비공사 → 지붕공사 → 외부설비공사 → 외벽마감공사 → 방바닥마루공사 → 완공

2) 전원주택 어떻게 지을까?

전원주택이란 건축법상 단독주택인데 '전원 속에 자리 잡은 단독주택'이라고 보면 될 것이다. 기존 주택을 매매하는 방법도 있지만 대개는 직접 지을 땅을 사서 짓는다. 땅을 고르기 전에 여러 번 현장답사는 필수. 전원주택 부지를 고를 때 유의할 점을 정리하면 다음과 같다.

(1) 전원주택 지을 때 유의할 점

- 서울과 1~2시간 거리가 적당
- 병원 등 의료시설이 멀지 않아야
- 토지이용계획확인원 발급받아 용도지역 확인
- 상하수도 전기등 기본 인프라 시설 챙겨야
- 초보자라면 기반시설 설치된 전원주택 마을이 유리

좋은 땅을 구했다면 이제 활용하고 싶은 용도대로 인허가를 받는 절차가 뒤따른다. 이때 용도지역이 관리지역인지 여부를 따져보는 게 중

요하다. 관리지역 내 농지나 임야이어야 개발이 유리하기 때문이다.

좋은 터를 잡았다면 전원주택 설계작업에 들어간다. 채광, 통풍은 물론이고 옆집과의 거리를 고려해 어떤 모양으로 지을지를 결정해야 한다.

공사비는 공사방법이나 자재에 따라 천차만별. 보통 기본적인 자재만 쓸 경우, 3.3m^2당 300만 원 수준에도 가능하지만 집을 짓다 보면 욕심이 생긴다. 수입산 고급자재를 쓰거나 전통한옥을 짓는다면 건축비가 3.3m^2당 1,000만 원 수준까지 늘어날 수 있다.

(2) 건축 자재별 전원주택 유형

자재	장점	단점	사례
철근 콘크리트	시공기간 짧고 구조 튼튼	단열성 약하고 환경 비친화적	철근-콘크리트 주택
나무	공사 간편, 복잡한 구조의 집도 쉽게 연출 가능해 공간 활용도 높음	중량목구조 주택은 가격이 비쌈	펜션, 통나무집, 한옥 등 목조 주택
황토와 볏집	항균 탈취기능 뛰어나고 온도 습도 조절 용이, 단열성 우수하고 친환경적	전문시공사 드물어 직접 지어야	황토집, 스트로베일하우스

3) 수익형 소형주택 성공전략 7가지

첫째, 사업 방향성이 명확 : 수요층 분석, 세대수, 금융구조, 사업 기간 등에 대한 합리적인 검토가 필요하다.

둘째, 개성 넘치는 디자인 활용. 건물 외관뿐 아니라 작은 수납공간에 이르기까지 효율적인 디자인이 고수익으로 연결된다.

셋째, 관리가 쉬운 재료 선택. 내외장재는 내구성이 높고 교체가 쉬운, 무엇보다 가격이 저렴한 재료를 선택해야 이후 유지비용을 줄일 수 있다.

넷째, 1층에 생활편의 시설 입점 등 입주자 편의시설을 계획해야 한다.

다섯째, 테마 불어넣기. 뮤지션 하우스, 펫 하우스 등 테마를 정하는 것도 좋은 전략이다.

여섯째, 실수요자 공략. 최근 초소형주택의 공급과다로 수익률이 불안정하다. 타깃이 명확한 상품을 준비해야 한다.

일곱째, 일조권 사선제한의 완화 활용. 사선제한 완화로 여유 있는 층고를 확보할 수 있다. 라멘 구조가 인기다. 라멘식 구조로 집을 짓게 되면, 건축물의 골격은 유지하면서 벽이나 설비는 가구별로 내·외부를 쉽게 바꿀 수 있을 뿐만 아니라, 1·2인 가구나 노령가구의 특성에 맞게 꾸밀 수 있다.

- 출처 : 매일경제, 2014.6.2일 자 발췌

4) 환경친화형 흙집 짓기 교육기관

* 전국흙집짓기운동본부(http://www.ecovillage.or.kr/)

　흙집학교(문의 043-873-5579)

(1) 개요

전국흙집짓기운동본부는 2006년 11월부터 충북 음성 동음리 보현산 황토명상마을에서 생태흙집짓기 학교를 운영하여 현재까지 3,000여 명의 수료생을 배출했다.

흙집짓기 교육과 함께 생태, 영성, 공동체에 대한 명상 수행의 시간도 함께 진행한다. 흙집학교 수료생들은 일회성 교육에 그치지 않고, 수료 후 전국흙집짓기운동본부 흙두레 일원으로 자신의 집짓기는 물론이고 수료생들의 흙집 건축과 사랑의 흙집짓기 봉사활동에도 참여할 수 있다.

(2) 흙집짓기 주요 교육 내용

1. 흙건축 이론 강의, 건축 설계도서 작성법, 시방서 및 물목 뽑기
2. 전통 구들 놓기 이론 강의 및 실습(한국전통구들협회 진행)
3. 흙벽, 심벽 벽체 쌓기, 문틀 및 창틀 인방 넣기, 벽체 미장 및 줄눈 마감하기
4. 기초배관, 상하수 배관 설비, 전기 배선법,
5. 치목 구조도 강의 및 사개맞춤, 장부따기, 도리 동자 및 종도리(찰주) 치목하기
6. 도리 얹기, 서까래 걸기, 평고자 대기, 부연 달기, 지붕 단열 및 방

수 시공법, 너와 얹기
7. 목초액 채취 굴뚝 만들기, 소형 정자, 황토 농막 만드는 법

15장

봉사도 직업이다

봉사의 달인이 된 전 LG그룹 부사장
유장근 이야기

"퇴직을 하면 일단 꿀꿀한 기분이 듭니다. 하지만 내가 하고 싶은 것을 마음대로 할 수 있는, 나답게 살 수 있는 기회가 온 것이기도 하죠. 매 순간을 가치 있다고 생각하는 일에 바칠 수 있으니 얼마나 좋은 겁니까."

메르스(중동호흡기증후군)라는 전염병이 전 국민을 잔뜩 긴장시키던 2015년 7월 초, 강남성모병원의 호스피스 병동에서 만난 그는 퇴직 후 4년째 말기 암 환자들을 목욕시키고 발을 주무르는 일을 해오고 있었다.

면역력이 약한 환자들이 있는 곳에 전염병이 더 기승을 부릴 것이라는 인식에, 일반인들은 일단 병원 가까이 가는 것조차 꺼리는데도 그는 별로 개의치 않는 듯 보였다. 마치 정규직 남자간호사인 양 가운을 입고 익숙하게 병동을 분주하게 오가는 몸놀림은 가볍고 빨랐다. 묵직한 세월의 연륜이 묻어나는 나이지만 넘치는 활력과 긴장감이 그를 보다 젊게 만들고 있다.

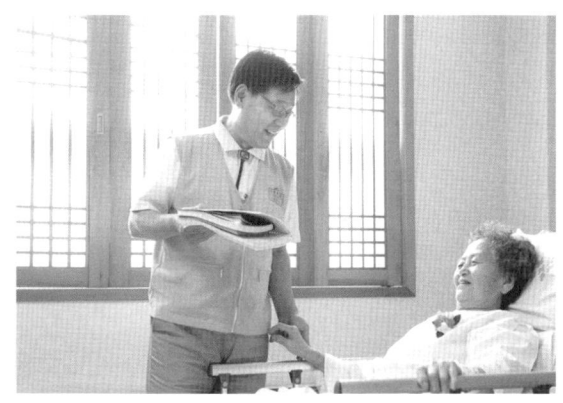

분홍색 봉사자 가운을 입은 유장근 씨가 강남성모병원 호스피스 병동에서
고통완화치료를 받고 있는 한 여성 환자와 대화를 하고 있다.

"퇴직 후 그동안 잘 살아온 제 존재에 감사하며 보답하는 삶이란 어떤 걸까 생각했지요. 결국 제 능력을 발휘해 남에게 도움을 주고 사회에 기여하는 삶을 사는 것으로 정리가 되더군요."

한동안의 고민 끝에 제2의 삶을 타인을 위한 봉사활동으로 새롭게 열어가고 있다는 그는 LG 그룹 영업 총괄 부사장 직위를 끝으로 인생 전반전을 마감한 유장근 씨(61세)다. 대학(고려대 경영학과) 졸업 후인 25세에 입사해 2009년 말까지 30년을 근무했으니 청장년의 세월을 거기에 묻은 셈이다.

"죽음을 앞둔 환자들을 돌보는 시간들은 은총입니다. 살아있는 것 자체가 기쁨이요, 소중한 가치라는 것을 깨닫는 것 이상의 은총을 어디서 찾겠습니까?"

그는 향후 죽음을 어떻게 맞을까에 대한 답도 찾아가고 있으니 봉사가 아니라 금전으로 환산할 수 없는 고마움을 입는 자리라고 전했다.

그는 요즘 매주 하루를 호스피스 병동에서 헌신하는 것 외에도 다양한 봉사활동의 기회를 적극적으로 만들어가고 있다.

또 다른 하루는 미술관에서 관람객들을 위한 전시회 작품설명과 안내를 하는 도슨트(Docent) 활동을 하고 있고 또 다른 하루는 중국어 강의를 하는 '선생님'으로 변신한다. 모두 급여 없는 순수 자원봉사활동이다.

전혀 다른 3가지의 활동에 매진하면서도 그는 여기서 만족하지 않고 있다. 또 다른 기회를 열기 위해 공부 역시 게을리하지 않는다. 곧이어 마련할 기회는 경제적 고통을 겪는 이들이 향후 어떻게 자립할 것인가에 대해 조언을 해주는 재무설계사로서의 역할이다. 평생을 회사에서 재무 관련 전문가로 일해왔지만 보다 충실한 도움을 주겠다는 다짐으로 나머지 시간들을 전문가들의 강의도 듣는 등 공부에 쏟아붓고 있단다.

유장근 씨가 퇴직 후의 인생 후반전을 봉사활동으로 보내겠노라고 애시당초 확실하게 마음을 다잡은 것은 아니었다. 한동안은 남들처럼 또 다른 직장을 잡기 위해 헤드헌터 업체의 문을 두드렸다. 한편으론 다른 이들처럼 헬스클럽과 골프장을 전전하며 백수의 한가함과 무기력감도 함께 맛보았다.

그는 2009년 말, 55세의 나이에 30년 희로애락을 함께 했던 직장에 이별을 고했다. 물론 남들처럼 퇴직할 나이가 가까워져 왔지만 그래도 자신만은 예외라고 생각했다는 그에게 회사 측의 갑작스런 퇴사 통보는 충격이었다.

퇴사 후 처음에는 체력도 연마하고 책도 열심히 보면서 "이제부터 나답게 살아보자"는 각오를 다졌다. 그러나 얼마 안 가 시간을 무의미하게 탕진하며 백수생활에 빠져드는 자신을 보는 것 역시 충격이었단다. 언제부터인가 "내가 왜 이것밖에 안 되는 거지?"하는 자문을 하게 되더라고 했다.

그런 그를 쭉 옆에서 지켜보던 아내가 조심스레 제안을 해왔다. 독실한 기독교 신자인 그의 아내 이윤순 씨(55)세가 제안한 것은 한 달여 동안 오로지 스페인 북부 산티아고를 8백여km 걷기만 하는 성지순례 여행. 그의 즉각적인 반응은 "뭐? 8백km를 걸어? 미쳤어?"였단다. 동시에 아내 이 씨의 제안은 재고의 여지 없이 묻혀버렸다.

아내의 간곡한 권유로 퇴사 후 세례를 받기도 했던 그는 역시 그녀의 손에 이끌려 어느 날 집 근처 성당에서 계획한 피정(천주교에서 세속을 피해 고요한 곳에서 자신을 되돌아보며 기도시간을 갖는 행사)에 참가할 기회를 얻게 된다. 거기서 그는 단호했던 자신의 생각을 바꾸게 됐단다.

"나 자신이라는 존재에 대해 오랜만에 깊이 생각하는 시간을 갖게 되면서 더욱 혼란스러워졌지요. 믿음이 허약한 신앙인으로서 새로운 돌파구를 열 의미 있는 시간이 절실하다 생각해 아내의 제안을 받아들였어요. 주어진 제2의 삶을 어떻게 하든 새롭게, 다르게 살고 싶은 생각이 간절했거든요."

인터뷰 중 옆에서 조용하게 미소만 짓던 아내 이 씨는 "남편과 산티아고 순례여행을 하리라고는 생각지 못했는데 정말 기뻤습니다. 우리 부부 모두 새로운 깨달음을 얻었으니 더 할 수 없이 감사하고요"라며 그 순간의 감격스러움에 다시 젖는 듯했다.

이들은 곧바로 체력단련에 들어갔다. 8백여km에 달하는 카미노(산티아고 순례길)를 한 달여 동안 무사히 끝내려면 10kg이 넘는 짐을 지고 하루 평균 30km에 가까운 길을 매일 걸어야 했기 때문이었다. 먹을 음식도 잠자리도 서울에서의 생활과는 분명 거리가 있는 '고행길'이어서 두 사람 다 기대 반, 두려움 반의 심정으로 단단한 준비를 해야 했다.

떠나기 전 3개월 동안 실내 러닝머신에서 최소한 10km를 매일 걸었고 '훈련을 실전처럼' 하기 위해 매주 한 차례씩 무거운 배낭을 메고 북한산 둘레길을 20km 이상 걷곤 했다.

한겨울에 걸쳐 진행된 힘든 동계훈련이었다. 이들은 2011년 3월 말 서울을 떠났고 33일만인 5월 2일 무사히 일정을 끝냈다. 카미노는 예수의 열두 제자 중 한 사람인 야고보 성인이 이곳에서 선교활동을 하고 예루살렘에 돌아가 순교한 후 우여곡절 끝에 그 유해가 이곳 성당에 모셔진 것을 기리기 위해 생긴 순례길이다. 예루살렘, 로마와 함께 가톨릭 3대 순례길 중의 하나로 손꼽히는 곳.

물집이 잡혀 아픈 발과 무거운 짐을 이끌고 땀에 절어 걷고 또 걷는 '고난의 행군'을 했던 그는 자신에게 매일 숱한 질문을 던졌으며 한 달 후 나름의 답을 가지고 귀국했다. 부부가 때로는 따로 묵상하기도 하고 때로는 함께 걸으면서 생각하기로 정한 주제는 '사랑'이었다. 하느님에 대한 사랑과 이웃사랑, 부부사랑….

"그동안 살아왔던 서울에서의 안락했던 일상을 그곳에서 버림으로써 일상의 평범한 것들의 진정한 의미를 깨닫고 그것으로 저를 채울 수 있었습니다."

카미노의 길 위에서 전혀 다른 일상을 겪은 후 그는 가톨릭 신자로서 부끄럽지 않은 사랑을 실천하자는데 마음이 모이더라고 했다.

"사랑의 출발점은 상대방에게 감사하는 마음을 갖는 것이며 사랑은 자기를 낮추는 겸손함으로 표현된다는 것을 새삼 깨닫게 됐다고나 할까요?"

또 사랑의 행동은 자기를 희생함으로써 나타나는 것이라는 것을 알게 됐다고 힘주어 말하는 그의 표정이 순간 단단해졌다.

유 씨는 또 일생을 함께한 아내와 가족, 이웃의 사랑을 상기하면서

"사랑은 또 행동할 때에만 의미가 있다는 것을 뒤늦게나마 느끼면서 남은 여생을 어떻게 보낼까가 보다 확연해졌다"고 했다.

환자의 몸을 씻기고 발을 주무르는 활동을 교대로 맡아서 하는 봉사자들이 한자리에 모여 봉사일정에 대해 의논하고 있다.

그는 돌아와 산티아고 순례길에서의 뜨거운 감동을 저서, 『산티아고 길의 소울 메이트』로 엮어 주위 사람들에게 자신의 깨달음을 알렸다.

그가 여정동안 순례길 위에서 매일 메모를 하고 아내는 사진을 찍는 공동작업이었다. 새롭게 거듭나려는 부부의 간절함이 글 곳곳에 배어서인지 책은 제법 팔려나갔고 3쇄까지 찍는 이변을 보였단다. 그는 '내게 남을 감동시킬 수 있는 글재주가 숨어있었구나'하는 생각에 매우 기뻤다고 했다.

그리고는 곧이어 책 속에서 펼쳐 보였던 깨달음을 행동으로 전환하는데 돌입했다. 우선은 영어가 가능해 외국인 환자를 위한 통역을 맡았었다. 하지만 그거로는 성에 안 찼다. 보다 절실하게 필요한 사람들

곁에 서 있고 싶었단다.

우선, 더 이상 치료가 불가능해 죽음을 기다리며 고통완화 도움을 받는 말기 암 환자들을 돌보기 위한 호스피스 교육을 받았다. 병원에 봉사 신청서를 접수하고 면접 등 자격심사를 받아야 했다. 그는 4년 전 강남성모병원 호스피스 병동에 배속되어 환자들을 돌보는 일을 지금까지 계속하고 있다.

이 병동에는 지금 23명의 말기 암 환자가 입원 중이다. 그동안 많은 이들이 유명을 달리했다. 그는 일주일에 하루, 묵묵히 때로는 크게 슬퍼하며 죽음을 애써 받아들이고 있는 환자들과 그 가족들에게 필요한 일을 돕고 있다.

유 씨가 하는 일은 환자들을 목욕시키거나 발 마사지를 해주는 일, 또 죽음을 앞둔 그들을 위해 기도하고 찬송하는 일 외에도 환자나 가족이 원하는 일을 다양하게 돌봐주고 있다.

"처음 환자나 그 가족과 얘기를 나누면서 어떻게 그들을 편안하게 할까 매우 조심스럽고 어려웠죠. 하지만 온 마음과 정성을 행동에 담으면 감사하게도 그것이 곧 전달된다는 것을 알았습니다."

그래서 한순간도 헛되이 보내지 않겠다는 생각에 잰걸음으로 종일 분주한 시간을 보낸다고 했다.

그는 앞으로 점차 더 많은 시간과 열정을 쏟아 이 병동 환자들의 마지막 길을 따뜻하게 배웅하리라고 전했다.

유 씨의 또 다른 요일은 아주 판이하게 다른 봉사활동으로 돌아간다. 서울대학교 미술관에서 열리는 각종 전시회의 작품과 작가에 대해 관람객들에게 설명하고 안내하는 도슨트(Docent)의 역할이 그것이다. 회사에서 재무와 영업 쪽에만 집중했던 그에게는 전혀 다른 도전이었다.

미술과는 거리가 멀어 문외한이었던 그의 변신은 서울시 산하 한 복지센터에서 마련한 도슨트 과정을 공부하면서 시작됐다. 60시간의 강의를 듣고 난 후 자신에게 이런 문화적 소양이 숨겨져 있음을 발견하고 사뭇 놀랐다는 것이다. 여기저기서 개최하는 관련 강의를 더 듣고 스스로 미술사와 미술작품에 대한 공부를 더해나갔다. 회화에서 설치미술에 이르기까지 공부할 거리가 무궁무진해 가슴이 설레기까지 했다고 전했다.

지난 15개월 동안 각종 기획전시 작품이나 작가에 대해 철저히 사전 공부하고 정확하게 전달해 이제는 관람객들이나 주최 측으로부터 실력 있고 재미있는 도슨트라는 칭찬을 받기에 이르렀다며 환한 미소를 지어 보였다.

"갖가지 미술 작품이 이토록 다양한 인간사와 역사를 품고 있는지 예전엔 미처 몰랐어요. 그런 재미를 발굴해 관람객들에게 들려줌으로써 안목을 넓혀줄 수 있으니 매우 즐거운 일입니다. 아직 개발되지 않은 능력이 저를 포함한 누구에게나 숨어있다고 생각하면 하루가 아깝고 마음이 급해집니다. 그런 자질들을 밖으로 끌어내 정말 나다운 삶을 풀어나가고 싶어요."

마치 그의 해설을 기다리는 관람객에게 설명하듯 그의 어조가 달라졌다.

그의 변신은 예서 그치지 않는다. 그는 요즘 인기 강의 목록 중의 하나인 중국어를 서울 중림동 복지관에서 무료로 가르치는 선생님으로 또 다른 요일을 채워 넣고 있다.

중국어 역시 전혀 몰랐던 것이었다. 회사 퇴직 후 공부해 불과 2~3년 만에 학생에서 선생님으로 급변했으니 그의 노력과 끈기, 집념이 얼마나 대단한지를 가늠케 한다.

한 중국어 평가시험에서 5급 판정을 받기도 한 그는 현재는 기초반 시니어 학생들을 가르치고 있다. 조만간 최고급 단계인 6급에 도전해 중고급반 학생들을 맡아 가르칠 예정이란다.

어차피 늦게 시작한 중국어 공부라 '그만하면 됐지'하는 생각이었으나 어르신 수강생들이 다음 단계도 맡아서 가르쳐달라고 해 고급반 공부에 박차를 가하게 됐다고 들려준다. 그는 서울인생이모작센터가 주관하는 '세상을 바꾸는 시니어 강연'에 연사로 서기도 했고 KDB생명 시니어브리지센터에서 공모한 사회공헌활동수기에 응모해 최우수상을 받기도 했다.

"지난 세월을 돌이켜보면서 제가 참 운 좋게 잘 살아왔음에 감사하게 됩니다. 그동안 여러 위기도 많았는데 잘 견뎌내 대과없이 이 나이에 이르렀으니 두루두루 고마울 뿐입니다."

그는 여러 차례에 걸쳐 아내에 대한 사랑과 감사를 표했다. 인생 후반전을 큰 갈등 없이 가치 있게 펼쳐나가는데 기여한 아내의 숨은 역할이 소중하고 크게 느껴지는 듯했다.

"퇴직 후의 삶은 그 무료함과 허탈을 어떻게 극복하느냐에 달려 있고 그에 따라 제2 인생의 가치가 달라진다고 봅니다. 만약 기회가 주어진다면 직장생활을 더 하고 싶습니다. 직장생활로 돈을 벌기도 하지만, 제가 가지고 있는 역량을 사회에 공헌하는 데 가장 잘 활용할 수 있는 길이리라 믿기 때문이죠. 그런 기회가 주어지지 않는다 하더라도 저는 자신 있습니다. 퇴직 이후 지금까지 살아온 방법대로 앞으로도 살아간다면, 그 삶은 남에게 도움이 되고 저 자신에게도 가치가 충만한 정말로 멋진 삶일 것이라는 것에 대해서 말입니다."

치열하게 경작하는 그의 이모작이 풍성한 열매를 맺으리라 기대되는 이유다.

〈인터뷰 by 고혜련〉

· · · · · ·

도움 정보

1) 자원봉사활동 유형

(1) 워크캠프형(WorkCamp)

워크캠프는 국제 자원봉사의 시초라고 볼 수 있는데, 서로 다른 인종과 사상과 국적을 가진 사람들이 지역 스폰서에 의해 보통 2~3주 동안 구체적인 프로젝트에 참가하는 형태이다.

봉사분야는 환경보호, 문화재보호, 고고학 조사, 농업, 건축, 수리 등 매우 다양하며, 주로 여름에 세계각지에서 실시된다.

10~30명 정도의 국적이 다른 젊은이들이 모여, 공동생활을 하며, 식사숙박은 제공하지만 기본적으로 참가비를 낸다.

〈워크캠프란〉

'워크캠프'는 서로 다른 국적과 언어, 문화와 전통을 가진 여러 나라의 젊은이 약 10~15명이 2~3주간 '자원봉사활동'을 목적으로 공동체 생활을 하는 국제교류 프로그램이다.

1. 워크캠프 참가 자격 및 참가자 구성연령
- 일반적으로 18세 이상이면 누구나 참가가 가능하지만, 프로그램에 따라서 나이 상한선이 있는 경우도 있고 청소년들(teen age)이 참가할 수 있는 경우도 있다.

2. 워크캠프에서 하는 일
통상 일주일에 5~6일, 하루에 6~8시간 정도 일을 하며 활동 유형은 다음과 같다.
① 환경 : 하천 정화, 국립공원 정화, 휴양림 조성, 동물 보호, 생태마을 조성 등
② 농업 : 유기농장에서 과일 따기, 씨 뿌리기, 황무지 개간 사업 등
③ 건설 : 학교, 청소년 수련장 보수, 미술관 및 박물관 유지 보수 등
④ 사회사업 : 어린이, 노인 및 장애인 등과 함께하는 봉사
⑤ 문화 : 문화 단체 등과 함께 축제 기획 및 운영, 건전문화 캠페인 등
⑥ 예술 : 예술단체와 함께 예술 프로젝트 기획, 운영 및 보조업무 등
⑦ 교육 : 문화, 예술 단체 등에서 시행되는 학습 프로젝트 참여 등
⑧ 기타 : 지역사회 단체들과 함께 프로젝트 기획, 운영, 캠페인 활동 등
⑨ 숙박 및 식사 : 유스호스텔, 청소년센터, 농장, 학교, 사찰, 마을회관, 해당 단체에서 제공하는 시설 또는 텐트 등에서 생활할 수 있다. 대개는 숙식을 위한 기본적인 시설만을 갖추고 있다. 때로는 야영생활을 함에 따라 개인 침낭을 가지고 가야 하는 경우가 많다.

3. 한국의 워크캠프
한국의 워크캠프는 전 세계 40여 개국에 홍보되어 매년 30여 개국 150여 명의 다양한 국적의 자원봉사자들이 참여하고 있다. 한국 워크캠프는 지역사회 NGO, 공공기관, 교육기관 등과 협력을 통해 전국 각지에서 한 프로그램당 2주 동안 개최되고 있다.

(2) 장기개발형

최저 1년 이상 현지에 체류하면서 개발활동에 종사하는 형태로서 개발도상국의 활동이 주를 이루고 있다. 전문가로 활동하기 때문에 이에 필요한 전문지식이나 경험이 필요한 경우가 대부분이다. 한국

국제 협력단이나 종교단체 그리고 민간단체들이 최근 활발하게 장기 자원봉사 활동자를 파견하고 있다.

〈한국해외봉사단 봉사활동분야〉

형태	내용
현장참여형	농업개발, 수리사업, 지역개발, 청소년지도, 보건, 영농지도 등의 분야에서 주민과 일체가 되어 현장에서 활동하는 형태
교육·지도형	대학, 전문학교, 직업훈련원, 기타 교육기관에서 학생들을 지도하고 교육함으로써 인적자원개발 임무를 수행하는 형태
연구·사무형	전문기술과 업무처리 능력으로 사무실이나 연구실 등에서 외국의 전문가들과 협력하여 한국의 개발경험 및 기술을 전수하며 자문하는 형태
연계업무형	현지의 프로젝트사업에 참여하거나 봉사단원이 소규모 프로젝트를 개발함으로써 현지의 인력, 자원, 자금 등을 활용하여 활동을 수행하는 형태

(3) 단기형

활동지 혹은 인근 지역에 거주하면서 일정 기간 상근이나 비상근으로 활동한다. 대우는 일반적으로 식사와 숙박은 제공되나 기본적으로 무상이다. 주요활동분야는 자연보호, 야생생물보호 관련 활동, 복지교육 관련 활동 등 다양하다. 호주 Working Holiday와 유사하다.

한국대학사회봉사협의회, 민간단체, 선교단체 등에서 실시하는 단기간 해외봉사활동 : 방학기간 중 3~6주

(4) 국내형

세계 환경문제, 인권문제, 개발문제 등을 다루는 단체 등에서 자원봉사활동을 하는 것. 시간이 있으면 시간을, 돈이 있으면 돈을, 책이 있으면 책을, 흥미가 있으면 흥미를 사용해 자신이 가능한 형태로 활동을 전개하면 된다.

아프리카의 난민이나 어린이를 위한 모금 등의 구호활동, 한국에 거주하는 외국인 노동자에 관심이 증가하고 있다.

(5) 정기방문형

해외의 민간단체 사무소나 병원 등의 복지시설에 매일 혹은 매주 몇 번씩 정기적으로 통근하면서 활동하는 형태이다. 스스로 숙박 등을 해결.

(6) 긴급원조형

재난에 따른 긴급사태에 대한 원조형태이다. 일반적으로 의료관계, 난민원조관계가 대부분을 차지하고 있다.

(7) 인턴십형

외국에 나가 자신이 흥미를 가지고 있는 분야의 NGO, 기업 등에서 재학 중 인턴을 하면서 귀중한 현장체험을 쌓는다. 방학을 이용해서 일정 기간 일하는 경우가 대부분인데 이러한 활동이 자신의 지식과 경험을 축적하는데 도움이 되는 것은 물론이고, 나중에 직원으로 취직하는 것으로 연계되는 경우도 많이 있다.

2) 자원봉사활동 현황

(1) 자원봉사 참여율

2014년 기준 우리나라의 자원봉사 참여율은 20세 이상 전체 성인 가운데 22.5%이다. 지난 15년간 평균 19.1%의 참여율을 나타내고 있으며, 전반적으로 소폭의 상승추세를 유지하고 있으나 다양한 사회경제적 요소들을 고려하면 정체되어 있다고 보는 것이 더 적절하다.

이런 정체 현상은 사회경제적으로 어려워 지면서 생업에 집중하느라 심리적인 여유가 없어 봉사에 선뜻 나서지 못하는 상황, 노인요양보호사 등 직업적으로 돌봄노동을 하는 사람들에 의해 자원봉사가 대체되는 현실을 반영했다는 진단도 가능하다.

〈자원봉사 참여율 변화추이〉

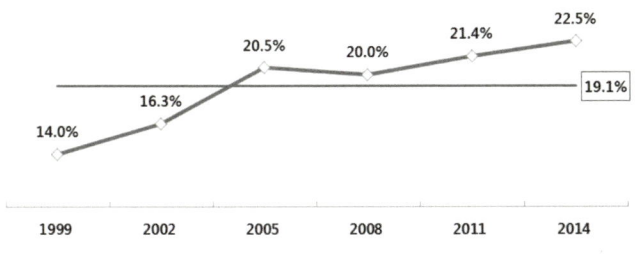

- 출처 : 행정자치부, 자원봉사활동 실태조사 및 활성화 방안 연구 p.3 재구성, 2014

OECD 국가와 비교해보면, 2012년 기준 우리나라 자원봉사활동 인원은 전체 인구대비 4.2%에 불과한 것으로 나타나 OECD 26개국 중 22위로 매우 낮은 수준이다.

특히 우리나라의 경우 자원봉사활동에 참여하는 중고등학생의 봉사활동을 학교성적에 반영하는 정책을 시행함으로 인해 14~19세의 연령대가 자원봉사활동에 가장 많이 참여하고 있다는 특징을 보이고 있다.

(2) 정기적 자원봉사 참여율

자원봉사활동에 1회 이상 참여한 자원봉사자 가운데 정기적으로 활동하는 자원봉사자는 37.7%이며, 주 1회 이상 자원봉사활동을 하는 비율은 2014년 기준 30.0%, 월 1회 이상 자원봉사활동을 하는 비율은 42.5%이다.

2011년과 비교해 볼 때, 주 1회 정기 자원봉사 참여율은 6.9% 감소하였고, 월 1회 정기 자원봉사 참여율은 0.8% 감소한 것으로 나타났다.

* 사회공헌활동 정보제공 기관 기관명	주요활동
희망제작소의 '행복설계아카데미'	희망제작소에서 운영하는 '행복설계아카데미'에서는 비영리단체와 사회적 기업 등을 설립하거나 환경단체, 국제 구호단체 등에서 자문위원, 자원봉사자로 활동하도록 돕고 있다.
서울시와 희망설계아카데미	전문직 은퇴자들이 사회공헌활동에 참여할 수 있도록 지원하고 있다. 서울시뿐만 아니라 각 지자체에서도 퇴직설계프로그램을 마련해 은퇴자들의 사회적공헌활동을 돕고 있다.
네모꼴 세모꼴	부산 사하구청의 재능나눔 봉사단이다. 집수리, 재난안전, 사회복지, 학습지도, 마사지, 문화예술, 상담, 요리, 치료, 레크리에이션 등 체계적인 봉사가 가능하도록 돕는다.

서스넷 사회적기업지원 네트워크	사회적기업 지원전문기관으로 사회적기업을 종합적으로 지원하고 취약계층을 고용하고 사회적기업가를 육성하거나 창업지원을 돕는다.
프로보노 허브	재능기부를 원하는 개인이 직접 프로보노 봉사분야나 방식을 선택해 신청할 수 있으며, 무료 경영자문을 받고자 하는 비영리 기관에게도 온라인 자문서비스를 제공하고 있다.
공무원연금공단 퇴직공무원지원센터	퇴직공무원들이 구직 경험과 전문성을 살려 각종 사회봉사활동 참여에 필요한 상담과 교육, 봉사소재 발굴 및 주선 등을 담당하는 허브 역할을 하고 있다.
전경련, 중소기업 경영자문봉사단	주요 대기업 최고경영자(CEO), 임원, 중견기업 CEO 등 5년 이상의 경력을 보유한 자문위원과 변호사, 세무사, 노무사 등으로 구성된 법무서비스지원단이 경영자문과 경영교육, 인프라구축 등의 분야를 지원한다.
한국국제협력단 (KOICA)의 '중장기자문단'	퇴직(예정)자를 개발도상국 27개국에 파견해 경제, 사회개발, 빈곤퇴치를 돕는다. 대상은 관련 분야 10년 이상의 경력을 보유한 퇴직자로 영어 강의 자문과 보고서 작성이 가능해야 한다.

3) 국내 자원봉사활동지원 가능 사이트

자원봉사 활동을 알아보고 신청할 수 있는 대표적인 사이트 네 군데를 소개한다.

(1) VMS

사회봉사활동인증센터. 보건복지부가 지원하는 사회복지 자원봉사 인증관리를 하고 있다. 봉사활동을 신청하고 실적인증서를 발급받을 수 있다.

(2) 1365

행정자치부가 운영하는 자원봉사 포털사이트로서 자원봉사와 기부를 할 수 있다. 분야별, 지역별, 봉사자유형별로 검색할 수 있다.

(3) 청소년자원봉사

여성가족부, 한국청소년활동진흥원에서 지원하는 홈페이지. 청소년들에게 초점을 맞춘 사이트로서 청소년 자원봉사 매뉴얼 등을 다운받을 수 있다.

(4) 지역 자원봉사센터

'지역 이름 + 봉사'를 검색하면 각 지역별 센터가 안내됨. 각 지역별 봉사센터를 검색할 수 있다.

4) 국제 자원봉사 조직 및 기구

(1) 세계자원봉사연합회(IAVE)

개인의 시간과 재능으로 이웃을 돕고 건강한 지역사회를 건설하여 더불어 사는 지구공동체를 건설하는 것을 목표로 여성 자원봉사자들의 모임으로 1970년 창립된 이래 국제간 자원봉사활동 활성화와 자원봉사센터 설립지원 등을 추진하는 대표적인 민간협의체.

(2) 한국해외봉사단 및 한국국제협력단

① 한국해외봉사단

우리나라에서는 1991년 외무부 산하 정부출연기관으로 설립된 한국국제협력단(Korea International Cooperation Agency)이 '함께 잘 사는 인류사회의 건설'이라는 이념 아래 우리나라의 경제발전 경험과 기술을 필요로 하는 개발도상국들과 각종 국제협력사업들을 수행.

한국청년해외봉사단은 '나눔과 섬김'의 봉사 정신으로 한국의 젊은 이들이 개발도상국 주민들과 함께 생활하면서 상호 이해와 협력을 바탕으로 봉사활동을 통해 파견국의 경제 · 문화 · 사회 발전에 기여하므로 모든 인류가 더불어 잘사는 사회를 이룩하는 데 노력을 쏟고 있다.

한국청년해외봉사단은 1989년 4월 창설, 집행기구로 교육부 산하 유네스코 한국위원회가 지정됐다.

② 국제협력봉사요원제도

국제협력봉사요원제도란 현역병 입영대상자 또는 보충역 판정을 받은 사람 중 우수자원을 선발 · 파견하여, 의무복무 기간 해외 봉사활동을 만료하면 병역을 마친 것으로 인정해주는 제도.

한국청년해외봉사단 및 국제협력봉사요원 파견사업은 개도국들과의 국제협력증진을 위해 상호 협력을 통한 공동사업의 개발을 추진해 가며 한국 고유의 봉사활동 모델을 정립해나가고 있다.

기아와 식량문제, 인권, 인종차별, 평화, 인구문제, 환경오염, 식량부족, 자연고갈 등의 과제를 풀어가고 있다.

도전의식과 과감한 실천이 있었기 때문이다.

에필로그

다 읽은 소감이 어떠신가.
다른 사람의 얘기들을 보고 도전할 마음이 생기는가.
부족한 점이 많지만, 그러하길 바라는 마음 간절하다.

이들의 성공 스토리를 살펴보면 공통적으로 도전하는 스스로에게 믿음을 주기 위한 충분한 자료조사 및 시장조사를 통해 확신을 가진 후 가족을 설득하고 지지를 얻어냈다. 그리고 추구하는 가치의 실현을 위해 강인한 의지, 긍정적 사고로 추진과정의 온갖 어려움을 이겨낸 면면이 숨어있다.

이들이 바라는 성과를 이뤘던 것은 헝그리 정신에 기반을 둔 도전의식과 과감한 실천이 있었기 때문이다.

문제는 실천이다.
실천하려는 용기는 자신의 작은 성공사례를 쌓아가면서 그를 통해 자신감을 얻어야 생긴다.
천릿길도 한 걸음부터다. 맞는 얘기다. 한 걸음 디디면 관성이 붙는다.
제아무리 지고한 가치에 대한 비전을 지니고 있어도 실천하지 않으면 공염불에 불과하다.

일단 크게는 아니더라도 나에게 확신을 주는 작은 실천들이 필요하다. 그것이 무엇이 됐든 한번 작게라도 시도해 나 자신을 응원하라.

나에게 확신을 주는 사전 작업에 돌입하라. 실패를 두려워 말자. 그건 잃는 게 아니다. 그 과정 자체가 큰 학습이며 기회다. 행복으로 가는 여정이다. 아니면 무엇을 어찌하겠다는 말인가.

수확철을 맞아 그동안 키워온 밭작물들을 거두고 있다.

사람은 스스로 무언가 해내 성취감을 느끼지 않으면 행복할 수 없는 존재로 만들어진 존재다.

조물주가 심어놓은 DNA가 그렇게 작동하게 되어있으니 따질 필요가 없다.

스스로 일없이 방안에서 뒹굴든가 이 사람 저 사람 만나며 웃고 떠들면서 나날을 소일해도 한계가 있다.

몇 달만 있어 보아라. 금방 답이 나온다. 이건 나 자신 경험의 산물이다. 지독하게 외로워진다.

많은, 좋은 친구들 웃음 속에 둘러싸여 있어도 무지하게 외롭고 방황하는 심정이 된다.

감자를 캐는 체험은 아주 즐겁다. 감자는 물을 자주 안 줘도 되고
척박한 땅에서도 잘 자라 매년 꼭 심고 싶다.

인간은 세 가지 일을 할 때 행복이 극대화된다고 어느 '행복연구의 달인'도 말한다.

첫째는 자신이 좋아하는 일을 하면서 즐거움을 느낄 때, 둘째는 자신의 강점을 이용해 온 신경을 집중하는 몰입의 순간순간이 많아질 때, 셋째는 자신보다는 사회를 위한 더 큰 가치를 추구해 스스로 자긍심을 느낄 때이다.

누구나 알 법한 내용들을 잘 요약한 이 말은 '긍정심리학의 창시자' 마틴 셀리그만의 얘기다.

누구나 안다는 것은 곧 스스로 그런 일들로 행복을 경험해 무엇이 행복의 구성요건인지 알아차렸다는 얘기다.

거대 기업가들이나 최상층부의 권력자들은 왜 오늘도 피 말리는 도전을 멈추지 못하는가.

그들은 깨닫는다. 돈이나 권력이 최우선 가치가 아니라고. 그들은 궁극의 가치를 위해 앞으로 진군한다. 성취를 통해 자존감과 자긍심을 획득해 행복감을 얻고 싶기 때문이다.

작은 감자 5분의 1토막을 심으면
5~10개의 큰 감자로 돌려주니 그저 황송하다.

인생 최대의 목표는 누가 뭐래도 뿌듯한 성취감과 그 결실을 이웃과 함께 나누면서 생기는 행복감이다.

도전을 통해 나와 가족, 나아가 이웃과 사회, 국가가 함께 나아지는 것을 느끼려 하기 때문이다.

거기에 존재하는 삶의 의미와 가치가 녹아있기 때문이다. 그래서 인간은 고매하다. 만물의 영장이다.

금세기의 위대한 철학자 중의 한 사람인 버트런드 러셀(1872-1970)

도 "인간이 재물 때문에 아무 노력을 기울이지 않고 온갖 변덕을 만족시킬 수 있게 되면 아무 노력 없이 산다는 그 자체가 행복의 본질적 요소를 앗아버린다"고 충고한다.

그는 "행복은 저절로 굴러들어오는 것이 아니며 끊임없이 쟁취해야 하는 것"으로 보고 있다. 그러기 위해서는 현재 지금 이 순간에 가치와 의미를 부여하라고 강조한다(『행복의 정복』, p.35).

그리고 원하는 것 중 일부가 부족한 상태가 행복의 필수조건임을 간과하지 말라는 것이다(『행복의 정복』, p.32).

새로 개발된 이 토마토 모종은 다소 비싸지만 먹어본 사람들이 "세상에 나서 맛본 것 중 가장 맛있는 토마토"라고 격찬해 기뻤다. 이참에 토마토 장수가 되고 싶다.

그러니 지금의 결핍이 행복의 요소이니 '웬수'로 여기지 말고 감사하게 여기자. 그 결핍을 채워가기 위해 노력하고 도전하는 여정이 곧 행복을 찾아오는 방법이니 말이다.

내가 만인이 저물어가는 산업이라고 말하는 출판업을 뒤늦게 시도

한 것도 그 때문이다. 그리고 다시 이 책을 발행하겠다고 나선 것도 첫 번째 책을 출간한 이후 판매의 작은 성공 경험을 얻었기 때문이다.

이전에 다른 출판사가 내 책을 내줄 때와는 전혀 다른 감동이 온다.

매일 아침마다 눈을 뜨면서 어제 전국서점에서 팔려나간 결과치를 자동으로 컴퓨터를 통해 보고받는 일은 짜릿하다. 재미있어 죽겠다. 내 생전에 물건을 만들어 팔아본 적이 있었던가. 나는 하나의 작은 톱니였다.

그냥 톱니가 돼 일정 몫인 월급을 따박따박 받았을 때와는 쾌감이 다르다. 나는 지금 톱니바퀴를 돌려 열심히 앞으로 전진하고 있다.

그게 뭐 큰 목돈을 벌지 않더라도 상관없다. 오늘보다 내일이 나아질 기대감이 들면 그것으로 좋은 것이다. 소자본으로 이걸 해서 망할 일도 없으니 더욱 안심이다. 내게 일생 밥을 벌어다 준 글 기술을 활용하면서 연관 분야인 홍보 작업도 함께 연구, 시도해보니 더 괜찮은 거다.

또 온종일 회사 책상이나 일에 매달리지 않고 3일 정도의 시간은 근교 텃밭에서 보낼 수 있게 해준다. 게다가 자연을 음미하면서 얻는 교훈은 내가 읽고 쓰고 만들고 하는 일에 깊이를 더해 줄 것이다.

그 와중에 누가 알랴. 나 같은 신참내기도 그 누구, 누구들처럼 괜찮고 멋진 베스트셀러 하나 내놓을지.

일과 재미, 희망까지 얻었으니 1석 3조다. 아니 더 열거하면 1석 6조 정도 된다.

물론 앞날을 단언할 수 없다. 그래도 좋다!

이렇게 즐겼으면 나는 지난 시도와 도전의 날들, 내 인생의 날들을 잃어버린 게 아니고 확보한 거다.

"고민이 많을 때는 칼로 끊는 듯한 결단과 돌파능력이 필요하다(快刀亂麻)."

"물고기를 잡으려면 통발을 잊고 기존의 수단과 기술을 버려야 새로운 기회가 찾아온다(得魚忘筌)."

손자병법(孫子兵法)의 인생 계책(計策) 중에 나오는 말들에 좀 기대어 보자.

부족한 이 책이 당신의 새로운 삶을 여는데 작은 불쏘시개라도 됐으면 하는 바람이다.

나 역시 이들을 만나면서 새롭게 출발할 용기를 얻었으니까.

'삼포세대', '반퇴시대', '고령화 시대'의 그림자가 깃든 우리 사회, 새로운 재도전의 열정으로 충만하고 활기 넘치길 기대한다. 앞으로 도래할 '다이내믹 코리아', '행복한 대한민국'에 동참하고 싶다.

파이팅!

힘내! 이제 다시 시작이야

초판 1쇄 발행 2016년 06월 03일
초판 2쇄 발행 2016년 12월 12일

지은이 고혜련

편집 류태연 | **디자인** 김지태 | **마케팅** 김지홍

펴낸곳 (주)제이커뮤니케이션
주소 서울시 마포구 백범로 178, A-1803
등록 2012년 03월 22일 제2012-000090호
전화 02-784-0046 | **팩스** 02-6335-0046
이메일 jcommunication@naver.com

값 16,000원
ISBN 979-11-956910-2-9 03190

이 책은 저작권법에 따라 보호를 받는 저작물이므로 무단전재 및 복제를 금지하며,
이 책 내용의 전부 및 일부를 이용하려면 반드시 저작권자와 (주)제이커뮤니케이션의
서면동의를 받아야 합니다.
이 도서의 국립중앙도서관 출판시도서목록(CIP)은 서지정보유통지원시스템 홈페이지
(http://seoji.nl.go.kr)와 국가자료공동목록시스템(http://www.nl.go.kr/kolisnet)에서
이용하실 수 있습니다. (CIP제어번호 : CIP2016011461)

* 잘못된 책은 구입하신 서점에서 바꾸어 드립니다.